"十四五"职业教育国家规划教材

"十三五"职业教育国家规划教材

路桥养护技术

第 2 版

王知乐　朱加军　编

机 械 工 业 出 版 社

本书主要内容包括：路桥养护基础认知、路基养护与维修、沥青路面养护与维修、水泥混凝土路面养护与维修、桥梁上部结构养护与维修、桥梁下部结构养护与维修。本书在编排体系设置上，每个模块开始都设有先导案例，每个模块后设置自我测评和案例实训。其中，自我测评用于考查知识掌握情况，案例实训用于强化路桥养护知识在实践中的具体应用。

本书适合高职院校交通土建类专业（道路与桥梁工程技术专业、城市轨道交通工程技术专业、工程检测技术专业、市政工程技术专业、工程监理技术专业等）作为教材使用，同时可供相关专业人员参考。

为方便教学，本书还配有电子课件及自我测评、案例实训参考答案，凡使用本书作为教材的教师可登录机械工业出版社教育服务网（www.cmpedu.com）进行注册下载。机工社职教建筑群（教师交流QQ群）：221010660。咨询电话：010-88379934。

图书在版编目（CIP）数据

路桥养护技术／王知乐，朱加军编. -- 2版.
北京：机械工业出版社，2025.7. --（"十四五"职业教育国家规划教材）. -- ISBN 978-7-111-78792-1

Ⅰ. U418.4；U445.7

中国国家版本馆 CIP 数据核字第 2025921EZ0 号

机械工业出版社（北京市百万庄大街22号　邮政编码100037）
策划编辑：沈百琦　　　　　　责任编辑：沈百琦　陈将浪
责任校对：贾海霞　丁梦卓　　封面设计：鞠　杨
责任印制：刘　媛
北京建宏印刷有限公司印刷
2025年9月第2版第1次印刷
184mm×260mm · 16.5印张 · 404千字
标准书号：ISBN 978-7-111-78792-1
定价：49.80元

电话服务　　　　　　　　　　网络服务
客服电话：010-88361066　　机　工　官　网：www.cmpbook.com
　　　　　010-88379833　　机　工　官　博：weibo.com/cmp1952
　　　　　010-68326294　　金　书　网：www.golden-book.com
封底无防伪标均为盗版　　机工教育服务网：www.cmpedu.com

关于"十四五"职业教育
国家规划教材的出版说明

为贯彻落实《中共中央关于认真学习宣传贯彻党的二十大精神的决定》《习近平新时代中国特色社会主义思想进课程教材指南》《职业院校教材管理办法》等文件精神，机械工业出版社与教材编写团队一道，认真执行思政内容进教材、进课堂、进头脑要求，尊重教育规律，遵循学科特点，对教材内容进行了更新，着力落实以下要求：

1. 提升教材铸魂育人功能，培育、践行社会主义核心价值观，教育引导学生树立共产主义远大理想和中国特色社会主义共同理想，坚定"四个自信"，厚植爱国主义情怀，把爱国情、强国志、报国行自觉融入建设社会主义现代化强国、实现中华民族伟大复兴的奋斗之中。同时，弘扬中华优秀传统文化，深入开展宪法法治教育。

2. 注重科学思维方法训练和科学伦理教育，培养学生探索未知、追求真理、勇攀科学高峰的责任感和使命感；强化学生工程伦理教育，培养学生精益求精的大国工匠精神，激发学生科技报国的家国情怀和使命担当。加快构建中国特色哲学社会科学学科体系、学术体系、话语体系。帮助学生了解相关专业和行业领域的国家战略、法律法规和相关政策，引导学生深入社会实践、关注现实问题，培育学生经世济民、诚信服务、德法兼修的职业素养。

3. 教育引导学生深刻理解并自觉实践各行业的职业精神、职业规范，增强职业责任感，培养遵纪守法、爱岗敬业、无私奉献、诚实守信、公道办事、开拓创新的职业品格和行为习惯。

在此基础上，及时更新教材知识内容，体现产业发展的新技术、新工艺、新规范、新标准。加强教材数字化建设，丰富配套资源，形成可听、可视、可练、可互动的融媒体教材。

教材建设需要各方的共同努力，也欢迎相关教材使用院校的师生及时反馈意见和建议，我们将认真组织力量进行研究，在后续重印及再版时吸纳改进，不断推动高质量教材出版。

机械工业出版社

前　言

随着我国交通基础设施建设的快速发展和路网规模的持续扩大，道路、桥梁的养护工作已成为保障交通安全、延长工程寿命、提升服务效能的核心任务。近年来，随着新材料、新工艺以及绿色养护理念的广泛应用，对路桥养护从业者的专业能力提出了更高的要求。为适应行业高质量可持续发展的需求，推动路桥养护技术规范化、科学化，本书编者在《路桥养护技术》的基础上，结合最新技术成果与实践经验，精心修订编写了《路桥养护技术》（第2版）。

本次修订，坚持正确的政治方向和价值导向，全面贯彻党的教育方针，深入推动习近平新时代中国特色社会主义思想和党的二十大精神进教材，贯彻落实立德树人根本任务。

本次修订重点聚焦以下方面：

1. 基础认知强化

新增"路桥养护基础认知"模块，系统阐述了路桥养护的基本概念及技术体系框架；通过典型案例讲解，对比解析差异化路桥养护技术路径。结合《公路养护工程管理办法》等政策文件，明确路桥养护的分类标准与工作流程，帮助读者快速建立系统性认知，夯实理论基础。

2. 内容更新与拓展

新增含砂雾封层、超薄罩面、沥青路面再生利用等新技术内容，并通过路桥病害整治典型案例来讲解全深式冷再生等绿色低碳养护技术，反映国内外行业技术前沿，强化教材的实践性。结合《公路养护技术标准》（JTG 5110—2023）、《公路技术状况评定标准》（JTG 5210—2018）、《公路路基养护技术规范》（JTG 5150—2020）、《公路沥青路面养护技术规范》（JTG 5142—2019）、《公路桥涵养护规范》（JTG 5120—2021）等现行技术标准和规范，更新路桥养护流程与技术指标。

3. 工学结合，德技并修

本书通过"启示园地"增加了对应课程的素养元素，旨在帮助学生树立正确的世界观、人生观、价值观，不断强化工匠精神、培养认真负责的职业素养。

4. 强化数字资源，数字赋能职业教育

为方便教师教学和学生自学，本书强化了第1版的数字资源，读者可通过扫描二维码观看。同时，本书还配有电子课件、实训参考等教学资源。

本书由泰州职业技术学院王知乐、江苏省交通工程集团有限公司朱加军共同编写。具体分工如下：模块一~模块五由王知乐编写，模块六由王知乐、朱加军共同编写。

本书在编写过程中，得到了一线企业的鼎力支持，并有众多行业专家结合工程实践提出了宝贵建议，在此深表谢意。

路桥养护技术的发展日新月异，本书虽力求全面，但不足之处在所难免，恳请广大读者批评指正。

编　者

本书微课视频清单

页码	名称	二维码	页码	名称	二维码
32	道路边坡防护		63	互通立交上面层反射裂缝开槽修补	
38	粉喷桩处理软土地基		67	车辙部位修补1	
40	塑料排水板处理软土地基		67	车辙部位修补2	
55	桥头跳车病害		68	下承层准备	
63	病害沥青路面铣刨1		70	杭州绕城高速路坑槽修补	
63	病害沥青路面铣刨2		72	矿料撒布	
63	病害沥青路面铣刨后重铺碾压		85	沥青微表处施工	

（续）

页码	名称	二维码	页码	名称	二维码
93	沥青罩面摊铺		154	水泥混凝土路面多锤头破碎板	
95	沥青喷洒		154	水泥混凝土路面板角断裂修补	
100	病害沥青路面铣刨后喷洒黏层油		165	水泥混凝土路面冲击压裂	
109	病害修补摊铺沥青混合料		165	水泥混凝土路面打裂压稳	
109	病害修补碾压沥青混合料				

目 录

路桥养护基础认知

学习目标

通过本模块的学习，掌握路桥养护基本规定，检查、评定及养护决策，养护工程设计等路桥养护的基本知识，为后面的学习打下良好的基础。

内容概要

本模块的主要内容包括路桥养护基本规定，检查、评定及养护决策，养护工程设计等。

先导案例

半坡一号大桥养护类型分析案例

一、案例背景资料

S105 线桥位中心桩号为 K208+072 的半坡一号大桥建成于 2003 年，全长 227m，桥面总宽 12m，桥面铺装采用沥青混凝土，防撞护栏为混凝土护栏，日常交通流量较大。通过每季度的检查发现，由于长期受水的侵蚀和车辆荷载影响，该桥出现了诸多病害，如上部及下部结构、附属结构的混凝土出现露筋剥落、蜂窝麻面、少量非结构性裂缝，支座部分出现剪切变形，桥面出现裂缝、破损，伸缩缝被堵塞，护栏出现破损、开裂等。

为满足公路运输需求而进行的养护工程，主要是对大桥存在的病害进行针对性处理，具体包括修复混凝土表面缺陷、封闭和灌浆混凝土裂缝、更换全桥支座、拆除伸缩缝止水橡胶条并灌注硅酮自流平伸缩缝密封胶、封闭和灌浆护栏裂缝等。

二、案例分析要求

分析本案例属于哪种检查类型和养护类型？

三、案例分析要点

本案例考核路桥养护的检查及评定、养护工程设计的有关问题，主要涉及路桥养护的基本知识和技能。要求依据《公路养护技术标准》（JTG 5110—2023），从多个方面正确分析本案例的细节并判断检查类型和养护类型。因此，在进行案例分析时，要根据本案例背景给定的条件，从多个方面分析可能的检查类型和养护类型。

四、案例分析过程

1）案例中的检查属于定期检查，从检查周期的规律性和检查内容的全面性进行分析，具体分析如下：

① 检查周期的规律性分析。定期检查一般是按照一定的时间周期对公路设施进行全面检查，以便及时掌握其技术状况和病害发展情况。案例中明确说明了是通过每季度的检查发现的桥梁病害，每季度这一固定的时间间隔体现了定期检查的周期性特点，能够系统地跟踪桥梁在不同时间段的状况变化。

② 检查内容的全面性分析。案例中的检查涵盖了桥梁的上部及下部结构、附属结构、支座、桥面、伸缩缝、护栏等关键部位，对桥梁进行了全方位的"体检"，符合定期检查全面、系统的要求，旨在全面了解桥梁各部分的状态，不遗漏任何可能存在的问题，为后续的养护决策提供充分的依据。

2）案例中的养护属于修复性养护，具体分析如下：

① 从处理措施角度分析。修复性养护通常会针对结构物出现的各种病害采取具体的修复措施。案例中对大桥采取了修复混凝土表面缺陷、封闭和灌浆混凝土裂缝、更换全桥支座、拆除伸缩缝止水橡胶条并灌注硅酮自流平伸缩缝密封胶、封闭和灌浆护栏裂缝等一系列措施，这些都是对已经出现的严重病害进行修复的具体操作，是修复性养护工作的典型内容。

② 从养护目的角度分析。修复性养护的主要目的是恢复公路设施的使用性能，使其达到或接近原设计标准，以满足交通运营的要求。本案例中养护的目标是保障桥梁安全运营，进一步增强桥梁的安全性和耐久性，这与修复性养护的目的高度契合，即通过对病害的修复处理，使桥梁恢复到良好的使用状态，确保其能够安全地承受车辆荷载和环境作用，满足日益增长的公路运输需求。

1.1 路桥养护基本规定

知识学习

一、一般规定

路桥养护应包括路况检查及评定、养护决策、日常养护、养护工程和施工、技术文件和数据管理等工作。

路况检查及评定应包括对路桥基础设施的日常巡查、经常检查、定期检查、专项检查和应急检查，对特殊基础设施应进行结构监测；在相关检查的基础上，应进行技术状况评定或专项性能评定。

养护决策应基于检查及评定成果，通过养护决策分析，优化选择养护方案，为编制公路养护中长期规划和年度计划提供依据。

日常养护应包括日常保养和日常维修。养护工程应包括预防养护工程、修复养护工程、专项养护工程和应急养护工程，其中应急养护工程可按技术方案组织实施，其余养护工程应按计划组织设计，依据设计及相关技术文件组织实施及验收。

路桥养护应收集、管理并充分利用各环节形成的技术文件和取得的数据，并推进养护管理信息系统的建设与应用。

路桥养护应配备与养护任务相适应的专业技术人员及专业机具设备，推广应用自动化、数字化快速养护检测和施工技术及设备。

二、养护对象

路桥养护对象应包括已竣工验收并投入使用的路基、路面、桥梁等。

1）路基养护对象应包括土路肩、路堤与路床、边坡、防护及支挡结构物、路基排水设施等分项设施。

2）路面养护对象应包括路面面层和基层、硬路肩和路面排水设施等。

3）桥梁养护对象应包括桥梁桥面系、上部结构、下部结构、附属设施和调治构造物等的各部件和构件等。

三、检查与养护的类型

1. 路况检查

路况检查应按规定频率开展日常巡查、经常检查和定期检查，这些都属于强制性要求；除此，还应根据养护或应急需要开展专项检查和应急检查，并应符合下列规定：

1）日常巡查应掌握路桥工程基础设施日常表观状态和使用情况，以及可能危及通行安全的病害、损毁及其他异常情况，为日常养护提供依据。

2）经常检查应排查和跟踪路桥工程基础设施病害及隐患，为动态调整日常养护方案及养护重点提供依据。

3）定期检查应查明路桥工程基础设施的技术状况，为养护决策或动态调整路桥养护年度计划等提供依据。

4）专项检查应查明路桥工程基础设施的技术状况、专项性能或病害情况，为养护决策、养护工程设计或制定相关养护对策等提供依据。

5）因突发事件造成路桥工程基础设施损毁、交通中断或产生重大安全隐患时，应开展应急检查，为制定应急养护工程技术方案提供依据。

对于一旦损坏将造成生命财产重大损失或产生重大社会影响、对变形及差异沉降有严格限制，以及存在高度安全风险的特殊基础设施，应进行结构监测，为结构损伤识别、技术状态评估及养护对策的制定等提供技术支持。

2. 养护类型

（1）日常养护　日常养护是指路桥基础设施的日常保养和日常维修。日常保养应维护路桥基础设施及设备整洁完好和正常运行。日常维修应对可能危及通行安全或迅速发展的局部病害和缺损及时修复或更换，保障公路正常使用。

危及通行安全的损毁不能通过日常维修及时修复时，应立即上报，并按应急处置的规定采取相应的措施。

（2）养护工程　养护工程包括预防养护工程、修复养护工程、专项养护工程和应急养护工程。

1）预防养护工程。在路桥工程基础设施整体性能良好只出现轻微病害或隐患时，应通过实施预防养护工程延缓其性能衰减，延长使用寿命。预防养护工程根据其内涵一般分为两级：存在病害隐患时的病前预防，出现轻微病害时的早期治理。

2）修复养护工程。当路桥工程基础设施出现明显病害或部分丧失服务功能时，应通过实施修复养护工程使其恢复良好的技术状况。修复养护工程包括小修、中修和大修。其中，小修主要针对发展较慢或对安全影响较小的轻微病害，且是具有一定规模可集中实施的小修工程；中修主要针对一般性损坏部分进行定期的修理加固，以恢复公路原有的技术状况；大修主要针对较严重的病害或重要服务功能丧失的情况，且为结构性修复工程。这里所说的服务功能，包括公路通行能力、交通安全保障水平、结构承载能力和抗灾能力等。

3）专项养护工程。当需集中实施提升或恢复公路基础设施服务功能的工程时，应按专项养护工程组织实施，以适应新的交通需求和环境条件。专项养护工程中的拆除重建和灾后恢复等工作主要以恢复服务功能为目的。

4）应急养护工程。当因突发事件造成路桥工程基础设施损毁、交通中断或产生重大安全隐患时，应在应急检查的基础上组织实施应急养护工程，恢复公路安全通行。应急养护工程强调较快恢复公路安全通行的应急性，通过应急养护未能使路桥工程恢复到原服务功能和技术标准时，尚需按专项养护工程组织实施灾后恢复工程。

四、养护质量要求

路基应完好整洁，路堤及地基、边坡及结构物稳定，排水设施完善、排水通畅；路面应完好整洁，使用性能满足安全通行要求，排水设施完善、排水通畅；桥梁应外观整洁，各类部件、构件齐全完好，结构功能和性能满足安全使用要求，基础无冲蚀，排水设施完善、排水通畅；交通工程及沿线设施的各分项设施应齐全完好、功能正常，各类设备应齐全完好、工作可靠。

案例分析

路桥养护类型分析案例

一、案例背景资料

案例1： 某省国道G107线路段长度约50km。养护人员每天进行路面清扫，保持公路整洁。他们会定期清理边沟、排水设施中的杂物，如树叶、泥沙等，确保排水顺畅。在日常巡查中，一旦发现公路设施损坏，如标志、标线模糊或损坏等，会及时进行修复或更换。

案例2： 某沿海城市的省道S301线路段，由于受到海风作用、盐分侵蚀等因素影响，路面容易出现早期病害。公路管理部门在路面状况尚好只出现轻微老化迹象时，就对路面进行封层处理。如采用微表处技术，在路面上铺设一层厚度为1~3cm的改性乳化沥青混合料。这层材料可以有效防止水分侵入路面结构层，同时提高路面的抗滑性能。经过处理后，该路段在后续的几年内，病害发展速度明显减缓，大大延长了公路的使用寿命。

案例3： 某山区高速公路部分路段由于长期受到重载车辆的作用和自然因素影响，路面出现了严重的车辙、裂缝和坑洼。养护单位对该路段进行了以下养护：对于车辙部分，采用铣刨原有路面病害层，重新铺筑沥青混凝土的处理方式；对于裂缝则先进行开槽灌缝处理，再将专用的密封胶灌入裂缝中，防止雨水下渗；在坑洼处则进行填补，使用高质量的热拌沥青混合料填补坑洼部位，并压实。在养护完成后，公路的平整度和行车安全性得到了极大的恢复。

案例 4：某跨江大桥是重要的交通枢纽，由于长期的风吹日晒和江水侵蚀，桥梁的钢结构部分出现了锈蚀现象，混凝土结构也有一些剥落。针对这些情况，养护单位进行了以下养护：对于钢结构的锈蚀部分，养护人员先采用喷砂除锈的方法去除表面的锈迹，然后涂刷防锈漆和防腐涂层；对于混凝土剥落部分，将剥落的混凝土清理干净后，采用环氧砂浆进行修补，并在关键部位增设了防护层；同时，对桥梁的支座、伸缩缝等关键部件也进行了全面的检查和维护，更换了部分老化的支座和损坏的伸缩缝，确保了桥梁的结构安全和正常使用。

二、案例分析要求

分析并判断以上 4 个案例哪些是日常养护，哪些是养护工程，并说明具体的养护类型（如日常保养、日常维修、预防养护工程、修复养护工程、专项养护工程）。

三、案例分析过程

1. 案例 1 分析

案例 1 属于日常养护，路面清扫和定期清理边沟、排水设施中的杂物都属于日常保养；因标志、标线模糊或损坏进行的修复或更换属于日常维修。

每天进行路面清扫以及定期清理边沟、排水设施中的杂物，这些工作属于基础性的日常养护操作。路面清扫旨在维持公路表面的干净整洁，避免杂物堆积影响行车安全以及对路面造成磨损等。清理边沟、排水设施中的杂物则是保障排水系统的正常运行，防止因排水不畅而引发积水浸泡路基、路面等病害，这些都是日常保养中常态化的清洁工作内容。

日常维修是针对公路及其附属设施出现轻微损坏、病害时，第一时间采取措施予以修复，防止问题进一步恶化，从而保障公路设施始终处于良好的使用状态，所以案例中标志、标线模糊或损坏会及时进行修复或更换这类对设施的及时修复行为符合日常维修的特征。

2. 案例 2 分析

案例 2 属于预防养护工程。具体分析如下：

（1）养护时机方面　预防性养护强调在公路路面状况尚好只出现轻微老化迹象的时候实施。在案例 2 中，公路管理部门正是在路面还没有出现严重病害，只是有轻微老化迹象时，就采取了封层处理措施。这符合预防性养护提前介入的特点，目的是在公路性能下降初期就进行处理，防止病害进一步发展。

（2）养护措施的性质方面　采用微表处技术是一种典型的预防性养护手段。微表处是一种薄层罩面技术，一般是在路面铺设一层较薄（1~3cm）的改性乳化沥青混合料，它主要起到防止水分侵入路面结构层和提高路面抗滑性能的作用，而不是像修复性养护那样对已经出现的严重病害（如大面积坑洼、裂缝等）进行大规模的修补。这种相对简单的表面处理措施可以有效延缓路面病害的发展，属于预防性的养护措施。

（3）对公路使用寿命的影响方面　经过微表处处理后，路段病害发展的速度明显减缓，大大延长了公路的使用寿命。这体现了预防性养护的主要目标——通过早期的适当处理，降低公路在使用过程中的性能衰减速度，使公路在较长时间内保持良好的服务状态，降低后期大规模维修的可能性。

3. 案例 3 分析

案例 3 属于修复养护工程。具体分析如下：

（1）养护原因及病害程度方面　此次养护是因为公路路面已经出现了严重的车辙、裂缝和坑洼等病害。这些病害并非是初期的轻微老化迹象或小问题，而是在长期受重载车辆和自然因素影响下发展形成的较为严重的损坏情况，这符合修复性养护针对公路出现明显且较为严重的病害开展工作的特点。

（2）采取的养护措施方面　对于车辙部分，采取铣刨原有路面病害层后重新铺筑沥青混凝土的处理方式，这是对出现病害的路面结构层进行实质性的去除和重新构建，工程量相对较大。对裂缝进行开槽灌缝处理时，需要先开槽，再灌入密封胶，这是针对已经产生且较为严重的裂缝问题进行处理的做法。坑洼处使用高质量的热拌沥青混合料填补并压实，是为了修复路面上已存在的明显坑洼病害。这些养护措施都是对公路现有的严重病害进行修复、恢复的具体操作，其与预防性养护的区别在于：预防性养护是在病害初期进行简单防护处理的方式。

（3）养护效果方面　在实施上述一系列养护措施后，公路的平整度和行车安全性得到了极大的恢复，也就是通过对既有严重病害的修复，让公路恢复到了较好的使用状态，这进一步体现了修复性养护针对已损坏的公路进行修复，使其重新满足正常使用要求这一特征。

4. 案例4分析

案例4属于修复养护工程。具体分析如下：

（1）病害情况方面　案例中的跨江大桥已经出现了比较明显且严重的病害问题——钢结构部分存在锈蚀现象，混凝土结构也有剥落情况，这些都表明桥梁结构在长期受到外界不利因素影响后产生了实质性的损坏，并非是处于病害初期的轻微迹象阶段，符合修复性养护针对已出现较为严重的结构损伤开展工作的前提条件。

（2）采取的养护措施方面　对于钢结构的锈蚀，先是运用喷砂除锈这种相对复杂且有一定工程量的方法去除锈迹，而后涂刷防锈漆和防腐涂层，这是对已经锈蚀的钢结构进行实质性的修复与防护处理。针对混凝土剥落部分，清理完剥落的混凝土后，使用环氧砂浆修补并增设防护层，这是对出现损坏的混凝土结构进行修复、加固的操作。此外，对桥梁的关键部件如支座、伸缩缝等进行全面检查和维护，还更换了部分老化及损坏的部件，这是针对桥梁现有结构部件出现的损坏所实施的修复、更换行为。这区别于预防性养护仅是在结构状况尚好时采取简单防护手段的做法。

（3）养护目的方面　通过实施上述养护措施，是为了确保桥梁的结构安全和正常使用，也就是要修复桥梁已出现的病害，恢复其原本的结构性能，使其能够继续正常履行交通枢纽的功能，这体现了修复性养护对已损坏的结构进行修复，恢复其正常使用状态的核心特征。

本节小结

通过本节内容的学习，掌握路桥养护的一般规定，养护对象，检查与养护的类型，质量要求等知识，能够根据工程特点进行养护分类。本节案例以养护类型分类为主，要根据各类养护的概念弄清实际工程的养护类型。本节内容为后续学习路基、路面、桥梁上部结构和下部结构等养护对象的养护方法打下基础。

1.2　检查、评定及养护决策

知识学习

一、日常巡查

日常巡查应包括日间巡查和夜间巡查，并应包括下列内容：

1）日间巡查主要是巡查路基、路面、桥面系、隧道土建结构及其他工程设施、交通安全设施、机电设施、绿化与环境保护设施等是否完好整洁、使用正常，是否存在影响安全的病害、缺损及其他异常情况，路侧是否存在遮挡标志和安全视距的植物和设施等。

2）夜间巡查主要是巡查标志、标线和轮廓标等的夜间视认性是否满足使用要求，照明设施是否齐全完好、工作正常。

日常巡查频率不应小于表1-1的规定。

表1-1　日常巡查频率

养护检查等级		Ⅰ级	Ⅱ级	Ⅲ级
巡查频率	日间巡查	1次/日	1次/3日	1次/周
	夜间巡查	1次/月	1次/2月	1次/3月

注：养护检查等级为Ⅱ级的桥梁，日间巡查频率不应小于1次/日。灾害天气（包括汛期和春融期，以及暴雨、暴雪、台风和沙尘暴前后等）应加大日常巡查频率。高速公路和一级公路应双向全程巡查。

日常巡查发现危及安全的病害、损毁及其他异常情况时，如公路坍塌、坑槽、隆起等损毁，应现场设置警示标志并上报，在应急处置和抢修人员到场前应进行现场监视。

日常巡查可采用车行观察方式，辅以摄影或摄像。发现异常情况应下车抵近检查，对异常情况的类型和位置进行记录并上报。

二、经常检查

经常检查的内容应包括路基、路面、桥梁、交通工程及沿线设施是否存在病害及隐患，使用功能是否正常，以及既有病害的发展情况等。

经常检查频率不应小于表1-2的规定，灾害天气或病害发展较快时，应加大经常检查频率。

表1-2　经常检查频率

养护检查等级	Ⅰ级	Ⅱ级	Ⅲ级
检查频率	1次/月	1次/2月	1次/3月

经常检查应抵近检查，一般为定性检查，发现病害及其他异常情况时，仅要求在现场对其类型和范围等进行判定并记录；病害及其他异常情况较严重时应做专项检查，进一步判明病害程度及成因，并根据检查及评定结论采取相应的养护措施。

三、定期检查

定期检查应根据检查对象的工程特征和现场条件，结合养护历史资料制定检查方案，明确检查的目的、内容和方法，交通组织、数据管理和技术状况评定方案等。

定期检查的内容包括：路基各分项设施的病害、缺损程度及相关指标；路面检测指标（表1-3），其中的横向力系数和构造深度为二选一检测指标，路面弯沉为抽样检测指标；桥梁桥面系、上部结构和下部结构的各部件及构件的病害、缺损程度及相关指标；交通安全设施、管理服务设施、绿化及环境保护设施的各分项设施的病害、缺损程度及相关指标，机电设施及设备完好率等。

表 1-3　路面检测指标

养护检查等级		I 级	II级、III级
检测指标	沥青路面	路面破损率、国际平整度指数、车辙深度、跳车指标、横向力系数或构造深度、路面弯沉	路面破损率、国际平整度指数、路面弯沉
	水泥混凝土路面	路面破损率、国际平整度指数、跳车指标、横向力系数或构造深度	路面破损率、国际平整度指数

经定期检查难以判明病害程度及成因，或需进一步查明结构承载能力、抗灾能力或安全性等专项性能时，应对其进行专项检查。

定期检查频率不应小于表1-4的规定。路面横向力系数的检查频率可适当减小，但不应小于1次／2年。

表 1-4　定期检查频率

养护检查等级		I 级	II级	III级
检查频率	路基、路面、交通工程及沿线设施	1次／年	1次／年	1次／年
	桥梁、隧道	1次／年	1次／3年	1次／3年

定期检查应将公路划分为若干检查单元分段进行。检查单元长度宜采用1000m，并应根据桥梁、隧道、路面的类型和养护管理区段分布情况及检查手段等进行调整。桥梁、涵洞和隧道等应按座进行检查，其检查单元宜进一步划分。根据桥梁、隧道、路面的类型和养护管理区段分布情况进行调整时，检查单元长度不受1000m长度的限制。

对于一般高速公路和一级公路，其上行和下行方向一般各有一条路幅；而对于复合式高速公路和设机动车辅路的一级公路，其上行和下行方向一般各有两条路幅，各路幅相互分隔或分离，且路面较宽，故高速公路和一级公路应对上行、下行方向的各路幅分别进行检测和调查。

检查是基础，评定是目的，在定期检查成果的基础上应进行技术状况评定，编制定期检查报告，提出检查及评定结论，以及必要的养护对策建议等。

四、应急检查

进行应急检查时，应对公路受损范围、基础设施损毁的类型和程度、路段及路网通行条件等进行调查。因突发事件造成结构物明显受损或存在重大安全隐患时，需查明其承载能力和抗灾能力，判断其能否继续使用或能否经加固后继续使用，故必要时应开展结构物承载能力和抗灾能力等专项检查、地质和水文等勘察。

应急检查完成后应编制应急检查报告，分析基础设施损坏的状况、成因及范围，评估受损基础设施的技术状况、安全性和修复可行性，提出抢通、保通和抢修等应急养护工程技术方案建议。

五、专项检查

应开展专项检查的情形有：养护决策或养护工程设计需要时；经常检查或定期检查后需做进一步检查时；基础设施加固改造、拆除重建或灾后恢复等重要工程项目交工后；接养公路时；桥梁、隧道、路基、高边坡及结构物等经监测或经风险评估需开展专项检查时。

专项检查应根据检查对象的工程特征、现场条件和检查项目的规模，结合养护历史资料制定检查方案，明确检查的目的、内容和方法，以及交通组织、数据管理和专项评定方案等。

专项检查及评定内容应根据检查目的和检查对象的工程特征等确定，并应包括公路基础设施的技术状态及病害情况，以及结构承载能力、耐久性、抗灾能力和安全性等专项性能。

专项检查应编制专项检查报告，提供必要的验算分析，提出专项检查及评定结论，以及必要的养护对策建议等。

六、结构监测

结构监测对象应根据基础设施的重要程度、结构特征、环境条件、技术状况、风险管理和设计要求等确定。被列为结构监测对象的基础设施包括：主跨跨径大于或等于500m的悬索桥、大于或等于300m的斜拉桥、大于或等于200m的拱桥、大于或等于160m的梁桥；水下隧道；处于复杂环境或结构特殊的其他桥梁和隧道；技术状况等级为3类、4类且需跟踪观测的桥梁和隧道；设计文件要求或经风险评估应监测的路基、高边坡及结构物、桥梁和隧道等。

结构监测应根据行业现行有关设计标准和监测对象控制要求等设定预警值。预警值又称为超限阈值，是指为保证工程结构安全，对表征监测对象可能发生异常或危险的监测量所设定的临界状态警戒值。监测预警是结构监测的主要目的之一，是预防事故发生、确保工程结构及周边环境安全的重要措施，故设定预警值是结构监测的强制性要求。结构监测应结合现场及周边环境条件制定监测方案，明确监测目的、监测内容、测点和设备布置、数据采集、数据管理和预警方案等。

监测内容应根据结构监测的目的、监测对象的工程特征和技术状况、环境条件及相关影响因素等经分析确定。监测参数的选择应满足对结构技术状态监控、预警及评估的要求。

结构监测宜采用具备数据自动采集功能的监测系统，并应具备完整的传感、调理、采集、传输、存储、数据处理及控制、预警及评估等功能。

结构监测期间，监测数据异常时应对监测对象和监测系统进行核查；监测值超过预警值时应立即上报，并对监测对象进行专项检查，结合监测数据对结构性能进行评定，根据评定结论采取相应的工程处理措施，必要时应采取限制通行或禁止通行措施。

结构监测应结合经常检查、定期检查和专项检查数据，定期分析各类监测数据并形成分析报告，提出监测数据分析结论，以及必要的养护对策建议等。

七、养护决策

1. 一般规定

养护决策应收集和分析决策对象的基础数据（包含公路技术等级、技术标准和基础设施构造信息，以及环境和经济等信息的数据）和路况数据（包含历次路况检查及评定、结构监测、交通量及其组成，以及历次实施的养护工程等信息的数据），明确养护决策的目标，开展养护需求分析和方案决策分析，优化选择养护方案。

养护决策可利用有效期内的定期检查及评定成果作为当前的技术状况资料，资料不足时应通过专项检查及评定进行补充。

2. 养护决策的目标及分析

根据公路技术等级、交通量及其组成、决策对象的工程特征和规定的养护质量要求等，结合环境和养护条件经综合分析确定养护决策目标。养护决策目标应包括养护质量目标和投资效益目标。养护质量目标是必须要求目标，是指养护方案实施后在养护设计使用年限内，仅通过日常养护所能保持的最低技术状况。投资效益目标是愿望要求目标，这里的投资效益是指养护方案实施后在全生命周期内所产生的经济效益、环境效益和社会效益等。其中，经济效益包括减少的养护费用、降低的安全风险费用和地质灾害风险费用等；环境效益是指通过实施快速养护技术方案所降低的噪声污染费用和空气污染费用，以及通过使用再生材料所节约的资源费用等；社会效益包括营运效益的提升和促进社会经济发展所带来的利益等。

养护决策分析宜建立和应用具备数据管理与分析、养护需求分析、方案决策分析和养护工程项目库管理等功能的信息化系统。决策分析模型应针对特定的分析对象、交通和环境条件，并应定期标定和修正。

案例分析

路桥工程检查类型分析案例

一、案例背景资料

案例1： 某公路全长约10km，公路养护部门安排巡查小组每天对该路段进行检查。检查人员在清晨和傍晚交通流量相对较小的时候，驾驶巡查车辆以30~40km/h的速度沿着公路行驶，重点观察路面状况，查看路面是否有裂缝、坑洼、松散等病害。在一次检查中，发现有一处面积约为$2m^2$的路面出现了网状裂缝。检查人员立即使用随身携带的设备对裂缝位置进行标记，并记录下其位置信息（位于道路桩号K3+500左侧车道）和大致的病害程度（裂缝宽度小于3mm，但较为密集）。同时，他们还检查了道路沿线的交通安全设施，发现一个交通标志的立柱有轻微倾斜，偏离垂直方向5°左右，也一并记录下来。这些记录作为后续小修保养的依据，公路养护部门及时安排人员进行了修复，避免了病害的进一步扩大。

案例2： 某省际高速公路，长度约200km，养护管理部门每季度进行一次检查。检查内容包括路面平整度、抗滑性能、结构强度以及桥梁、隧道等重要构造物的状况。在一次检查中，采用了自动平整度仪对路面平整度进行检测。检测结果显示，在其中一段长约10km的路段（桩号区间为 K100~K110），国际平整度指数超过了规定的限值（2.0m/km），达到了 2.3m/km，说明该路段的路面平整度出现了一定程度的下降。同时，利用摩擦系数测试车对路面抗滑性能进行检测，发现部分弯道处的横向力系数低于设计要求的最小值。对于桥梁部分，检查人员通过外观检查结合无损检测技术（如超声波检测），发现一座跨河大桥的一个桥墩在水面线附近有混凝土剥落的现象，剥落面积约为 $0.5m^2$，并且通过超声波检测发现内部有部分钢筋有轻微锈蚀迹象。根据这些检查结果，养护管理部门制定了详细的养护计划，包括对平整度不足的路面进行铣刨重铺或者微表处处理，对抗滑性能不足的弯道进行表面刻槽处理，对桥墩的混凝土剥落和钢筋锈蚀进行修复。

案例 3： 某山区公路由于经历了一次暴雨洪涝灾害，公路管理部门对该公路进行检查。检查的重点是路基的稳定性、边坡的防护情况以及排水系统的有效性。检查人员沿着公路徒步检查，发现多处路基边坡出现了不同程度的坍塌。其中一处边坡，高度约 10m，在坡顶出现了一条长约 20m 的裂缝，裂缝宽度最大达到了 10cm，并且有部分土石已经滑落至路面，堆积体积约为 $5m^3$。在排水系统检查中，发现许多边沟被泥沙和树枝等杂物堵塞，排水不畅。针对这些问题，公路管理部门立即组织了应急抢修队伍，对坍塌的边坡采用了沙袋反压和锚杆加固相结合的措施；清理了边沟内的杂物，并且在边沟易堵塞的部位设置了防堵格栅。同时，委托专业的地质勘察单位对边坡的稳定性进行进一步的评估，为后续的永久修复方案提供依据。

案例 4： 某座跨越海湾的大型跨海大桥，设计使用寿命为 100 年。在其建成投入使用 20 年后，考虑到海洋环境的腐蚀性和交通流量的不断增加，大桥管理部门对该大桥进行了一次检查。这次检查采用了多种先进的检测技术，如水下机器人检查桥墩基础、索力传感器检测斜拉索的索力、高精度全站仪监测桥梁的变形情况等。水下机器人在检查桥墩基础时，发现部分基础的混凝土表面有海洋生物附着，并且在水下 10~15m 深度的位置有一些微小的冲刷坑，最大冲刷深度约为 20cm。索力检测结果显示，部分斜拉索的索力与设计值相比有一定的偏差，最大偏差达到了 8%。通过全站仪监测，发现桥梁在某些时段的竖向变形量超过了理论计算值。根据这些检查的结果，大桥管理部门组织专家进行会诊，制定了一系列的维护措施，包括对桥墩基础的冲刷部位进行加固修复，对斜拉索进行索力调整和防腐维护，以及对桥梁的变形监测系统进行升级等。

二、案例分析要求

分析并判断以上 4 个案例分别属于哪种检查类型。

三、案例分析过程

1. 案例 1 分析

案例 1 为日常巡查。具体分析如下：

（1）检查目的　这种检查是公路养护部门安排的日常工作内容，目的是及时发现公路路面及沿线交通安全设施的早期病害和轻微损坏情况，以便能够迅速安排小修保养，防止病害扩大，保证公路的正常使用状态和交通安全设施的正常功能，这是典型的日常巡查的检查目的。

（2）检查时间和触发条件　检查时间是每天都进行，并且选择在清晨和傍晚交通流量相对较小的时候，既不是在发生突发事件（如自然灾害、重大交通事故等）后进行的应急检查，也不是基于特定周期针对某一专项（如仅针对桥梁结构等）的检查，是按正常工作安排的日常检查。

（3）检查范围和重点　检查范围主要是公路路面状况和沿线交通安全设施。检查重点是观察路面是否有裂缝、坑洼、松散等病害，以及交通安全设施是否正常，这符合日常巡查重点关注公路表面状况和基本安全设施是否完好的特点。

（4）检查方法和手段　检查人员驾驶巡查车辆以一定的速度沿公路行驶进行观察，这种方式相对比较简单、直观。对于发现的病害使用随身携带的设备进行标记并记录位置、病害程度等信息，这是日常巡查常用的检查方法，不需要像专项检查那样使用复杂的专业检测设备和技术，也不像应急检查那样在紧急情况下进行快速评估。

2. 案例2分析

案例2为定期检查。具体分析如下：

（1）检查目的　此次检查是每季度定期进行的，目的是详细了解高速公路各个方面的状况，包括路面平整度、抗滑性能、结构强度以及桥梁和隧道等重要构造物的情况。不是因为突发事件而进行的紧急检查，而是为了系统地评估公路质量状况，为后续的养护工作提供精准依据，这符合定期检查深入了解公路特定要素质量、性能等情况，为养护等工作提供依据的目的。

（2）检查时间和触发条件　检查是按照每季度的固定周期进行的，不是像应急检查那样在自然灾害、重大交通事故等紧急事件发生后才开展的，这种有计划的检查时间安排是定期检查的典型特征。

（3）检查范围和重点　检查范围涵盖了路面平整度、抗滑性能、结构强度以及桥梁、隧道等重要构造物的状况，虽然范围比较广，但这些都是公路设施检查中明确的、需要重点关注的方面。并且，在检查过程中，针对每个方面都有特定的检测内容和要求，例如用自动平整度仪检测路面平整度、用摩擦系数测试车检测抗滑性能、通过外观检查和无损检测技术检查桥梁状况等，体现了定期检查聚焦特定内容进行深入检查的特点。

（4）检查方法和手段　采用了自动平整度仪、摩擦系数测试车、外观检查结合无损检测技术（如超声波检测）等专业设备和技术，这些相对专业和细致的检查方法不是应急检查那种快速、直观的巡查方式。

3. 案例3分析

案例3为应急检查。具体分析如下：

（1）检查目的　此次检查是在山区公路经历暴雨洪涝灾害后进行的，主要目的是快速评估公路状况，确定公路是否能够安全通行，重点关注路基稳定性、边坡防护情况和排水系统的有效性这些直接关系到公路安全的关键要素。其目的是为了应急抢险，保障公路在灾害后的基本通行功能，及时发现并处理可能导致交通中断或安全事故的隐患，这符合应急检查的目的。

（2）检查时间和触发条件　检查时间是在暴雨洪涝灾害发生之后，具有明显的突发性，是因为灾害这一紧急事件触发了检查行为，需要立即确定公路受灾情况，与应急检查的触发条件相匹配。

（3）检查范围和重点　检查范围涵盖了路基稳定性、边坡防护情况和排水系统的有效性，重点明确。在应急情况下，优先检查这些与公路安全和通行紧密相关的部分，以便快速判断公路受损程度和可能出现的安全风险，这体现了应急检查的重点在于关键部位和安全相关设施的特点。

（4）检查方法和手段 检查人员采用徒步检查的方法，这种方法比较直观、快速。通过现场观察来发现路基边坡的坍塌、裂缝、边沟堵塞等问题，是应急检查中常用的快速查看公路受损情况的检查方法，与应急检查注重快速和直观的需求相匹配。

4. 案例 4 分析

案例 4 为专项检查。具体分析如下：

（1）检查目的 此次检查是因为大桥使用 20 年后，考虑到海洋环境的腐蚀性和交通流量增加这两个特定因素而开展的，目的是为了详细评估大桥在这些特定因素影响下的结构安全状况，是一种预防性的检查，主要是为大桥的维护、维修提供精准依据，而非应对突发紧急情况来检查桥梁是否能安全通行。

（2）检查时间和触发条件 检查时间是在大桥建成使用 20 年后，不是在发生突发事件（如船舶碰撞、地震等）后进行的；是根据大桥的使用年限、所处环境的腐蚀性以及交通流量变化这些条件来触发检查行为的，是有计划地对大桥进行特定情况的评估。

（3）检查范围和重点 检查范围集中在大桥的关键结构部分，如桥墩基础、斜拉索等。检查重点是使用专业技术检查这些结构受到海洋环境腐蚀和交通流量增加等因素影响后的状况，比如检查桥墩基础的冲刷和海洋生物附着、斜拉索索力偏差、桥梁变形量等，这不是全面的、应急性的检查所有项目，而是针对特定结构和可能出现问题的地方进行检查。

（4）检查方法和手段 采用了水下机器人、索力传感器、高精度全站仪等先进的、专业的检测设备进行检查，这是为了深入、细致地检查大桥的特定结构部位，精准地获取结构的详细信息，这和应急检查的相对简单快速的检查方法和手段（如简单的目视检查和采用基本的测量工具）有明显区别。

本节小结

通过本节内容的学习，掌握日常巡查、经常检查、定期检查、应急检查、专项检查、结构监测等路桥检查、评定及养护决策等知识，能够根据工程特点辨别检查类型。本节案例以辨别路桥工程检查类型为主，要根据各类检查的概念弄清实际的检查类型。

1.3 养护工程设计

知识学习

养护工程应根据其技术复杂程度开展一阶段施工图设计或技术设计和施工图设计两阶段设计。养护工程一般采用一阶段施工图设计，技术特别复杂的工程采用技术设计和施工图设计两阶段设计。

养护工程设计应开展专项检查及评定，查明设计对象的技术状况、病害情况、结构和材料性能等，其资料时限不应超过 6 个月，必要时应开展基础设施几何构造数据、地质和水文等资料的勘察和调查。有监测数据时，应收集相关信息资料。养护工程设计应以养护需求单元作为基本单元。

一、养护工程技术方案

养护工程应确定并细化养护工程技术方案，新建工程一般在初步设计阶段，当为一阶段设计时，施工图设计根据工程可行性研究阶段确定的方案进行，而养护工程一般无可行性研究和初步设计阶段，故技术方案的确定纳入施工图设计或技术设计阶段。

养护工程技术方案需要提出工程材料指标、施工工艺及验收标准、交通组织方案和技术措施，编制养护工程设计文件和预算文件。

养护工程技术方案应根据设计对象的技术状况、病害类型及成因、交通及环境条件等，经技术经济分析确定。技术复杂且存在多个可供比选的方案时，通过方案决策分析选取技术方案。在同等条件下，应选用技术成熟的快速养护技术方案。

二、养护工程设计使用年限及技术标准

养护工程设计使用年限应根据公路技术等级、基础设施类型及养护工程类别，结合剩余使用年限和技术状况等确定。

预防养护工程设计不应低于原技术标准；修复养护工程设计不应低于原技术标准，涉及结构安全和交通安全的修复养护工程设计宜采用现行技术标准；增设、升级改造和拆除重建等专项养护工程设计应采用现行技术标准。养护工程设计应充分利用既有基础设施，养护工程材料的物理力学性能不得低于原设计要求，并应充分利用可回收再利用材料；养护工程交通组织方案应根据公路技术等级、交通量、作业类型、公路几何构造、区域路网结构及现场条件等进行设计。

三、预防养护工程

预防养护工程应以延缓公路基础设施性能衰减、延长使用寿命为目标，针对基础设施轻微病害或病害隐患，开展病害早期处治或预防工程设计。

1）路基预防养护工程应针对土路肩、边坡及结构物、排水设施等的表观病害或病害隐患进行设计，满足延缓病害发展、恢复路基防护和排水性能等要求。

2）路面预防养护工程应针对路面轻微病害进行设计，满足延缓路面病害发展，恢复路面行驶质量、抗滑性能和抗老化性能等要求。

3）桥梁预防养护工程应针对各类设施轻微病害、构件非结构性病害、环境作用引发的结构材料劣化及造成的其他不利影响等进行设计，满足延缓病害发展和结构性能衰减、提升结构耐久性等要求。

四、修复养护工程

修复养护工程应以恢复公路基础设施的技术状况或服务功能为目标，根据病害的类型、严重程度、成因及发展趋势，开展功能性修复、结构性修复或更换等设计。功能性修复是指针对基础设施的服务功能衰减，为恢复其功能和技术状况而采取的养护工程措施。结构性修复是指针对基础设施的结构性损坏或服务功能丧失，为修复其结构或恢复其服务功能和技术状况而采取的养护工程措施。

1. 路基修复养护工程

路基修复养护工程设计应满足地基承载能力、路堤强度、边坡稳定性和结构承载能力等要求，并应符合下列规定：

1）路堤修复工程设计应分析地基与堤身的共同作用。

2）地基变形等病害处治应进行沉降变形控制验算。地基受力范围存在软弱下卧层时，应进行地基承载能力验算。斜坡软弱地基处治应进行稳定性验算。

3）高边坡路堤和陡坡路堤开裂滑移等病害处治，应进行堤身稳定性、堤身与地基整体稳定性验算。

4）边坡支挡结构物加固应进行结构强度和整体稳定性验算。

5）路基排水设施修复养护工程应结合路面、桥涵和隧道等的排水系统进行设计。

2. 路面修复养护工程

路面修复养护工程设计应满足路面结构强度、行驶性能和抗滑性能等要求，并应符合下列规定：

1）路面沉陷和开裂等病害除与路面自身有关外，往往还与路堤沉降或路床软化等病害有关，故路面修复养护工程应结合路堤和路床病害处治进行设计。

2）路面加铺层材料组成、结构组合及厚度，宜通过路用性能试验和设计参数测试确定。

3）路面结构性补强所采用的结构组合及厚度，应通过结构验算确定。这里说的结构性补强是指在原路面结构强度不满足设计和使用要求，但基层较完好的情况下，为恢复路面整体承载能力或使用性能而铺筑的厚度不小于 60mm 的加铺层。

4）水泥混凝土路面加铺沥青混凝土面层时，应按复合式路面设计。

5）在有上跨构造物的路段，加铺后的路面高程应满足建筑限界净空高度的要求。

3. 桥梁修复养护工程

桥梁修复养护工程设计应满足结构耐久性、强度、刚度和稳定性等要求，并应符合下列规定：

1）结构性修复方案应通过结构验算确定，满足正常使用极限状态和承载能力极限状态的要求。

2）桥梁结构复位利用原桥梁构件作为支撑时，应对该构件的承载安全性进行验算。

3）桥梁梁体全幅更换时，新更换梁体应满足现行技术标准的要求；单梁更换时，新更换梁体不应低于原设计要求。

4）需增加桥面铺装厚度或其他恒载时，应通过桥梁结构承载能力验算。

5）更换的支座和伸缩装置应与原结构体系相适应，满足使用功能的要求。

五、专项养护工程

专项养护工程涉及的修复和加固改造等设计应符合修复养护工程的有关规定，拆除重建工程设计应符合行业现行的有关新建和改扩建技术标准的规定。

提升服务功能的专项养护工程设计尚应符合下列规定：

1）路线局部改线和路线交叉几何改造应根据实测资料进行平面和纵断面拟合设计。

2）路基加宽部分的回弹模量不应低于原设计标准。

3）路面重建和改建应通过实测和试验确定有关技术参数，根据实测资料进行路线纵断面拟合设计。

4）桥梁拼接加宽应进行整体验算，评价正常使用极限状态应采用原设计荷载标准，评价承载能力极限状态应采用现行设计荷载标准。

地质灾害防治工程设计应根据特殊地质体的性质、类型、成因、稳定状态及发展趋势、范围及其与公路的空间关系，以及既有治理技术等进行，设计采用的物理力学参数应根据室内试验和原位测试资料经综合分析确定。

因突发事件造成公路损毁时，首先启动应急检查并实施应急养护工程。灾后恢复工程应在应急养护抢通后及时组织专项检查，未能恢复到原服务功能和技术标准的，按专项养护工程组织实施灾后恢复工程的专项检查和设计。根据基础设施的技术状态实测资料、结构和材料性能试验资料，以及地形、地质和水文等实测资料，经综合论证确定技术方案并进行详细设计。对于损毁严重，通过实施灾后恢复工程不能恢复原服务功能和技术标准的，一般按灾后重建工程组织实施，此类工程已不属于养护工程范畴。

六、交通组织方案

养护工程施工期间的交通组织方案设计应提出作业区布置方案、车辆临时通行方案和临时交通安全设施布置方案等。

1. 作业区布置方案

作业区布置方案应按长期作业、短期作业、临时作业和移动作业等作业类型进行设计。长期作业是指定点作业时间超过 24h 的作业；短期作业是指定点作业时间大于 4h、小于或等于 24h 的作业；临时作业是指定点作业时间大于 30min、小于或等于 4h 的作业；移动作业是指连续移动或停留时间不超过 30min 的间歇移动作业。

作业区应由警告区、上游过渡区、缓冲区、工作区、下游过渡区和终止区等区段组成，警告区和工作区必须设置，其余区段的设置应根据公路技术等级、作业类型、作业方式和安全要求等确定。

2. 车辆临时通行方案

车辆临时通行方案包括设置临时车道和临时通行便道、双向交替通行和利用路网分流等。其中，临时车道是指利用既有路面划出的临时通行车道；临时通行便道是指在既有路面或路基以外修建的临时通行道路。车辆临时通行方案应根据公路技术等级和作业类型，结合作业区布置方案进行设计，并应符合下列规定：

1）短期作业、临时作业和移动作业应利用既有路面为车辆通行提供临时车道，长期作业宜利用既有路面提供临时车道。

2）高速公路和一级公路半幅封闭作业，或单向临时车道数不足时，可借对向车道设置临时车道。

3）双车道公路半幅封闭作业时，可利用对向车道双向交替通行。

4）长期作业路段全幅封闭作业，或利用既有路面设置的临时车道数不足时，应修建临时通行便道，或采用路网分流方案。

临时通行路段的设计速度应根据实际交通需求和现场条件等确定。临时通行路段的设计速度及车道最小宽度应符合表 1-5 的规定。

表 1-5　临时通行路段的设计速度及车道最小宽度

原路设计速度/(km/h)	120	100	80	60	40	30	20
临时通行路段设计速度/(km/h)	80	70	60	40	30	30	20
车道最小宽度/m	3.75	3.75	3.50	3.50	3.25	3.25	3.00

高速公路和一级公路临时通行路段的设计服务水平可较正常通行路段降低一级，其车道数应根据实际交通需求、服务水平、设计速度、车道宽度和作业强度等，按行业现行有关标准的规定经计算确定。

3. 临时交通安全设施布置方案

临时交通安全设施布置方案设计应符合下列规定：

1）除移动作业外，作业区和通行车道之间应设置隔离设施。

2）高速公路和一级公路的对向交通流之间应设置隔离设施。

3）长期作业应采用稳固式交通安全设施。

4）短期作业和临时作业宜采用易于安装、拆除的交通安全设施。

5）移动作业宜采用移动式标志车，临时作业可采用移动式标志车。

对于车辆通行可能影响结构和材料性能的关键施工环节（包括桥梁养护增大结构截面、胶体固化、张拉体外预应力钢束等施工环节），若有活载的扰动，势必影响安全和工程质量，因此对于车辆通行可能影响结构和材料性能的关键施工环节，应根据施工工艺、结构和材料性能要求等，提出该路段在作业期间车辆限制通行或禁止通行方案。

案例分析

养护工程交通组织方案设计

一、案例背景资料

某一级公路建于 2013 年，设计车速 100km/h，全长 50km。

路基宽度为 24.5m，其中行车道宽度为 2×7.5m，中间带宽度为 3m（含中央分隔带 2m 和两侧的路缘带各 0.5m），硬路肩宽度为 2×2.5m，土路肩宽度为 2×0.75m。

采用沥青混凝土路面，上面层为 4cm 厚的细粒式改性沥青混凝土（AC-13C），中面层为 6cm 厚的中粒式沥青混凝土（AC-20C），下面层为 8cm 厚的粗粒式沥青混凝土（AC-25C）；基层为 36cm 厚的水泥稳定碎石基层，底基层为 20cm 厚的石灰粉煤灰稳定土底基层。这样的路面结构组合具有良好的承载能力、平整度和抗滑性能。

该公路自建成通车投入使用以来，已经运行超过 10 年。随着交通流量的不断增长以及自然环境因素的长期影响，道路出现了不同程度的路面破损、路基病害、附属设施损坏等问题，严重影响了道路的行车舒适性、安全性以及使用寿命。为了恢复、提升道路的使用性能，保障交通运输的顺畅和安全，特实施本次养护工程。本次养护工程主要包括路面修复、交通安全设施更新等项目，施工范围涵盖道路全线，预计施工工期为 6 个月。

二、案例分析要求

编写该养护工程的交通组织方案。

三、案例分析过程

1. 作业区布置方案

（1）基本原则 作业区布置应遵循保障施工安全、尽量减少对交通流的干扰、符合规范要求以及便于施工操作等原则，确保施工与交通能够安全、有序地并行。

（2）划分依据 根据养护工程的施工内容、施工工艺和施工进度，将道路划分为不同的作业区。每个作业区的长度根据实际施工需求确定，但一般不宜过长，以避免交通拥堵和施工管理不便。同时，考虑道路的平纵线形、交通流量分布以及周边地形等因素，合理选择作业区的起止位置。

（3）具体布置

1）路段作业区。

① 警告区 S。警告区设置在作业区上游，长度设置为2000m。在警告区内，依次设置施工标志、限速标志、前方施工标志等。

② 上游过渡区 L_s。上游过渡区的长度设置为150m，通过设置渐变段，将车辆从正常行驶车道引导至临时通行车道，渐变率一般不大于1/30。

③ 缓冲区 H。缓冲区的长度设置为150m，用于防止车辆因意外情况冲入作业区，在缓冲区内设置防撞桶、水马（塑料隔离墩）等防撞设施。

④ 作业区 G。根据施工进度，在确保安全的前提下，作业区的长度为2600m。作业区内根据施工内容和工艺要求设置相应的施工设施和机械设备，如路面铣刨机、摊铺机、压路机等。

⑤ 下游过渡区 L_x。下游过渡区的长度与上游过渡区相同，用于引导车辆从临时通行车道驶回正常行驶车道，渐变段设置要求与上游过渡区一致。

⑥ 终止区 Z。终止区设置在作业区下游，长度设置为30m，用于告知驾驶员施工路段已结束，可恢复正常行驶速度。

2）路口作业区。对于与养护道路相交的路口，根据路口的交通流量、几何形状和施工情况，采取不同的作业区布置方式。因本工程路口交通流量较大，施工对路口通行影响较大，所以对路口采取临时交通管制措施，封闭部分路口方向的交通，引导车辆绕行，并设置详细的绕行指示标志。同时，在施工区域周围设置明显的警示标志和防护设施，防止车辆和行人误入施工区域。

2. 车辆临时通行方案

（1）总体思路 在保证施工安全和施工质量的前提下，通过合理规划临时通行路线、采取交通管制措施和优化交通信号配时等方法，最大限度地维持道路的通行能力，减少车辆的延误和拥堵。

（2）临时通行路线规划 根据道路周边的路网情况，制定详细的车辆临时通行路线图。对于施工路段，引导车辆通过相邻的平行道路、支路或城市环路进行分流绕行。

在主要路口和路段设置清晰、明确的交通指示标志，告知驾驶员临时通行路线和方向。标志的设置应符合国家标准，具有足够的视认性和提前量，确保驾驶员能够提前作出正确的行驶决策。

与交警部门密切配合，对绕行路线上的交通流量进行实时监测和分析，根据实际情况及时调整交通管制措施和信号配时，保障绕行路线的畅通。

（3）交通管制措施

1）车道调整。根据施工需要和交通流量情况，对施工路段的车道进行合理调整。采用半幅封闭施工时，将对向车道通过设置临时隔离设施的方法分隔为双向通行车道，并根据交通流量分配车道数量。在车道变化处设置明显的车道指示标志和渐变段，引导车辆安全、有序地变换车道。

2）限速措施。在施工路段和临时通行路线上设置限速标志，根据道路条件和施工情况，将车速限制在安全合理的范围内，以确保车辆的行驶安全和施工人员的安全。同时，安排交通执法人员或电子警察对超速行为进行监控和处罚，加强对限速措施的执行力度。

3）分时段交通管制。针对施工路段交通流量的高峰和低谷时段，采取分时段交通管制措施。在交通流量较小的时段，适当放宽交通管制措施，加快施工速度；在交通高峰时段，加强交通疏导和管理，必要时增加交通协管员数量，确保道路通行顺畅。例如，在早、晚高峰时段，对施工区域的交通管制范围进行适当调整，优先保障主要交通流向的通行能力，减少车辆拥堵。

3. 临时交通安全设施布置方案

（1）设施类型及作用

1）警示标志。警示标志包括施工标志、警告标志、禁令标志、指示标志等，用于提前告知驾驶员前方道路的施工情况、交通管制措施和行驶要求，引导驾驶员安全、有序地通过施工路段。

2）警示灯。在施工区域和交通管制路段的关键位置设置警示灯，如在警告区起点处、作业区两端、弯道、陡坡等危险部位，通过闪烁灯光提醒驾驶员注意前方路况，提高夜间和低能见度条件下的行车安全性。

3）交通锥和塑料隔离墩。交通锥和塑料隔离墩用于分隔施工区域和交通流，引导车辆行驶路线，防止车辆误入施工区域。交通锥和塑料隔离墩应按照一定的间距和排列方式进行布置，形成连续、醒目的临时隔离设施。一般情况下，交通锥的间距为10m，塑料隔离墩的间距为2m。

4）防撞桶。防撞桶设置在缓冲区和作业区周围，作为车辆碰撞时的缓冲装置，减轻车辆碰撞对人员和设施的伤害。防撞桶内填充一定量的砂、水或其他缓冲材料，具有良好的防撞性能，其颜色应为鲜艳的橙色或黄色，以便于驾驶员识别。

5）临时护栏。在需要对车辆和行人进行有效隔离的部位，如施工区域、高填方路段等，可设置临时护栏。临时护栏应具有足够的强度和稳定性，高度一般为1.2m，要能够有效地防止车辆和行人越过施工区域的边界，保障交通安全。

6）防眩设施。对于夜间施工或交通管制路段存在眩光影响的情况，应设置防眩设施，如防眩板、防眩网等，以降低对向车辆灯光对驾驶员视线的干扰，提高夜间行车安全性。

（2）布置原则

1）规范性原则。临时交通安全设施的布置应满足国家相关标准和规范的要求，确保设施的种类、数量、位置和设置方式符合要求，保证其能够有效地发挥安全警示和防护等作用。

2）连续性原则。各类交通安全设施应在施工路段和临时通行路线上形成连续、完整的警示和防护体系，避免出现安全设施缺失或间断的情况，使驾驶员能够清晰地识别行驶路线和安全区域。

3）醒目性原则。各类交通安全设施应具有鲜明的颜色、良好的反光性能和足够的尺寸，确保在各种天气条件下（特别是在夜间和低能见度情况下）都能够被驾驶员清晰地看到，起到有效的警示作用。

4）稳定性原则。临时交通安全设施应安装牢固，具有足够的稳定性，能够承受车辆碰撞、风吹、日晒等作用，不得倒塌、移位或损坏，不得影响交通安全。

（3）具体布置

1）警告区。在距离停车装卸物料处或施工点2km处，摆放"前方施工2km"标志1块、"施工告示"标志1块；在距离停车装卸物料处或施工点1.5km处，摆放"前方施工1.5km"标志1块；在距离停车装卸物料处或施工点1.2km处，摆放"限速80"标志1块；在距离停车装卸物料处或施工点1km处，摆放"限速60"标志1块；在距离停车装卸物料处或施工点1km处，摆放"前方施工1km"标志1块、"车道数减少"标志1块，并在中分隔离带处摆放警示频闪灯。

2）上游过渡区。在距离停车装卸物料处或施工点0.5km处，摆放"前方施工500m"标志、导向标牌各1块；同时，开始摆放交通锥，一直摆放至下游过渡区结束，引导车辆顺利完成车道变换。其中，交通锥在上游过渡区和工作区的布设间距小于4m，在下游过渡区的布设间距小于10m。

3）缓冲区。在缓冲区设置防撞桶和塑料隔离墩，形成缓冲区域，并在防撞桶上粘贴反光膜，以提高其夜间可视性。在距离停车装卸物料处或施工点0.3km处，摆放"前方施工300m"标志、施工长度标志、附设警示灯的路栏各1块；在距离停车装卸物料处或施工点0.1km处，摆放"前方施工100m"标志1块。

4）作业区。作业区周围采用连续的活动式围挡进行封闭，围挡高度不低于1.8m，围挡上每隔5m设置一块反光警示标志；在作业区进出口处设置明显的指示标志，引导施工车辆和设备安全进出作业区，确保施工人员和过往车辆的安全。

5）下游过渡区。下游过渡区从作业区末端开始，通过交通锥引导车辆驶回正常行驶车道。

6）终止区。在此区域内设置解除限速标志和施工结束标志。

在弯道、陡坡等危险路段，除设置常规的警示标志和交通锥外，还应根据实际情况增设凸面镜、减速带等交通安全设施，提前提示驾驶员减速慢行，注意行车安全。

在夜间施工或低能见度条件下，应开启所有警示灯，并确保交通安全设施具有良好的反光性能，为驾驶员提供清晰的行驶指引。

临时交通安全设施的布设从警告区开始，向终止区推进，移除时的顺序与布设顺序相反，但警告区临时交通安全设施的移除顺序与布设顺序相同。无论当日作业区的工作是否完成，进行标线养护作业的路面上的安全设施在当日必须移除，不得过夜。

4. 交通组织方案的实施与管理

（1）施工前准备 在施工前30天，通过报纸、电视台、广播电台、微信公众号、高德地图、百度地图等多种媒体平台以及公共交通的交通广播发布施工公告，详细告知施工时间、施工地点、交通管制措施、临时通行路线以及绕行建议等信息，确保公众提前知晓并做好出行规划。

　　组织施工人员进行交通安全培训，使其熟悉交通组织方案和交通安全设施的设置要求，掌握交通指挥手势和应急处置方法，提高施工人员的交通安全意识和自我保护能力。

　　按照交通组织方案的要求，提前完成交通安全设施的采购、运输和安装调试工作，确保所有的交通安全设施在施工前准备完毕。

　　（2）施工过程管理　安排专人负责交通组织方案的实施和管理，定期对交通安全设施进行检查和维护，及时更换损坏、缺失的设施，确保其始终处于良好的工作状态。

　　与交警部门保持密切联系，建立联合指挥机制，根据交通流量变化和实际交通情况，及时调整交通管制措施和疏导方案，确保施工路段和周边道路的交通秩序稳定。

　　在施工区域进出口处设置专人值守，对施工车辆进行严格管理，确保其按照规定的路线和时间行驶，避免对正常交通造成干扰。

　　加强对施工人员的安全教育和监督管理，要求施工人员必须穿着反光背心，遵守交通规则，不得随意穿越道路或在交通流中逗留，防止发生施工人员伤亡事故。

　　所有施工车辆必须从下游过渡区进入作业区，严禁从上游过渡区进入作业区，专职安全人员在上游过渡区内摇旗进行现场指挥，提醒行驶车辆提前变道，以免车速过快发生追尾。施工车辆必须有专人引导从终止区进入施工区，安全人员或其他人员应立即将安全设施恢复到位。车辆离开时，从下游过渡区终点开口顺行驶出。

　　（3）施工结束后清理　施工结束后，及时清理施工现场的建筑垃圾和废弃材料，拆除本次施工设置的交通安全设施，并对道路进行清扫和冲洗，恢复道路的整洁和畅通。

　　对因施工造成损坏的道路路面、交通标志、标线等设施应进行修复和完善，确保道路恢复到施工前的正常使用状态。

　　通过多种媒体平台发布道路恢复通行的信息，告知公众施工已结束，交通恢复正常，以方便公众出行。

本节小结

　　通过本节内容的学习，掌握养护工程技术方案、养护工程设计使用年限及技术标准、预防养护工程、修复养护工程、专项养护工程、交通组织方案等知识，能够根据工程情况编制交通组织方案。本节案例以交通组织方案的编制为主，针对具体的养护工程情况提出合适的交通组织方案。本节内容为后续学习如何制订路桥工程养护维修综合方案打下基础。

本模块总结

　　本模块内容均为路桥养护的基础知识，这部分知识比较多且松散，相互之间联系性不强，但是这部分内容却是后续学习路桥工程各部分养护知识的基础，故需要认真掌握。

自我测评

一、单项选择题

1. 定期检查应查明路桥工程基础设施的技术状况，为养护决策或动态调整路桥养护的

（　　　）等提供依据。

  A. 周计划   B. 月度计划

  C. 季度计划   D. 年度计划

  2. 定期检查的单元长度宜为（　　　）。

  A. 1km   B. 5km

  C. 10km   D. 20km

  3. 因突发事件造成路桥工程基础设施损毁、交通中断或产生重大安全隐患时，应开展（　　　）。

  A. 定期检查   B. 专项检查

  C. 应急检查   D. 特殊检查

  4. 养护检查等级为Ⅱ级的桥梁，日间巡查频率不应小于（　　　）。

  A. 1 次／日   B. 2 次／日

  C. 3 次／日   D. 4 次／日

  5. 经定期检查难以判明病害程度及成因，或需进一步查明结构承载能力、抗灾能力或安全性等专项性能时，应对其进行（　　　）。

  A. 定期检查   B. 专项检查

  C. 应急检查   D. 特殊检查

  6. 养护工程技术方案不包括（　　　）。

  A. 工程材料指标   B. 施工工艺及验收标准

  C. 施工组织设计和技术措施   D. 编制养护工程设计文件和预算文件

  7. 涉及结构安全和交通安全的修复养护工程设计（　　　）。

  A. 可低于原技术标准   B. 应不低于原技术标准

  C. 宜采用现行技术标准   D. 高于原技术标准且低于现行技术标准

  8. 养护工程设计应开展专项检查及评定，其资料时限不应超过（　　　）。

  A. 5 个月   B. 6 个月

  C. 7 个月   D. 8 个月

二、多项选择题

  1. 路桥养护应包括（　　　）。

  A. 路况检查及评定   B. 养护决策

  C. 日常养护   D. 养护工程设计和施工

  E. 技术文件和数据管理

  2. 养护工程可分为（　　　）。

  A. 日常养护工程 B. 修复养护工程 C. 专项养护工程

  D. 应急养护工程 E. 特殊养护工程

  3. 下列路况检查属于强制性要求的有（　　　）。

  A. 日常巡查   B. 经常检查   C. 定期检查

  D. 特殊检查   E. 应急检查

  4. 日常养护应包括（　　　）。

  A. 日常保养   B. 经常保养   C. 经常维修

D. 日常维修　　　　E. 修复性养护

5. 被列为结构监测对象的基础设施有（　　）。

A. 主跨跨径大于或等于500m的悬索桥　　B. 主跨跨径大于或等于400m的斜拉桥

C. 主跨跨径大于或等于100m的拱桥　　D. 主跨跨径大于或等于150m的梁桥

E. 隧道

三、问答题

1. 养护工程交通组织方案设计中的路段作业区应由哪些区段组成？哪些是必须设置的？

2. 定期检查如何分段进行？

案例实训

路桥养护基础认知实训

一、已知条件

案例1：某国道建于2016年，采用双向四车道一级公路标准建设，设计车速为80km/h，全长50km。路基宽度为24.5m，其中行车道宽度为4×3.75m，中间带宽度为2m（含中央分隔带1m和两侧路缘带各0.5m），硬路肩宽度为2×2.5m，土路肩宽度为2×0.75m。该国道是连接多个重要城市的交通要道，交通流量很大，通行重型货车的比例较高。

随着使用年限的增长和交通荷载的不断作用，公路状况逐渐变差。为全面掌握该国道的技术状况，按照相关规定，每五年需进行一次全面的检查，并根据检查结果实施相应的养护工程。检查时，运用路面平整度仪、激光构造深度仪等自动化设备，快速检测路面平整度与抗滑性能；利用路面破损自动检测车采集裂缝、坑槽、车辙等病害数据，特殊病害区域结合人工检测进行综合检查。检查结果显示，部分路段的路面平整度欠佳，裂缝众多，有的裂缝宽度超过5mm；重载路段车辙明显，最深达40mm；路面抗滑性能下滑，构造深度不足，部分路段摩擦系数不达标；基层也有损坏，弯沉值超出设计要求。针对路面病害，用灌缝技术处理裂缝，先清缝，再用专用材料进行灌注，防止雨水下渗；车辙深度小于15mm的，用微表处技术铺设抗滑磨耗层；车辙深度在15～30mm的，铣刨掉车辙部位路面后重铺沥青面层；车辙深度大于30mm的，除铣刨重铺面层外，还需用水泥稳定碎石补强基层；路面结构强度不足的，先挖除损坏基层，重新铺设水泥稳定碎石基层后再铺沥青面层，确保路面结构承载能力达标。

案例2：某县道承担着连接周边乡镇与县城的重要交通任务，该县道建于2005年，全长35km，设计车速为40km/h，采用双向两车道二级公路标准建设。路基宽度为8.5m，其中行车道宽度为2×3.5m，未设置专门的中间带，硬路肩宽度为2×0.5m，土路肩宽度为2×0.25m。

该县道由养护人员每3天进行一次检查。检查方式为骑车巡查，重点关注路面坑洼、裂缝以及路肩损坏等情况。在一次检查中，发现路面出现多处小型坑洼，最深处约3cm，同时路肩有部分坍塌。养护部门随即开展维修，对于坑洼，先使用小型铣刨机将坑洼处的松散部分清理干净，然后用热拌沥青混合料进行填充，并用小型平板夯夯实；针对坍塌的路肩，先清理坍塌的土方，再用新土分层回填并夯实，最后在路肩边缘铺设草皮，防止再次坍塌。经过维修，县道恢复正常使用状态。

案例3：某国道始建于2010年，全长150km，设计车速为80km/h，采用双向四车道一级公路标准建设。路基宽度为24.5m，其中行车道宽度为4×3.75m，中间带宽度为2m（含中央分隔带1m和两侧路缘带各0.5m），硬路肩宽度为2×2.5m，土路肩宽度为2×0.75m。该国道交通流量很大，通行重型货车的比例较高。

该国道每半年进行一次全面检查，由专业检测团队借助先进设备开展检测，相关设备包括路面平整度仪、构造深度仪等。检测发现路面出现轻微泛油、细小裂缝等早期病害。养护部门决定实施预防养护工程，主要采用雾封层技术。施工前，先对路面进行清洁，去除灰尘和杂物。然后，使用专用喷洒设备将雾封层材料均匀喷洒在路面上。雾封层材料主要由乳化沥青、水和添加剂组成。喷洒时通过控制喷洒量和喷洒速度，确保雾封层厚度均匀，厚度一般控制在0.5~1mm。雾封层能够有效封闭路面微小裂缝，防止水分下渗，同时可改善路面抗滑性能，延缓路面病害的发展，延长道路使用寿命。

案例4：某高速公路建于2015年，全长120km，设计车速为120km/h。路基宽度为28.5m，其中行车道宽度为4×3.75m（双向四车道，每条车道宽3.75m），中间带宽度为4.5m（含中央分隔带2m和两侧路缘带各1.25m），硬路肩宽度为2×3m（双向硬路肩，每侧宽度为3m），土路肩宽度为2×0.75m（双向土路肩，每侧宽度为0.75m）。

养护部门为了了解路面状况，对该高速公路开展检查。检测团队运用落锤式弯沉仪等设备，对路面结构层进行多点检测。检测结果显示部分路段的路面结构强度不足，基层出现损坏，路面出现严重的车辙和沉陷。养护部门制定了养护方案。首先，使用铣刨机将病害路面铣刨至基层，铣刨深度为15~20cm。然后，对损坏的基层进行处理，若基层为水泥稳定碎石，将松散部分清理干净，重新铺设水泥稳定碎石并压实；若基层为石灰土基层，需翻松后添加石灰重新拌和后压实。接着，重新铺设沥青混凝土面层，分三层施工，下面层采用粗粒式沥青混凝土，中面层采用中粒式沥青混凝土，上面层采用细粒式改性沥青混凝土，每层施工都严格控制厚度、压实度和温度。经过养护，该高速公路路面恢复了正常结构强度和行驶性能。

案例5：某山区公路建于2010年，全长80km，设计车速为60km/h。路基宽度为10m，其中行车道宽度为2×3.5m（双向两车道，每条车道宽度为3.5m），无中间带，硬路肩宽度为2×0.5m（双向硬路肩，每侧宽度为0.5m），土路肩宽度为2×0.75m（双向土路肩，每侧宽度为0.75m）。

该山区公路遭遇强台风袭击后引发多处泥石流，部分路基被冲毁。灾害发生后，检查小组迅速赶赴现场，小组成员包括道路工程师、地质专家和养护人员，携带全站仪、地质雷达等设备。他们对受灾路段进行全面检查，评估泥石流的规模、路基受损程度以及周边山体的稳定性。经检查发现，部分路段的路基冲毁长度达50m，路面完全损坏，且周边山体仍有松动迹象。养护部门制定了养护方案。首先，对周边山体进行防护处理，采用锚杆加固、挂网喷浆等措施，防止再次发生泥石流。然后，对受损路基进行修复，先清理泥石流堆积物，再用片石混凝土回填冲毁的路基，回填时分层夯实，每层厚度控制在30~50cm。最后，重新铺设路面结构，包括底基层、基层和面层，同时完善排水设施，增设急流槽和边沟。经过养护，该山区公路恢复通行。

案例6：某旅游公路建于2018年，全长50km，设计车速为80km/h。路基宽度为14.5m，其中行车道宽度为2×3.75m（双向两车道，每条车道宽度为3.75m），中间带宽度为 2m（含中央分隔带 1m 和两侧路缘带各 0.5m），硬路肩宽度为 2×1.5m（双向硬路肩，每侧宽度为 1.5m），土路肩宽度为 2×0.75m（双向土路肩，每侧宽度为 0.75m）。

当地即将举办一场大型旅游活动，为确保旅游公路状态良好，养护部门开展检查，检查内容涵盖路面状况、沿线设施以及景观效果等。通过检查发现，路面虽无明显病害，但因长期日晒雨淋，路面抗滑性能有所下降，沿线部分标识牌褪色、损坏。养护部门决定实施养护。对于路面，采用微表处技术进行处理，以改善路面抗滑性能，施工流程与常规微表处施工一致。对标识牌进行统一更换，标识牌选用新型反光材料制作，以提高夜间可视性。同时，对公路沿线景观进行优化，补植花草树木，增设景观小品，提升旅游公路的整体形象。经过养护，该旅游公路以良好的状态迎接大型旅游活动，为游客提供了优质的出行体验。

二、任务要求

任务分工

分组	任务
第一小组	分析案例 1
第二小组	分析案例 2
第三小组	分析案例 3
第四小组	分析案例 4
第五小组	分析案例 5
第六小组	分析案例 6

各小组按以上任务分工完成以下内容：

1）结合已知条件分析各案例属于哪种检查类型，或属于哪种养护工程类型。

2）编写各案例的养护工程交通组织方案。

三、学习参考资料

《公路养护技术标准》（JTG 5110—2023）、《公路养护安全作业规程》（JTG H30—2015）。

模块二

路基养护与维修

学习目标

通过本模块的学习，了解公路路基技术状况的评价方法；掌握路肩、边坡、排水设施、挡土墙等构造物的日常养护知识；掌握路基常见病害的类型、原因、分析与养护维修知识。能分析识别公路路基常见病害；能分析路基病害发生的原因；能制订公路路基的初步养护维修方案。培养学生养护质量意识；培养学生与人合作的协作精神以及创新意识。

内容概要

本模块的主要内容包括路基技术状况评价、路基及其构造物的日常养护、路基病害的类型、路基病害的原因、路基病害的养护维修措施等。

先导案例

常台高速公路江苏段苏杭方向路基养护维修案例

一、案例背景资料

常台高速公路是国家高速公路规划重要干线"沈海高速"（G15）的联络线，起点为江苏常熟，终点为浙江台州。其中，江苏段是江苏省"四纵四横四联"高速公路网的重要组成部分，是国家同三国道主干线的重要分流道路。常台高速公路江苏段作为苏州市南北向重要的快速通道，在苏州市"一纵三横一环五射二联"高速公路规划网中起到特别重要的作用。常台高速公路江苏段全长100km，双向四车道，设计时速120km/h。常台高速公路江苏段于2003年9月27日建成通车。

2012年3月，对常台高速公路江苏段苏杭方向的路基损坏状况进行了调查，调查结果显示：路基损坏类型有路肩（边沟）不洁、路肩损坏及排水系统不畅。相对而言，路肩损坏和排水系统不畅较为严重，为主要损坏类型；路肩损坏占损坏总数量的95.72%，路肩（边沟）不洁占损坏总数量的0.71%，排水系统不畅占损坏总数量的3.57%。路基损坏类型如图2-1所示。

二、案例分析要求

分析所遇各种路基病害的发生原因，并给出各种病害的处理方法。

a) 苏杭方向K66+000路肩（边沟）不洁

b) 苏杭方向K56+380路肩（边沟）不洁

c) 苏杭方向K0+680路肩损坏

d) 苏杭方向K41+820路肩损坏

e) 苏杭方向K58+050排水不畅

f) 苏杭方向K66+000排水不畅

图 2-1　路基损坏类型

三、案例分析要点

本案例考核公路路基病害分析和治理的有关问题，主要涉及公路路基的各种破损原因及处理措施等问题。要求根据《公路养护技术标准》（JTG 5110—2023）、《公路技术状况评定标准》（JTG 5210—2018）的要求，正确分析本工程路基病害发生的原因并制订针对性的路基养护维修方案。因此，在进行案例分析时，要根据本案例背景给定的条件，分析每一个病害发生的原因并针对性地提出养护维修对策。

四、案例分析过程

1. 路肩（边沟）不洁

病害分析：苏杭方向 K66+000 处路肩（边沟）有垃圾，路肩部位的垃圾如被风吹至路面或空中，会对行车安全造成一定的威胁；K56+380 处路肩（边沟）有垃圾，垃圾易造成边沟堵塞。

病害处理：路肩、边沟垃圾要及时清扫。

2. 路肩损坏

病害分析：苏杭方向 K0+680、K41+820 处硬路肩均有修补，其中苏杭方向 K41+820 硬路肩修补处有唧浆，说明修补处出现了水损害，水已侵入路肩基层。

病害处理：将路肩面层和基层病害部分挖除，重新填入基层和面层材料，并分层压实，压实时应保证压实度。压实后要保证表面平整、横坡适当，以免影响路面排水。

3. 排水不畅

病害分析：苏杭方向 K58+050、K66+000 处边沟排水不畅，主要是边沟内杂草未能及时清除导致的。

病害处理：路基日常检查时如发现边沟内长杂草或已经堵塞，应及时清理沟内杂草、垃圾等杂物，保持排水畅通。

2.1　路基技术状况评价

知识学习

公路路基技术状况用路基技术状况指数（SCI）进行评价，按下式计算：

$$SCI = \sum_{i=1}^{i_0} w_i(100 - GD_{iSC1})$$

式中　GD_{iSC1}——第 i 类路基损坏的总扣分，最高分值为 100，按表 2-1 的规定计算；

　　　w_i——第 i 类路基损坏的权重，按表 2-1 取值；

　　　i——路基损坏类型；

　　　i_0——路基损坏类型总数，取 7。

表 2-1　路基损坏扣分标准

类型 i	损坏名称	损坏程度	计量单位	单位扣分	权重 w_i	备注
1	路肩损坏	轻	m²	1	0.10	
		重		2		
2	边坡坍塌	轻	处	20	0.25	边坡坍塌为重度且影响交通安全时，该评定单元的 MQI 值应取 0
		中		50		
		重		100		

（续）

类型 i	损坏名称	损坏程度	计量单位	单位扣分	权重 w_i	备注
3	水毁冲沟	轻	处	20	0.15	—
		中		30		
		重		50		
4	路基构造物损坏	轻	处	20	0.10	路基构造物损坏为重度时，该评定单元的SCI值应取0
		中		50		
		重		100		
5	路缘石缺损	—	m	4	0.05	—
6	路基沉降	轻	处	20	0.25	—
		中		30		
		重		50		
7	排水不畅	轻	处	20	0.10	—
		中		50		
		重		100		

　　路基技术状况指数 SCI 的值域为 0~100，分为优、良、中、次、差五个等级。路基技术状况评价等级按表 2-2 规定的等级确定。

表 2-2　路基技术状况评价等级

评价等级	优	良	中	次	差
SCI	≥90	≥80，<90	≥70，<80	≥60，<70	<60

案例分析

常台高速公路江苏段苏杭方向路基养护维修案例

一、案例背景资料

　　工程概况参见前文先导案例。

　　2012 年 3 月 26 日~2012 年 3 月 29 日对常台高速公路江苏段苏杭方向进行了路基调查，调查结果汇总于表 2-3。

表 2-3　常台高速公路江苏段苏杭方向路基损坏状况汇总

病害类型	方向		苏杭方向
路肩损坏/m²	轻		794.7
	重		0
边坡坍塌/处	轻		0
	中		0
	重		0

（续）

病害类型	方向		苏杭方向
水毁冲沟/处	轻		0
	中		0
	重		0
路基构造物损坏/处	轻		0
	中		0
	重		0
路缘石缺损/m	—		0
路基沉降/处	轻		0
	中		0
	重		0
排水不畅/处	轻		4
	中		0
	重		6

二、案例分析要求

评价2012年3月常台高速公路江苏段苏杭方向的路基技术状况。

三、案例分析过程

1. 路基技术状况评价指标——路基技术状况指数的计算

$SCI = 0.1 \times (100-100) + 0.25 \times (100-0) + 0.15 \times (100-0) + 0.1 \times (100-0) + 0.05 \times (100-0) + 0.25 \times (100-0) + 0.10 \times (100-100) = 80$

2. 路基技术状况评价

根据表2-2，80≤路基技术状况指数<90的评价等级为中，故2012年3月常台高速公路江苏段苏杭方向的路基技术状况评价为良。

本节小结

通过本节内容的学习，掌握路基技术状况的评价方法。本节案例以计算为主，由于路基技术状况指数SCI的计算采用累加求和的方法，调查的数据较多，计算容易出现错误，所以要注意计算的准确性，这样才能确保养护维修对策的合理性。

2.2 路基损坏识别与养护维修

知识学习

路基包括路肩、边坡、路基排水系统及路缘石、挡墙等部分。根据对路基各部分常见病害形式的调查，同时从病害对路基技术状况的影响程度及损坏调查方便性考虑，将路基损坏类型分为 7 类，并根据严重程度或影响范围，将损坏程度分为 2 或 3 个等级。以下介绍这 7 种路基损坏类型的识别、原因分析和养护维修方法。

1. 路肩损坏

路肩是路基基本构造的组成部分，由外侧路缘带、硬路肩、土路肩组成。

（1）损坏描述 路肩损坏一般表现为土路肩、硬路肩或紧急停车带表面出现各种损坏，如坑槽、裂缝、松散等。沥青路肩和水泥路肩的损坏分别参照沥青路面和水泥路面的损坏形式进行识别，土路肩损坏主要指路肩出现的沉陷、坑槽和露骨等损坏，如图 2-2 所示。

（2）损坏程度

1）轻：按路面损坏分类标准为轻度和中度的损坏都归为轻度路肩损坏。

2）重：按路面损坏分类标准为重度的损坏归为重度路肩损坏。

图 2-2 路肩损坏

（3）可能的形成原因 排水不畅、雨水冲刷、施工或材料不良、外力作用等是造成路肩损坏的主要原因。此外，汽车在紧急停车带检查修理时往往会给路肩留下千斤顶坑迹及油污，从而形成路肩坑槽等损坏。

（4）养护维修方法

1）针对土路肩损坏。土路肩的沉陷、缺口应及时修补、恢复原貌，保证无沉陷、缺口。对于高填方的路肩，要及时修补、加固。路肩与路面边缘之间产生的裂缝应及时采用 M7.5 砂浆或其他材料填塞，以避免雨水渗入路基，造成边坡塌陷、滑动，进而导致路肩坍塌，损坏路基。路肩横坡不够，影响排水的，应修整路肩横坡以保证路面水的排放。

2）针对硬路肩损坏。硬路肩损坏按相应路面的维修方法进行养护维修。

2. 边坡坍塌

（1）损坏描述 边坡坍塌一般表现为路堑边坡发生岩石塌落、缺口、冲沟、沉陷、塌方等。严重的边坡坍塌会堵塞路面、边沟，威胁交通安全，如图 2-3 所示。

（2）损坏程度

1）轻：坍塌长度小于或等于 5m 的计为轻度损坏。

2）中：坍塌长度介于 5~10m 的计为中度损坏。

3）重：坍塌长度大于 10m 的计为重度损坏。

（3）可能的形成原因 边坡设计坡度过大、切坡过多、岩石风化、洪水冲刷、春融等是引起边坡坍塌的主要原因。

图 2-3 边坡坍塌

（4）养护维修方法

1）建立完善的排水系统。拦截地表水和疏干地下水是防治坍塌的有效措施。常用的天沟、侧沟，除考虑流量大小需具备足够的截面面积和流水坡度外，更应注意采取防渗措施。在多雨地区，路堑边坡长度大于30m者，为缩短表水流程，减少冲刷下渗，应在堑坡中部设置1~2条截水沟。堑坡不高，边坡较缓，塌体趋于稳定者，可在塌体后缘的陡坎附近夯填裂缝，设环形截水沟。

地下水必须设渗沟、盲沟、渗管引出，实践经验表明，地下水不疏导，以及单设坡面防护支挡，都是容易损坏失效的。

2）坡面防护。采取坡面防护措施，尤其是早铺草皮，是防止因地表水冲刷导致坍塌的经济、有效的措施，且有利于环境绿化。坡面上尺寸较大的冲沟，在铺草皮前，可用原土夯填整平坡面，避免出现大量的刷方弃土。

不宜铺草皮的风化岩质边坡，应以浆砌片石护坡、护墙或其他设施保护坡面。

3）恢复平衡。边坡中下部的坍塌，当塌体较厚、塌床较深、边坡较高，清除塌体对边坡稳定不利，可能引起病害扩大时，应设浆砌片石挡墙、干砌片石垛等，以加强支撑、恢复平衡。

4）及时防护。合理安排施工工序，及时防护，可预防和减少边坡坍塌。路堑开挖过程中可以自上而下分级铺草皮，随着路堑开挖的完成，边坡防护也跟着完成，缩短了坡面的暴露时间。开挖路堑时应加强

道路边坡防护

施工排水，使边坡坡脚尽量干燥，以保持稳定。若已发生坍塌，要及时清除边坡塌方，若清除后的边坡是稳定的，可用原来的方式重做，或用其他坡面防护措施进行处理；如果边坡仍有可能坍塌，一定要改用支挡结构物进行修补。

3. 水毁冲沟

（1）损坏描述　水毁冲沟是另一种形式的边坡损坏，水毁冲沟一般表现为填方路段的边坡出现冲沟、缺口、沉陷等损坏。水毁冲沟会严重影响路基的稳定性，如图2-4所示。

（2）损坏程度

1）轻：冲沟深度小于或等于0.2m的计为轻度损坏。

2）中：冲沟深度介于0.2~0.5m的计为中度损坏。

3）重：冲沟深度大于0.5m的计为重度损坏。

（3）可能的形成原因　高填方路基设计时未按要求进行高路堤稳定性验算、路基压实不够、工程地质不良、路基填料土质差、路基排水不畅或缺乏防护等都会造成水毁冲沟。

图2-4　水毁冲沟

（4）养护维修方法　路基边坡出现水毁冲沟病害时应进行边坡坡面防护，相关防护技术包括工程防护技术、植物防护技术、路基边坡防排水技术和综合防护技术。

1）工程防护技术。此技术适用于不宜于草木生长的陡坡面，一般采用抹面、捶面、喷浆、勾（灌）缝、坡面护墙等形式。在施工前，应将坡面杂质、浮土、松动石块及表层风化岩体及破碎岩体清除干净。当有潜水露出时，应作引水或截流处理。

2）植物防护技术。对雨水冲刷形成的冲沟，可选择在雨水较少的季节清除冲沟范围内的松土，并挖成台阶形，用黏结性能良好的土填筑压实，修整边坡至原标高，其上可选择根系发达的植物加以防护。植物防护一般采用铺草、种草和植灌木（树木）等形式，应根据当地气候、土质、土层含水率等因素，选用易于成活、便于养护和经济的植物类种。

3）路基边坡防排水技术。在对路基边坡进行防护时，一个很重要的环节就是路基边坡的防排水处理。其处理方法可概括为"疏、堵、绿、补"四字方针。

①"疏"就是有效地疏导路面积水，使其及时排出路基。要做好水流疏导工作，必须保持跌水槽、急流槽、截水沟、排水沟、路边沟等排水设施的有效性和完好性，保证路面不积水，同时排水系统的水位不受自然因素影响，以确保路堤的稳定。

②"堵"就是要堵住已损毁的圬工砌体的孔隙和裂缝等处的渗漏水，同时还需要降低路基边沟水位，防止地下水位升高渗入路基，对路基造成侵蚀而降低路基强度。"堵"是对"疏"的补充，即"大水要疏，小水要堵"。要堵住漏水和渗水，就要使硬路肩与土路肩压顶之间、土路肩压顶与边坡防护砌体之间紧密连接，密不透水。没有土路肩压顶的路基，要注意做好土路肩的横坡处理。

此外，还要根据路面宽度等距离地增设排水沟，以保持路面排水顺畅。对因材料、结构、沉降、气温、雨水等原因引起的各种收缩缝、沉降缝、裂缝以及沉陷损坏等，要根据不同情况，分别采用沥青麻絮、砂浆、细粒式混凝土等进行填补修复，以保证不漏水、不渗水。

③"绿"就是在路基边坡种植低矮灌木类植物，通过绿化植物的根系来固土护坡，并且利用植物的枝叶减弱雨水对路基边坡的直接冲刷，保证边坡的稳定性。按公路养护技术规范的要求搞好边坡绿化种植，可以避免因雨水冲刷造成的边坡坍塌。

④"补"就是要及时填补边坡缺土。当天气恶劣，土层含水率较大，或边坡较陡时，可外掺适量水泥或生石灰粉来降低土的含水率，提高边坡填土的初期稳定性。补土时，应先将松散、潮湿的土方挖掘出来，整出台阶，然后分层填筑、夯实。每层填土厚度控制在10cm左右，夯击应采用均匀、密集的"鱼鳞夯"法施工，以保证填土密实。回填完毕后整理好坡面，恢复原坡形并适时补种植物。补土是对绿化工作的一种补充和辅助，两者相辅相成。缺土病害主要是由于原路基填土不密实或人为破坏、绿化不到位等原因，及时补土、适时绿化可有效解决这类问题。

"疏、堵、绿、补"这四种防治边坡水害的方法，是广大工程技术人员通过实践总结出来的行之有效的方法。"绿""补"可以通过植物防护技术实现，"疏""堵"可结合工程防护技术实现，在实际应用中要结合具体情况，因地制宜地灵活运用。

4）综合防护技术。此技术是指将植物防护技术与工程防护技术有机结合起来，从而实现共同防护，主要考虑边坡加固、边坡水土保持及生态恢复三个方面。通常采用三维网、混凝土、浆砌片（块）石、浆砌卵（砾）石等做骨架形成框格，框格内再种草或铺草皮，并同时进行边坡防排水处理。其特点是可充分发挥植物防护技术与工程防护技术的优点，取长补短，施工简单、速度快，效果较好。图2-5为拱形骨架护坡种植实例图。

4. 路基构造物损坏

（1）损坏描述　路基构造物损坏一般表现为挡土墙等圬工砌体出现断裂、沉陷、倾斜、局部坍塌、松动、较大面积的勾缝脱落等损坏，如图2-6所示。挡土墙按设置位置分为路堑挡土墙、路堤挡土墙、路肩挡土墙、山体挡土墙等；按墙体材料分为石砌挡土墙、混凝土挡土墙、钢筋混凝土挡土墙、钢板挡土墙等；按结构形式分为重力式挡土墙、半重力式挡土墙、衡重式挡土墙、悬臂式挡土墙、扶壁式挡土墙、锚杆式挡土墙、桩柱式挡土墙等。挡土墙损坏主要是指挡土墙出现滑移、倾覆、沉陷、墙身竖向开裂和横向开裂等病害；此外，还有勾缝脱落、表面破损、墙背填土沉陷、基础冲刷掏空、变形缝破损等病害形式。

图 2-5　拱形骨架护坡种植

图 2-6　路基构造物损坏

（2）损坏程度

1）轻：出现勾缝损坏、沉降缝损坏、表面破损、钢筋外露和钢筋锈蚀等为轻度损坏。

2）中：出现局部基础掏空、墙体脱空、轻度裂缝、鼓肚、下沉等为中度损坏。

3）重：出现整体开裂、倾斜、滑移、倒塌等为重度损坏。

（3）可能的形成原因

1）基础埋置过浅。挡土墙的破坏主要表现为滑移、倾覆，其主要原因是基础埋置过浅、基底承载力不足或者偏心距过大等。另外，趾部下沉、受冲刷和掏空易造成挡土墙过度倾斜以致倾覆；基底稳定性不佳易造成过度滑动。

2）墙后排水不良。墙后排水不良会增加墙背填土和地基土的含水率，加大土体的湿密度，从而降低土体的抗剪强度和地基承载力，并产生附加的静水压力。这些变化均会加大墙背所受的主动土压力，使墙身丧失稳定。在季节性冻土地区尤其要注意墙后排水，以免造成墙身开裂和基础上凸。

3）设计、施工方面存在问题。如断面过小，设计参数选择不当，砌石挤浆不够密实，回填土不符合要求，压实不足等，都会造成墙身出现外凸变形、勾缝脱落、石块松动等病害。

4）养护不及时。当病害发生初期，若不认真检查，很难及时发现，也就不能及时进行养护、修补。或者发现病害后，未能准确找出真正的病害原因，采取了不正确的处治方法，贻误了时机，导致严重病害的发生。

（4）养护维修方法

1）挡土墙的裂缝、断裂如已停止发展，应立即进行修理、加固，其方法是首先将裂缝缝隙处凿毛，清除碎渣和杂物，然后用水泥砂浆填塞。对水泥混凝土或钢筋混凝土裂缝也可用环氧树脂进行黏合。

2）挡土墙发生倾斜、鼓肚、滑动或下沉时，可选用下列加固措施：

① 锚固法。它适用于水泥混凝土或钢筋混凝土挡土墙，施工时采用高强度钢筋作为锚杆，穿入预先钻好的孔内；然后用水泥砂浆灌满锚杆插入岩体的部位，固定住锚杆；待砂浆达到一定强度后，对锚杆进行张拉，然后用锚头紧固，如图 2-7 所示。

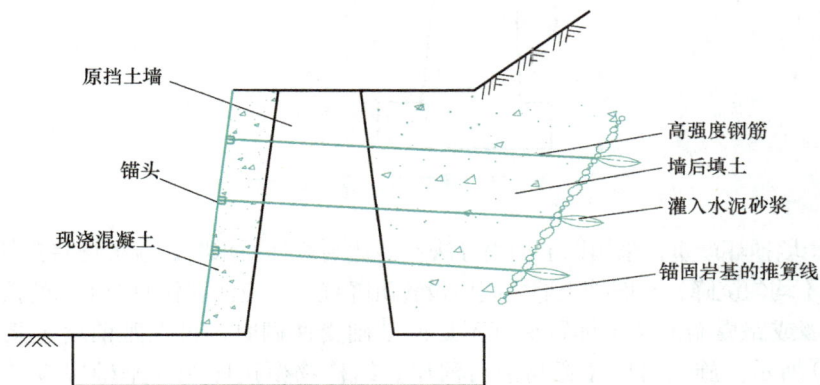

图 2-7　锚固法加固挡土墙

② 套墙加固法。它是在原挡土墙外侧加宽基础、加厚墙身，如图 2-8 所示。

施工时，应挖除一部分墙后填土来减少土压力，同时应注意新旧基础和墙身的结合，其方法是凿毛旧基础和旧墙身，必要时可设置钢筋锚栓或联系石榫，也可以在修整过的旧混凝土表面涂混凝土黏合剂以增强新旧墙体的结合。墙后回填土必须分层填筑并夯实。

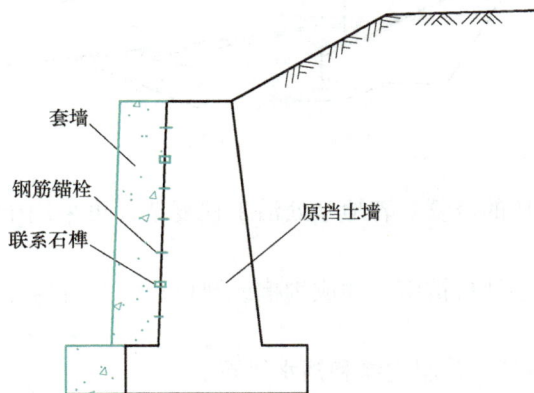

图 2-8　套墙加固法加固挡土墙

③ 支撑墙加固法。它是在挡土墙外侧，每隔一定的距离修建支挡墙，如图 2-9 所示，以加强破损处断面并增加全墙的稳定性。支挡墙的基础埋深、尺寸和间距应通过计算确定。

施工时旧墙要洗刷干净，除掉不良灰缝，必要时应加设连接短钢条，变形缝处要压砂浆。

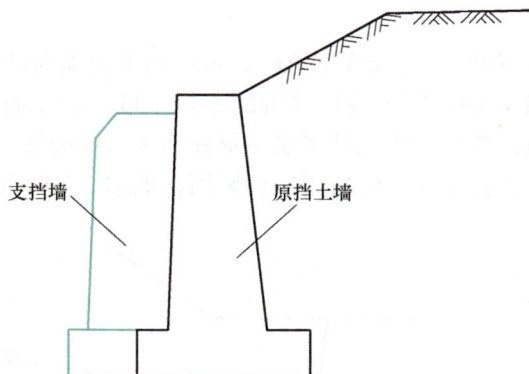

图 2-9 支撑墙加固法加固挡土墙

3）原挡土墙损坏严重，采用以上加固方法不能达到设计要求时，应考虑将损坏的部分拆除重建。为防止不均匀沉降，新旧挡土墙之间应设置沉降缝，并应注意新旧挡土墙的接头处理。

4）路肩墙或路堤墙的基础埋置深度不足或基础受冲刷时，可在趾前增设浆砌片石基础墙，如图 2-10 所示。施工时要注意与前后河岸、结构物衔接圆顺。基础墙应采用适当的坡度，不要阻流太多，以免增加局部冲刷。

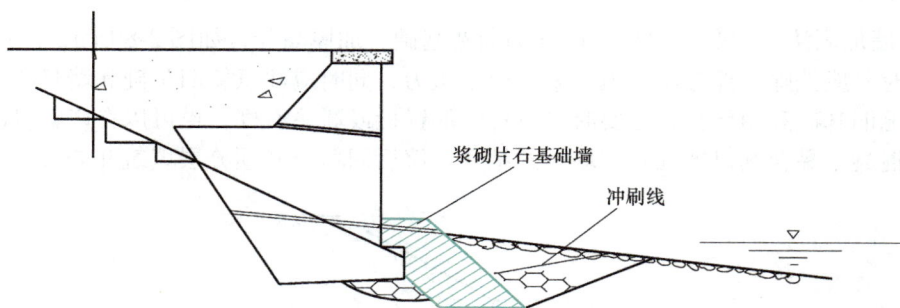

图 2-10 挡土墙基础加固

5）对滑动、下沉破坏的修复。若地基处治工程复杂，可采用干砌块石或码砌石笼进行加固。

6）挡土墙与边坡连接处易被雨水冲成沟槽或缺口，应及时填补夯实，恢复原状。

5. 路缘石缺损

路缘石包括中央分隔带、路肩边缘和挡水缘石。

（1）损坏描述 路缘石缺损一般表现为路缘石损坏或缺少，如图 2-11 所示。

（2）损坏程度 路缘石缺损无损坏程度分级。

（3）可能的形成原因 发生过车辆事故的路段，缺损的路缘石没有按照要求重新安装是造成路缘石缺损的主要原因。

（4）养护维修方法 应拆除损坏的路缘石，并重新安装。

6. 路基沉降

（1）损坏描述 路基沉降一般表现为路基出现深度大于 30mm 的整体下沉，如图 2-12 所示。路基沉降易发生在高填方路段，严重时会直接影响到公路的正常使用，并导致路面损坏。路面标线扭曲通常是路基发生整体沉降的标志之一。

图 2-11　路缘石缺损

图 2-12　路基沉降

（2）损坏程度

1）轻：损坏长度小于或等于 5m 的计为轻度损坏。

2）中：损坏长度介于 5~10m 的计为中度损坏。

3）重：损坏长度大于 10m 的计为重度损坏。

（3）可能的形成原因　路基施工时压实不足、填筑方案不合理、地基承载力不足是造成路基沉降的主要原因。

（4）养护维修方法

1）换填土层法。此法适用于填筑土质不符合要求，路基出现下沉但面积不大且深度不深的情况。此法是将原路基出现病害部分的土挖去，换以强度大、稳定性好的砂砾、卵石、碎石、石灰土、素土等进行回填，并分层压实，压实度宜高出原路基压实度 1%~2%。回填时，应及时排除流向路基的地面水并处理好地下水。施工时挖补面积要扩大，且逐层挖成台阶状，由下往上逐层填筑。图 2-13 为换填土层法现场施工图。

2）反压护道法。此法是在路堤两侧填筑一定宽度和高度的土石反压护道，使路堤下的淤泥或泥炭向两侧隆起的趋势得到缓解；然后填土恢复到路基标高，从而保证路堤的稳定性，如图 2-14 所示。

图 2-13　换填土层法现场施工图

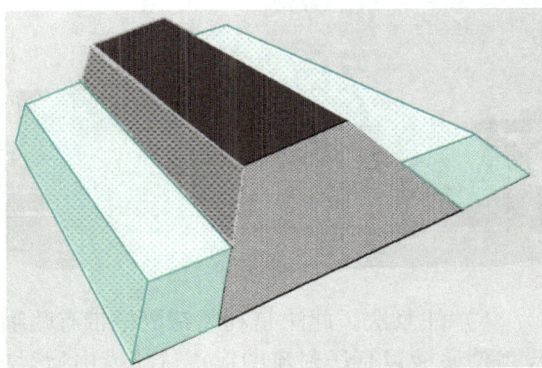

图 2-14　反压护道法示意图

3）粉喷桩法。对于损坏长度 10m 以内的路基下沉病害，可考虑采用粉喷桩法进行养护维修。施工时通过专门的机械将粉体固化剂喷出后在地基深处与软土强制搅拌，利用固化剂和软土之间发生的一系列物理、化学反应，在原地基中形成强度较高、刚度较大的桩体，同时也使桩周土体的性质得到改善，桩体与桩周土体形成复合地基共同承担外荷载，如图 2-15 所示。

图 2-15 粉喷桩

粉喷桩处理软土地基

4）固化剂法。在处理高填土路基的下沉时，如果更换路基填料受到限制，且填料数量不大时，可在原填料中掺入一定数量的固化剂来处理路基病害。

5）压（灌）浆法。此法是通过注浆管将浆液均匀地注入地层中，浆液以充填、渗透和挤密等方式占据土粒间或岩石裂缝中的空间，经人工控制一定时间后，浆液将原松散的土粒或裂缝胶结成一个整体，从而形成一个结构新、强度大、防水性能好、化学稳定性良好的"结晶体"，如图 2-16、图 2-17 所示。

图 2-16 压（灌）浆法作业成品

图 2-17 压浆机现场压浆施工

6）注浆法。此法是利用钻机把带有喷嘴的注浆管钻进至土层的预定位置后，通过高压设备使浆液以高压射流的形式从喷嘴中喷射出，冲击破坏土体；同时，钻杆以一定速度逐渐向上提升，提升过程中将浆液与土粒强制搅拌混合，浆液凝固后在土中形成一个固结体。

图 2-18 为注浆法作业示意图。

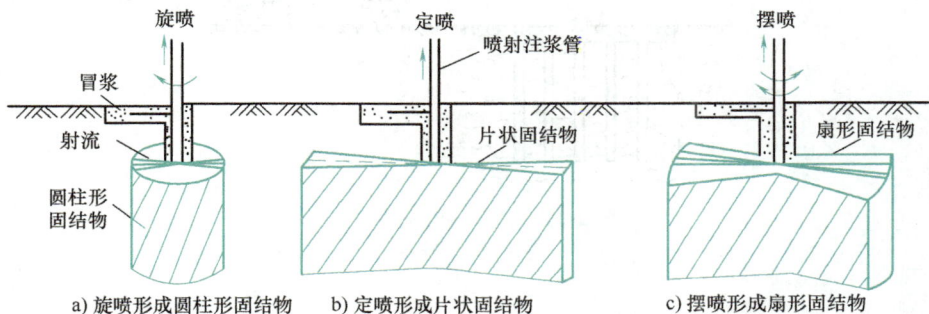

a) 旋喷形成圆柱形固结物　　b) 定喷形成片状固结物　　c) 摆喷形成扇形固结物

图 2-18　注浆法作业示意图

7）土工布法。土工布又称土工织物，它是由合成纤维通过针刺或编织而成的透水性土工合成材料，成品为布状，一般宽度为 4~6m，长度为 50~100m。土工布分为有纺土工布和无纺土工布。土工布具有过滤、隔离、加固等关键作用，抗拉强度高、渗透性好、耐高温、抗冷冻、耐老化、耐腐蚀。土工布在高压下具有较大的孔隙率，透水性能好，有优越的排水能力，有很高的抗拉强度，能提高路基整体强度，能重新分布土基压力，增强路基稳定性。用土工布处理松软地基，与换填土层法相比，不但用工少，工期缩短，而且节约了工程费用。图 2-19 为土工布应用示意图。

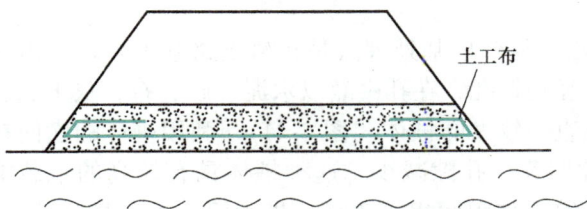

图 2-19　路基下部砂垫层中铺设土工布

8）排水固结法。此法是对地基进行堆载预压，并在地基内设置排水井来缩短排水距离，以加快固结排水，挤出土中的过多水分，达到挤紧土粒和提高强度的目的。此法适用于均匀的厚黏土层且渗透性小、路堤较高的情况。排水固结法又可分为袋井法、塑料排水板法、超载预压法、真空预压法等细分方法，图 2-20~图 2-23 为相关示意图及现场图。

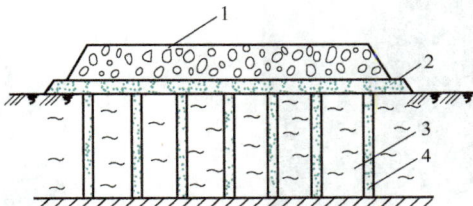

图 2-20　超载预压法示意图

1—堆料　2—砂垫层　3—淤泥　4—砂井

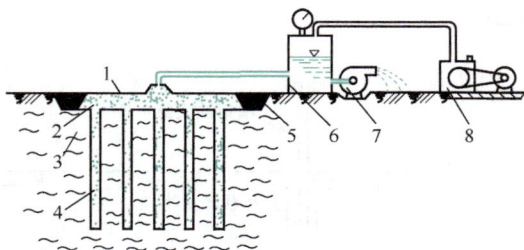

图 2-21　真空预压法示意图

1—橡胶布　2—砂垫层　3—淤泥　4—砂井　5—黏土　6—集水罐　7—抽水泵　8—真空泵

图 2-22　袋井法施工

图 2-23　塑料排水板法施工

9）复合地基处理法。复合地基处理法是在软土路基中采取冲击或振动等方法制成一定直径的钻孔，在孔中灌以水泥、砂、石、灰土、石灰等材料，捣实后形成直径较大的桩体（图 2-24），利用桩体的横向挤紧作用使路基土粒彼此紧靠、孔隙减少。这种桩体具有较高的承载能力，群桩的面积约占松散土加固面积的 20%，桩和原土组成复合地基，达到加固的目的。复合地基处理法包括挤密法和化学加固法两种类型，具体措施有深层搅拌桩、碎石桩（图 2-25）、石灰桩等。

塑料排水板
处理软土地基

图 2-24　水泥土搅拌桩

图 2-25　碎石桩施工

7. 排水不畅

路基排水设施分为地面排水设施和地下排水设施。地面排水设施通常有边沟、泄水槽、截水沟、排水沟、跌水井及急流槽、拦水带等。地下排水设施有明沟、暗沟、渗沟、盲沟以及防水隔离层等。

（1）损坏描述　排水不畅一般表现为各种排水设施发生淤塞（图2-26）。排水不畅会导致路面或路基水无法及时排出，加剧水对公路的损坏。

（2）损坏程度

1）轻：边沟、排水沟、截水沟等排水系统存在杂物。

2）中：边沟、排水沟、截水沟等排水系统全截面堵塞，出现衬砌剥落、破损，砌体破裂，管道损坏等情况。

3）重：路基排水系统与外部排水系统不连通。

（3）可能的形成原因　沟内杂草未能及时清除或有垃圾、碎砾石、土等堆积，是造成排水不畅的主要原因。

图 2-26　排水淤塞

（4）养护维修方法

1）地面排水设施：定期全面地清除边沟、泄水槽、截水沟、排水沟、跌水井和急流槽的杂物、泥土、杂草，保证排水畅通，沟内无积水；对于损坏的排水设施应及时维修，特别是边沟沟底破坏应及时修补，防止边沟中的水长期侵蚀路基及其他支挡结构物基础，造成更大的危害。

2）地下排水设施：借助工程竣工图掌握地下排水设施的准确位置，经常观察其排水功能是否完好；对于排水不畅严重的排水设施，一定要进行疏通或重做，以免造成更大的危害。

案例分析

保津高速公路河北段路基养护维修案例

一、案例背景资料

1. 工程概况

保津高速公路河北段始建于1996年，1999年12月建成通车，西起京珠高速公路（G14）K115处，东至冀津省界，全长104.95km，途经徐水、容城、雄安新区、霸州、安次等县（市）、区，是贯通京津冀经济圈的重要干线。

2. 保津高速公路河北段路基使用状况调查

2006年，养护单位对保津高速公路河北段路基技术状况进行了调查。调查显示：保津高速公路河北段路基损坏类型主要是路肩损坏、边坡坍塌、水毁冲沟，其他病害类型如路基构造物损坏、路缘石缺损、路基整体沉降、排水系统不畅等出现较少。路基典型病害照片如图2-27所示。

a) 路肩裂缝 (一)

b) 路肩裂缝 (二)

c) 排水沟坍塌、损坏

d) 边坡坍塌、损坏

e) 路缘石与路基连接处开裂

f) 边坡坍塌造成路缘石脱空

图 2-27　路基典型病害

二、案例分析要求

分析案例背景中路基损坏类型的发生原因，并给出养护建议。

三、案例分析过程

1. 路肩损坏

路肩损坏主要表现为路肩横向、纵向裂缝。大部分路肩裂缝是经过灌缝处理后重新开裂的，且缝内已被杂物填塞，个别路段的路肩新开裂的纵向、横向裂缝，开裂宽度均大于5mm且缝壁散落、支缝多，甚至贯通整个路面。

（1）横向裂缝

1）病害发生原因：沥青路面横向裂缝是半刚性路面结构的典型病害之一。路面横向裂缝通常不是由于荷载引起的，低温收缩或半刚性基层收缩是产生横向裂缝的主要原因。裂缝起初大多出现于路面两侧，逐渐发展后贯通全路幅。目前，保津高速公路河北段行车道与超车道经过单面处理后路面状况基本完好，硬路肩裂缝虽经过灌缝处理，但大多数裂缝又重新开裂。

2）养护建议：对于缝宽在 5mm 以内的，宜将缝隙刷扫干净，并用压缩空气除去缝内尘土后，采用热沥青或乳化沥青（潮湿时）灌缝封堵，灌缝深度为 2/3 的缝宽，同时填入干净的石屑或粗砂并捣实，将溢出缝外的沥青、石屑及砂清除干净。缝宽大于 5mm 的，应剔除缝内杂物和松动的缝隙边缘，或沿裂缝开槽后用压缩空气吹净缝隙，采用密封胶或热拌沥青混合料填充捣实，并用烙铁封口，随即撒砂、扫匀。

（2）纵向裂缝

1）病害发生原因：纵向裂缝产生的原因是路基不均匀沉降或边坡水侵入路基，导致路基横向承载力不均匀。

2）养护建议：对于路基不均匀沉降，可对局部不均匀沉降区域采取注浆的方法进行处理，以控制沉降发展。治理裂缝时，单一的纵向裂缝的治理方法同横向裂缝。

2. 边坡坍塌、水毁冲沟

1）病害发生原因：保津高速公路河北段的边坡坍塌、水毁冲沟病害主要由边坡护坡脱空、坍塌等引起。保津高速公路河北段的护坡边沟主要是由混凝土预制块组成的，预制块靠水泥砂浆连接，水泥砂浆损坏后，路面水进入护坡引起护坡沉陷、坍塌、脱空。

2）养护建议：建议对出现边坡坍塌、水毁冲沟病害的边坡护坡进行治理。

3. 路基构造物损坏、路缘石缺损

1）病害发生原因：保津高速公路河北段的路基构造物损坏、路缘石缺损病害主要表现为路缘石损坏。路缘石损坏主要是由于发生过车辆事故的路段，缺损的路缘石没有按照要求重新安装或损坏不严重未进行处理，造成路缘石与路肩处开裂，导致路面排水直接进入路基引起路基边坡损坏。

2）养护建议：建议拆除损坏的路缘石，并重新安装。

本节小结

通过本节内容的学习，掌握路基病害发生的原因和养护方法，能够进行路基病害原因分析，并提出合理的养护建议。本节案例以路基病害分析为主，由于路基病害种类较多，同一种病害存在多种可能原因，分析时往往容易混淆，因此分析要有针对性，要针对具体的病害情况提出养护建议。

本模块总结

在道路养护工作中，养护人员应进行路基技术状况的调查，计算路基技术状况指数 SCI，评价路基技术状况，诊断各种路基病害的发生原因，同时考虑路基病害与路面病害的联系，制订合理的养护方案。

自我测评

一、填空题

1. 路基技术状况的评价指标是_____。

2. 路肩损坏的计量单位是_____。

3. 70≤SCI<80，路基技术状况评价为_____。

4. 路基排水设施应保持_____。

5. 路基损坏类型分为_____、_____、_____、

_____、_____、_____七类。

二、问答题

1. 路肩损坏可能的形成原因是什么？

2. 路基构造物损坏可能的形成原因是什么？

3. 什么是边坡坍塌病害？

4. 什么是水毁冲沟？其可能的形成原因是什么？

5. 路基沉降病害分为几种程度？其可能的形成原因是什么？

案例实训

公路路基养护与维修实训

一、已知条件

1. 工程概况

铜（铜川）黄（黄陵）一级公路是国道210线陕西境内西安至延安公路的重要组成部分，是陕西省以西安为中心的"米"字形干线公路网主骨架。铜黄一级公路全长93.854km，其中含耀州区至川口原半幅一级路拓宽为全幅一级路的18.363km。路线计算行车速度在平原微丘区为100km/h，在山岭重丘区为60km/h；全幅路基宽21.5km，路面宽度19m。

2. 路基技术状况调查

2005年对铜黄一级公路进行的路基调查结果汇总于表2-4、表2-5。

表2-4　铜黄一级公路路基损坏状况汇总

病害类型	路段	SK76+000~ SK77+000	SK77+000~ SK78+000	SK78+000~ SK79+000	XK161+000~ XK162+000	XK162+000~ XK163+000	XK163+000~ XK164+000
路肩损坏/m²	轻	0	100.2	35.3	46.3	0	0
	重	0	0	0	0	0	0
边坡坍塌/处	轻	0	0	0	0	0	3
	中	0	0	0	0	0	0
	重	0	0	0	0	0	0
水毁冲沟/处	轻	0	0	0	0	0	0
	中	0	0	0	0	0	0
	重	0	0	0	0	0	0

（续）

病害类型 / 路段		SK76+000~ SK77+000	SK77+000~ SK78+000	SK78+000~ SK79+000	XK161+000~ XK162+000	XK162+000~ XK163+000	XK163+000~ XK164+000
路基构造物 损坏/处	轻	0	0	0	0	6	5
	中	0	0	10	26	0	0
	重	2	0	0	0	0	0
路缘石缺损/m	—	0	0	0	0	0	0
路基沉降/处	轻	0	0	0	0	0	0
	中	0	0	0	0	16	0
	重	0	10	0	20	0	0
排水不畅/处	轻	9	5	0	0	0	0
	中	0	0	0	0	0	0
	重	1	0	0	0	0	0

表 2-5　铜黄一级公路路基损坏状况

序号	桩号	路基形式	（填土高度/ 挖方深度） /m	路堤或路堑边坡	路基填料/边坡土质	排水系统设置状况	排水系统现状	路基防护措施及现状
1	SK76+000~ SK76+300	路堤	2.94	1:1.5	黄土	矩形排水沟	排水沟完好，有少量淤积	边坡完整，植被较好，路基无明显沉陷
2	SK76+300~ SK76+800	路堤	6	上部片石护坡1:1.5，下部片石挡土墙1:0.3	黄土	矩形排水沟、蒸发池	排水沟完好，排水通畅	挡土墙下沉10cm
3	SK76+800~ SK77+000	路堤	1.7	1:1.5	黄土	矩形排水沟、蒸发池	蒸发池、排水沟完好	浆砌片石拱形骨架护坡，坡顶面破损，距坡顶30cm处有一条沿路方向2cm宽的通缝。路基无沉陷
4	SK77+000~ SK77+200	路堤	2.22~3.11	1:1.5	黄土	浆砌片石梯形边沟	边沟完好，稍有淤积	边坡完整，植被较好，硬路肩有破损，路基无明显沉陷

（续）

序号	桩号	路基形式	（填土高度/挖方深度）/m	路堤或路堑边坡	路基填料/边坡土质	排水系统设置状况	排水系统现状	路基防护措施及现状
5	SK77+200~SK77+500	路堤	2.5	上部水泥抹面1:1.5，下部片石挡土墙1:0.3	黄土	—	挡土墙下为水库泄洪渠	路基沉陷严重，上行线右侧为西河水库，纵缝严重
6	SK77+500~SK78+000	路堤	1.7	1:1.5	黄土	—	散排	硬路肩破损、剥落。边坡植物防护完整。路基无沉陷
7	SK78+000~SK78+400	路堤	1.5	1:1.5	黄土	浆砌片石梯形排水沟	沟底有破损，排水通畅	边坡植物防护破损
8	SK78+400~SK78+700	路堤	0.5~1.2	1:1.5	黄土	浆砌片石梯形排水沟	边沟完好，排水通畅	局部硬路肩破损
9	SK78+700~SK79+000	无填挖	—	1:1.5	黄土	挡水坎、急流槽	—	坡面良好，硬路肩局部破损，路基无沉陷
10	XK161+000~XK161+200	路堤	1~2.8	1:1.5	黄土	浆砌片石梯形排水沟	边沟底有剥落	边坡完整，植被完好，路肩局部有破损，路基无明显沉陷
11	XK161+200~XK161+600	路堤	5.2~6	1:1.5	黄土	浆砌片石梯形排水沟	排水沟完好，排水通畅	混凝土硬路肩有损坏
12	XK161+600~XK162+000	路堤	8	上部片石护坡1:1.5，下部挡土墙1:0.3	黄土	—	—	护坡墙表面局部鼓起，路基整体下沉达10cm，最大处达24cm
13	XK162+000~XK162+350	路堤	3~4	浆砌片石路肩墙1:0.3	黄土	—	—	行车道路基沉陷
14	XK162+350~XK162+750	路堤	2	1:1.5	黄土	—	—	浆砌片石边坡局部脱落、破损，路基无沉陷
15	XK162+750~XK163+000	路堤	1	1:1.5	黄土	矩形排水沟	淤积严重	硬路肩有杂物堆积

（续）

序号	桩号	路基形式	（填土高度/挖方深度）/m	路堤或路堑边坡	路基填料/边坡土质	排水系统设置状况	排水系统现状	路基防护措施及现状
16	XK163+000~XK163+400	路堑	0.5~1	1:0.2	硬质岩	浆砌片石矩形边沟	边沟完好，排水通畅	紧急停车带垃圾堆积，边坡坡面微风化
17	XK163+400~XK163+800	路堑	2~3.5	1:0.4	软质岩	浆砌片石矩形边沟	边沟有破损，排水通畅	边坡坡面微风化
18	XK163+800~XK164+000	路堑	5.3~8.5	1:0.75	中等风化软质岩	浆砌片石矩形边沟	边沟完好，排水通畅	边坡坡面中等风化，边坡岩石塌落

二、任务要求

任务分工

分组	车道
第一小组	SK76+000~SK77+000
第二小组	SK77+000~SK78+000
第三小组	SK78+000~SK79+000
第四小组	XK161+000~XK162+000
第五小组	XK162+000~XK163+000
第六小组	XK163+000~XK164+000

各小组按以上任务分工完成以下内容：

1）结合已知条件对铜黄一级公路的路基技术状况进行评价。

2）分析所遇各种病害的发生原因，并给出各种病害的处理方法。

三、学习参考资料

《公路养护技术标准》（JTG 5110—2023）、《公路技术状况评定标准》（JTG 5210—2018）、《公路路基设计规范》（JTG D30—2015）。

💡 启示园地

1. 路基养护需摒弃"头痛医头"的碎片化思维，应将排水、边坡、地基等子系统视为有机整体进行协同治理。排水系统失效会引发边坡渗水或导致地基毛细水上升，边坡失稳可能堵塞排水沟（渠），进一步加剧地基的不均匀沉降，病害相互关联形成恶性循环。例如，某山区公路仅修复局部沉降而未疏通堵塞的边沟，雨季时积水渗入路基导致二次沉降，维修成本增加40%。系统性养护应优先保障排水通畅（如清理边沟、修复盲沟），并同步评估边坡稳定性（采用锚固或生态护坡等措施）和地基承载状态（注浆或换填），通过全寿命周期管理实现动态平衡。唯有统筹施策，才能以最小的干预成本维持路基长期稳定。

2. 路基生态修复技术是传统路基修复技术向绿色可持续发展转型的重要实践，其核心在于通过自然力量与人工干预的有机结合，实现路基稳定性提升与生态环境恢复的双重目标。传统路基修复技术多依赖混凝土、砌石等刚性结构，虽短期见效快，但往往割裂了路基与周边生态系统的联系，易导致水土流失加剧、生物多样性下降等问题；路基生态修复技术通过模拟自然生态过程，采用柔性、可再生的修复手段，既保障了路基安全，又重塑了生态平衡。例如，针对边坡防护，可采用"工程+生态"复合修复模式：顶部以根系发达的草本植物（如狗牙根、高羊茅）固土防冲刷；中部结合三维植被网或生态袋增强抗滑力；底部设置植生混凝土框格，既能有效分散坡面径流，又为植物生长提供载体，最终形成自维持的生态护坡系统。在软土地基处理中引入生物炭改良技术，将农业废弃物热解产生的生物炭掺入路基土体，可显著提高土体的持水性和抗剪强度，还可固化重金属、减少碳排放。

模块三

沥青路面养护与维修

学习目标

通过本模块的学习，了解沥青路面日常养护工作的内容与要求，掌握沥青路面技术状况评定的方法，掌握沥青路面各种病害的原因及处治措施，掌握沥青路面封层、功能性罩面及结构性补强设计的方法，掌握沥青路面再生利用的技术原理、技术特点、适用场合及工艺流程。能对沥青路面的技术状况进行评定，能分析沥青路面常见病害的原因，能制订沥青路面的初步养护维修方案。培养学生预防性养护意识、技术创新意识、施工质量意识、精细化管理意识，以及执着的探究精神，与人合作的协作精神。

内容概要

本模块的主要内容包括沥青路面技术状况评定的方法及养护对策，沥青路面的日常养护，沥青路面常见病害的原因及处理方法，沥青路面封层、功能性罩面及结构性补强的特点、适用情况及施工要求，旧沥青面层再生利用的技术原理、技术特点、适用场合及工艺流程等。

先导案例

京沈高速公路宝坻至山海关段病害治理案例

一、案例背景资料

1. 工程概况

京沈高速公路宝坻至山海关段做了两段双幅合计 27km 的 SMA-16 沥青路面，沥青路面的中、下面层采用加德士 70 号重交通道路沥青和石灰岩集料，表面层采用壳牌 SBS 改性沥青和玄武岩集料。京沈高速公路宝坻至山海关段路面基本情况见表 3-1。

表 3-1　京沈高速公路宝坻至山海关段路面基本情况

名称	桩号	长度/km	路面结构	通车时间
京沈 （宝坻至山海关段）	K188+009～K212+512； K248+737～K263+837	双幅 27	4cm SMA-16+5cm AC-20I+6cm AC-30I+19cm 水泥稳定级配碎石+18cm 二灰（石灰、粉煤灰）稳定级配碎石+20cm 石灰稳定级配土	1999 年 9 月

2. 京沈高速公路宝坻至山海关段 SMA 路段使用性能调查结果

该路段设计弯沉值为 25.21（0.01mm），路面破损率 DR＝2％，路面检测结果见表 3-2。

表 3-2 路面检测结果（平均值）

检测时间	平整度 IRI	横向力系数 SFC	弯沉代表值（0.01mm）
通车时	1.17	62	2.51
2002 年 5 月	1.21	52	14.3

通过现场调查发现，路面主要病害类型为沉陷、唧浆、网裂、横向裂缝等。其中，行车道轮迹带挖补处沉陷、唧浆等病害现象较为突出，多处小面积挖补连续出现，且挖补部位经车轮作用又出现沉陷、推移等病害现象。另外，路面有大量的"补中补"现象。调查路段路面存在一定数量的横向裂缝。为进一步确定不同病害类型、不同病害程度情况下的路面结构层破损的深度和范围，选取具有代表性的病害部位及其附近尚未出现病害部位进行对比性钻孔取芯试验，结果详见表 3-3。

表 3-3 对比性钻孔取芯试验结果

序号	设计桩号	位置	表观描述	结构层厚度/cm				芯样现场描述	
				面层			上基层	面层	上基层
				上	中	下			
1	K259+103	行车道	沉陷	4.0	5.0	5.0	17.5	芯样完整	芯样存在竖向贯通裂缝
2	K259+095	行车道	良好	4.0	4.8	4.5	17.6	芯样完整	芯样完整
3	K258+430	行车道	网裂、沉陷、唧浆	4.0	—	—	—	上面层芯样完整，中、下面层芯样松散	芯样存在竖向贯通裂缝，局部轻微松散
4	K258+420	行车道	良好（两小块修补之间）	4.5	4.5	5.0	18.6	芯样完整	芯样完整
5	K256+406	行车道	多处连续修补不良（唧浆）之间	4.0	5.0	4.5	17.8	芯样完整	芯样完整
6	K254+240	行车道	修补	13.7			—	芯样完整，下面层底部轻微松散	芯样存在竖向贯通裂缝，局部轻微松散
7	K254+236	行车道	修补	17.2			17.7	芯样完整	芯样完整

对比性钻孔取芯试验及探坑挖验的结果显示：

1）调查路段路面各结构层总体状况基本良好。

2）SMA 路段沥青混凝土上面层芯样基本完整，但面层与水泥稳定级配碎石上基层黏接较差。

3）无明显沉陷、唧浆、网裂等病害存在的修补部位，面层和基层的整体状况是良好的。

4）修补处的面层和基层存在较轻微的破损现象。

5）出现网裂、唧浆、沉陷的部位，中、下面层和上基层均存在不同程度的松散等病害现象。

6）面层内部有滞留水，渗水现象较为明显。

二、案例分析要求

1. 分析所遇各种病害的发生原因，并给出各种病害的处理方法。

2. 对需要加铺罩面、封层或补强的路段，给出设计方案，并绘制路面结构设计图（包括层间结合层，如黏层、防水层等）。

三、案例分析要点

本案例考核沥青路面病害分析和治理的有关问题，主要涉及沥青路面日常养护工作的内容与要求，沥青路面产生各种破损的原因及防治措施，沥青路面罩面设计的方法等。要求正确分析本工程沥青路面病害发生的原因，并制订针对性的路面养护维修方案。因此，在进行案例分析时，先要根据本案例背景给定的条件，分析每一个病害发生的原因并针对性地提出养护维修对策；然后做罩面设计，恢复道路表面的工作性能，形成完整的养护维修方案。

四、案例分析过程

1. 病害分析及处理措施

（1）病害分析 通过对路面检测结果、对比值钻孔取芯试验结果以及交通量统计资料进行综合分析，得出如下结论：

1）调查路段路面总体状况基本良好，严重病害（如网裂、唧浆、沉陷）部位的沥青混凝土面层和水泥稳定级配碎石上基层存在不同程度的破损现象。

2）上面层 SMA 沥青玛琋脂碎石混合料中纤维掺加量偏低，沥青用量偏小，无法将集料之间的空隙充分填充饱满，导致调查路段路面普遍存在透水现象，这是造成各种水损害病变的一个主要内因和诱因。

3）随着交通量的迅猛增长，重型车辆所占比例逐年提升，对于路面的使用性能提出了更高的要求。

4）日常养护中的零星小面积挖补，仅能起到短期维持作用，不能从根本上解决现有路面的病害问题。

5）在路面病害治理及路面设计、施工过程中，应充分认识到水对路面的破坏作用，对路面的防水、排水和层间黏结应格外重视，采取行之有效的预防性措施。

（2）病害处理措施

1）对于路面严重网裂、唧浆、沉陷的部位，挖除沥青混凝土面层和松散的水泥稳定级配碎石上基层后重新铺筑。

2）对于路面多处连续修补和"补中补"较为集中的路段，铣刨掉沥青混凝土面层后，根据现场水泥稳定级配碎石上基层的实际状况分别进行治理，对于失去结构强度的层面应进行彻底清理，坏到哪个深度就处理到哪个深度。

2. 罩面设计

根据预防性养护的原则，待现有路面的病害全面治理完工之后，采取沥青混凝土罩面或微表处等预防性养护措施对路面的防水性能进行全断面改善。罩面设计图如图3-1所示。

新铺路面结构图

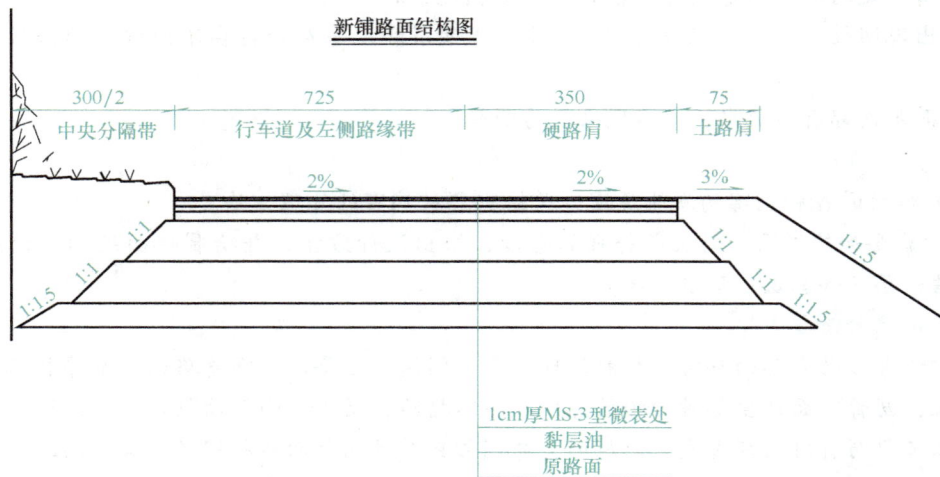

说明:
1.本图尺寸以"cm"计。
2.先将原路面清理干净,再洒布黏层油。
3.微表处所采用的改性乳化沥青的各项指标应符合《公路沥青路面施工技术规范》
　(JTG F40—2004)的要求。

图 3-1　罩面设计图

3.1　沥青路面技术状况评定及养护对策

知识学习

一、沥青路面技术状况评定

沥青路面技术状况评定的内容包括路面损坏状况、路面平整度、路面车辙、路面跳车、路面磨耗、路面抗滑性能和路面结构强度七项内容。进行沥青路面技术状况评定时应以路面技术状况指数 PQI 和相应的分项指标——路面损坏状况指数 PCI、路面行驶质量指数 RQI、路面车辙深度指数 RDI、路面跳车指数 PBI、路面磨耗指数 PWI、路面抗滑性能指数 SRI 和路面结构强度指数 PSSI 为依据,如图 3-2 所示。

(一)路面损坏状况

路面损坏状况反映了路面结构保持完整或完好的程度,直接影响道路的服务水平。在进行路面损坏状况的评价时,须从三个方面进行描述:损坏类型、损坏的严重程度、出现损坏的范围和密度。只有综合了以上三个方面,才能对路面的损坏状况作出全面的评价。

1. 调查方法

由于不同的路面损坏对路面结构的完好程度和使用性能有着不同程度的影响,因此在评价路面损坏状况时必须全面、科学,要对每种损坏规定其明确的定义。目前,路面损坏状况调查广泛采用的是人工目测法。对路面损坏的类型及其严重程度的判断可参照《公路沥青路面养护技术规范》(JTG 5142—2019)。

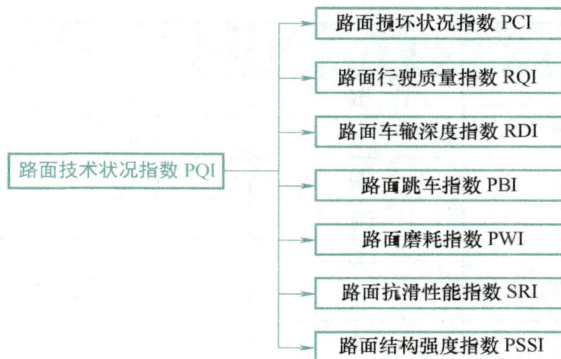

图 3-2 沥青路面技术状况评定所用指标

2. 评价指标

每个路段的路面可能出现不同类型、不同严重程度和范围的损坏，其评价指标各不相同。为了定量比较各路段的损坏状况，需要采用一项综合评价指标对路面损坏状况进行评价。目前广泛使用的评价指标是路面破损率 DR（依据路面破损严重程度和范围），按下式计算：

$$DR = 100 \times \frac{\sum_{i=1}^{i_0} w_i A_i}{A}$$

式中　DR——路面破损率（%）；

A_i——路面损坏中第 i 类损坏（分严重程度）的累计面积（m²）；

A——路面的实际调查面积（m²），为调查路段长度与有效路面宽度之积；

w_i——路面损坏中第 i 类损坏（分严重程度）的权重，参见表3-4；

i——路面损坏的类型，包括损坏的程度（轻、中、重）；

i_0——包含损坏程度（轻、中、重）的损坏类型总数，沥青路面取21。

表 3-4 沥青路面的损坏类型和权重

损坏类型 i	损坏名称	损坏程度	权重 w_i	计量单位/m²
1		轻	0.6	
2	龟裂	中	0.8	面积
3		重	1.0	
4	块状裂缝	轻	0.6	面积
5		重	0.8	
6	纵向裂缝	轻	0.6	长度×0.2m
7		重	1.0	
8	横向裂缝	轻	0.6	长度×0.2m
9		重	1.0	
10	坑槽	轻	0.8	面积
11		重	1.0	

（续）

损坏类型 i	损坏名称	损坏程度	权重 w_i	计量单位/m^2
12	松散	轻	0.6	面积
13		重	1.0	
14	沉陷	轻	0.6	面积
15		重	1.0	
16	车辙	轻	0.6	长度×0.4m
17		重	1.0	
18	波浪拥包	轻	0.6	面积
19		重	1.0	
20	泛油	—	0.2	面积
21	修补	—	0.1	面积或长度×0.2m

为了计算和评价方便，根据沥青路面破损率 DR，可确定路面损坏状况指数 PCI 作为沥青路面损坏状况的评价指标，PCI 的数值范围为 0~100，其计算式为

$$PCI = 100 - a_0 DR^{a_1}$$

式中　DR——路面破损率（%）；

　　　a_0——系数，沥青路面采用 15；

　　　a_1——系数，沥青路面采用 0.412。

3. 评价标准

沥青路面损坏状况的评价标准见表 3-5。

表 3-5　沥青路面损坏状况的评价标准

评价指标	评价等级				
	优	良	中	次	差
路面损坏状况指数 PCI	≥90	≥80，<90	≥70，<80	≥60，<70	<60

注：高速公路路面损坏状况指数 PCI 的等级划分标准，"优"应为 PCI≥92，"良"应为 80≤PCI<92，其他保持不变。

（二）路面平整度

从路面性能的角度来说，路面平整度影响路面行驶质量。

1. 测试方法

路面平整度的测试方法总体上有两大类型：断面类平整度测定、反应类平整度测定。《公路路基路面现场测试规程》（JTG 3450—2019）规定的路面平整度测定方法有连续式平整度仪测试平整度方法、车载式颠簸累积仪测试平整度方法。为了适应高等级沥青路面平整度测定的需要，目前较先进的测试仪器是非接触式断面仪，如激光平整度测试车，测试时通过安装在测试车上的激光发生器和集光器，并根据光时差原理测定路表面的凹凸状况，测定的路面高程差结果经系统处理器计算后直接输出国际平整度指数 IRI 值。

2. 评价指标

沥青路面平整度采用路面行驶质量指数 RQI 进行评价，该指数由国际平整度指数 IRI 计算，其计算式为

$$RQI = \frac{100}{1 + a_0 e^{a_1 IRI}}$$

式中　RQI——路面行驶质量指数；

　　　a_0——系数，高速公路和一级公路采用 0.026，其他等级公路采用 0.0185；

　　　a_1——系数，高速公路和一级公路采用 0.65，其他等级公路采用 0.58。

3. 评价标准

沥青路面平整度的评价标准见表 3-6。

表 3-6　沥青路面平整度的评价标准

评价指标	评价等级				
	优	良	中	次	差
路面行驶质量指数 RQI	≥90	≥80，<90	≥70，<80	≥60，<70	<60

（三）路面车辙

1. 测试方法

路面车辙的测试方法主要包括路面横断面仪法、路面横断面尺法和激光车辙仪法。

2. 评价指标

车辙深度对路面状况的影响采用路面车辙深度指数 RDI 进行评价，该指数考虑了不同深度范围对路面状况的影响，从而得出一个综合性的评估指数。其计算式为

$$RDI = \begin{cases} 100 - a_0 RD & (RD \leq RD_a) \\ 90 - a_1(RD - RD_a) & (RD_a < RD \leq RD_b) \\ 0 & (RD > RD_b) \end{cases}$$

式中　RD——车辙深度（mm）；

　　　RD_a——车辙深度参数（mm），采用 10mm；

　　　RD_b——车辙深度限值（mm），采用 40mm；

　　　a_0——模型参数，采用 1.0；

　　　a_1——模型参数，采用 3.0。

3. 评价标准

沥青路面车辙的评价标准见表 3-7。

表 3-7　沥青路面车辙的评价标准

评价指标	评价等级				
	优	良	中	次	差
路面车辙深度指数 RDI	≥90	≥80，<90	≥70，<80	≥60，<70	<60

（四）路面跳车

沥青路面跳车的影响因素包括沥青路面的坑槽、波浪拥包、沉陷、井盖突起或沉陷，路面与桥隧构造物异常连接等。

1. 测试方法

路面跳车应根据路面纵断面高差确定，路面纵断面高差应按下式计算：

桥头跳车病害

$$\Delta h = \max\{h_1, h_2, \cdots, h_i, \cdots, h_{100}\} - \min\{h_1, h_2, \cdots, h_i, \cdots, h_{100}\}$$

式中　Δh——路面纵断面高差（cm），应为10m路面纵断面最大高程和最小高程之差；

h_i——第i点的路面纵断面高程；

i——第i个路面纵断面高程数据，应为自动化设备检测数据，每0.1m计1个高程，10m路面纵断面共计100个高程数据。

路面跳车应按"处"计算。若10m路面纵断面存在轻度、中度或重度的路面跳车，则该10m路面纵断面应计为1处路面跳车。

2. 评价指标

沥青路面跳车采用路面跳车指数PBI作为评价指标，路面跳车指数PBI是路面跳车数和路面跳车程度（轻度、中度、重度）的函数，计算式为

$$PBI = 100 - \sum_{i=1}^{i_0} a_i PB_i$$

式中　PB_i——第i类程度的路面跳车数；

a_i——第i类程度的路面跳车扣分，按表3-8的规定取值；

i——路面跳车类型；

i_0——路面跳车类型总数，取3。

表3-8　路面跳车扣分标准

类型i	跳车程度	计量单位	单位扣分
1	轻度		0
2	中度	处	25
3	重度		50

路面跳车应按表3-9的规定划分跳车程度。

表3-9　路面跳车程度划分标准

检测指标	轻度	中度	重度
路面纵断面高差 Δh/cm	≥2，<5	≥5，<8	≥8

3. 评价标准

沥青路面跳车的评价标准见表3-10。

表3-10　沥青路面跳车的评价标准

评价指标	评价等级				
	优	良	中	次	差
路面跳车指数PBI	≥90	≥80，<90	≥70，<80	≥60，<70	<60

（五）路面磨耗

路面磨耗主要影响路面的摩擦阻力、滚动阻力、降噪能力、驾驶舒适度、路表面颗粒物的飞散以及因轮胎磨损引起的热量和温室气体的增排。对于高速公路沥青路面来说，路面抗磨耗特性最重要的功能是提供和维持路面的抗滑性能。

1. 测试方法

通过测定左右轮迹带的路面构造深度和无磨损的车道中线路面构造深度得到路面磨耗率 WR，路面磨耗率 WR 的计算如下：

$$WR = 100 \times \frac{MPD_C - \min\{MPD_L, MPD_R\}}{MPD_C}$$

式中　MPD_C——路面构造深度基准值，采用无磨损的车道中线路面构造深度（mm）；

　　　MPD_L——左轮迹带的路面构造深度（mm）；

　　　MPD_R——右轮迹带的路面构造深度（mm）。

路面构造深度 MPD 的自动化检测主要通过激光构造深度仪测定，激光断面类仪器测定的结果主要反映路面的粗构造情况，而粗构造是决定雨天路面车辆高速行驶下抗滑性能的主要路面特性。

2. 评价指标

沥青路面磨耗采用路面磨耗指数 PWI 作为评价指标，用于评估沥青路面表面微观构造的几何特征指标，反映了路面的总体粗糙程度。PWI 的计算式为

$$PWI = 100 - a_0 WR^{a_1}$$

式中　WR——路面磨耗率（%）；

　　　a_0——模型参数，采用 1.696；

　　　a_1——模型参数，采用 0.785。

3. 评价标准

沥青路面磨耗的评价标准见表 3-11。

表 3-11　沥青路面磨耗的评价标准

评价指标	评价等级				
	优	良	中	次	差
路面磨耗指数 PWI	≥90	≥80，<90	≥70，<80	≥60，<70	<60

（六）路面抗滑性能

路面抗滑性能主要影响车辆行驶的安全性。通常，路面抗滑性能可理解为轮胎与路面之间的摩擦阻力。路面的横向力系数与路面抗滑性能密切相关，它直接关系到车辆的行驶稳定性。例如，高速公路和一级公路沥青路面的横向力系数应大于或等于 40，以确保足够的路面抗滑性能。此外，横向力系数不仅影响车辆的行驶安全，还与交通事故率有直接关系。因此，横向力系数的测定和监控对于保障道路安全至关重要。

1. 测试方法

要测试路面抗滑性能，需要测量路面的横向力系数 SFC。横向力系数 SFC 可采用单轮式横向力系数测试系统和双轮式横向力系数测试系统进行测量。

2. 评价指标

沥青路面抗滑性能采用路面抗滑性能指数 SRI 作为评价指标，其计算式为

$$SRI = \frac{100 - SRI_{min}}{1 + a_0 e^{a_1 SFC}} + SRI_{min}$$

式中　SFC——横向力系数；

SRI$_{min}$——标定参数，采用35.0；

a_0——模型参数，采用28.6；

a_1——模型参数，采用−0.105。

3. 评价标准

沥青路面抗滑性能的评价标准见表3-12。

表 3-12　沥青路面抗滑性能的评价标准

评价指标	评价等级				
	优	良	中	次	差
路面抗滑性能指数 SRI	≥90	≥80，<90	≥70，<80	≥60，<70	<60

（七）路面结构强度

路面结构强度通常描述为路面在达到预定的损坏状况之前，还能承受行车荷载作用的次数或使用年限。

1. 测试方法

对沥青路面结构强度进行测试的常见方法是现场测定路面弯沉法。

2. 评价指标

沥青路面结构强度采用路面结构强度指数 PSSI 作为评价指标，其计算式如下：

$$PSSI = \frac{100}{1 + a_0 e^{a_1 SSR}}$$

$$SSR = \frac{l_0}{l}$$

$$l_0 = 600 N_e^{-0.2} A_e A_s A_b$$

式中　SSR——路面结构强度系数，为路面弯沉标准值与路面实测代表弯沉值之比；

l_0——路面弯沉标准值（0.01mm）；

N_e——新改建沥青路面结构设计使用年限或沥青路面结构性修复设计年限内设计车道上的当量设计轴载累计作用次数（次）；

A_e——公路技术等级系数，高速公路和一级公路取1，二级公路取1.1，三级和四级公路取1.2；

A_s——路面面层类型系数，沥青混凝土面层取1，热拌和冷拌沥青碎石、沥青贯入式路面（含上拌下贯式路面）及沥青表面处取1.1；

A_b——路面结构类型系数，半刚性基层沥青路面取1，柔性基层沥青路面取1.6；

l——路面实测代表弯沉值（0.01mm），其计算式为 $l = \bar{l} + S$；

$\bar{l}$——舍弃不合要求的测点后所余各测点弯沉值的算术平均值（0.01mm）；

S——舍弃不合要求的测点后所余各测点弯沉值的标准差（0.01mm）；

a_0——模型参数，采用15.71；

a_1——模型参数，采用−5.19。

3. 评价标准

沥青路面结构强度的评价标准见表3-13。

表 3-13　沥青路面结构强度的评价标准

评价指标	评价等级				
	优	良	中	次	差
路面结构强度指数 PSSI	≥90	≥80，<90	≥70，<80	≥60，<70	<60

（八）沥青路面的综合评价

1. 评价指标

沥青路面的综合评价采用路面技术状况指数 PQI 作为评价指标，其计算式为

$$PQI = w_{PCI}PCI + w_{RQI}RQI + w_{RDI}RDI + w_{PBI}PBI + w_{PWI}PWI + w_{SRI}SRI + w_{PSSI}PSSI$$

式中　w_{PCI}——PCI 在 PQI 中的权重，按表 3-14 的规定取值；

w_{RQI}——RQI 在 PQI 中的权重，按表 3-14 的规定取值；

w_{RDI}——RDI 在 PQI 中的权重，按表 3-14 的规定取值；

w_{PBI}——PBI 在 PQI 中的权重，按表 3-14 的规定取值；

w_{PWI}——PWI 在 PQI 中的权重，按表 3-14 的规定取值；

w_{SRI}——SRI 在 PQI 中的权重，按表 3-14 的规定取值；

w_{PSSI}——PSSI 在 PQI 中的权重，按表 3-14 的规定取值。

表 3-14　PQI 各分项指标的权重

路面类型	权重	高速公路、一级公路	二级、三级、四级公路
沥青路面	w_{PCI}	0.35	0.60
	w_{RQI}	0.30	0.40
	w_{RDI}	0.15	—
	w_{PBI}	0.10	—
	$w_{SRI(PWI)}$	0.10	—
	w_{PSSI}	—	—

注：计算 PQI 时，路面抗滑性能指数 SRI 和路面磨耗指数 PWI 应二取一；路面结构强度指数 PSSI 不参与计算。

2. 评价标准

沥青路面综合评价的评价标准见表 3-15。沥青路面综合评价的评价等级分为优、良、中、次、差 5 个技术等级，"优"表示路面平整，路面没有或有少量裂缝；"良"表示路面基本平整，有一定数量的裂缝和少量变形类损坏；"中"表示路面平整度不良，路面上有较多的裂缝和变形类损坏；"次""差"表示路面上同时存在功能性损坏和结构性损坏，路面上有大面积的裂缝类、变形类及其他类损坏。

表 3-15　沥青路面综合评价的评价标准

评价指标	评价等级				
	优	良	中	次	差
路面技术状况指数 PQI	≥90	≥80，<90	≥70，<80	≥60，<70	<60

二、沥青路面养护对策

1. 养护措施

沥青路面养护分为日常养护和养护工程。其中，日常养护包括日常保养和日常维修；养护工程包括预防养护、修复养护、专项养护和应急养护。

（1）日常养护

1）日常保养。日常保养的主要工作内容有清扫作业、排水作业、清除冰雪作业、夏季洒水降温作业。

① 清扫作业是指清除路面上的泥土、杂物、污染物、散落物等，分为日常清扫和特殊清扫。

日常清扫是保持良好的路容路貌和运行环境的最基本的养护作业要求，由于横坡环境和高速车轮的作用，路面上的尘土、杂物主要集中在路幅右侧或超高段路幅左侧，因此日常清扫作业一般沿路幅右侧或左侧进行，以尘土、杂物集中的路幅右侧或超高段路幅左侧为主。

因运输车辆滴、洒、漏油类物质，化学品泄漏，交通事故等突发事件及其他异常情况，造成沥青路面严重污染的，应及时开展特殊清扫作业，并做好清扫作业工作记录。

② 排水作业是指排除路面积水，疏通路面排水。进行排水作业应符合以下规定：

定期检查路面排水和积水情况，应对路段、桥涵、隧道的路面排水系统进行清理和疏通，保持排水功能正常、路面无积水。

在汛期前应对影响路面排水的设施进行全线检查和疏通，雨天时应及时排除积水，汛期后应对排水设施进行全面检查和修复。

对沥青路面因局部沉陷、横坡不适、拦水带开口设置不合理等原因导致的积水，应及时采取处理措施。

③ 清除冰雪作业是指清除路面的积雪、积冰等。进行清除冰雪作业应符合下列规定：

根据当地的历年气象记录资料、气象预测资料、路面结构、沿线环境条件等因素，制订切合实际情况的清除冰雪作业计划，以及适用于不同气温、降雪量和积雪深度的清除冰雪作业规程，配备相应的作业人员、材料和机具设备。

冬季应及时掌握气象变化情况，出现降温、降雪时应按制订的清除冰雪作业计划，及时进行除冰雪作业，并做好桥面、坡道、弯道、匝道、收费站等重点路段的清除冰雪工作。

清除冰雪作业宜以机械作业为主，人工作业为辅。除雪机械的作业方向宜与道路的正常行车方向一致，并从路面左侧向右侧或中间向两侧依次进行。降雪量较大，难以在降雪过程中清除全部积雪时，应在雪停后及时清除路面的全部积雪。

路面上的压实雪、融化的雪水或未及时排除的雨水形成冰冻层时，应开展除冰与防滑作业，尤其是在大中型桥梁、纵坡较大或平曲线半径较小的路段，应做好防冰冻与防滑处理。

清除冰雪作业撒布的融雪剂、防冰冻材料、防滑材料等宜采用环保型材料，应根据降雪情况确定撒布的时机、方式与数量，及时清除路面积雪与残留物。

清除冰雪作业可连续开展，作业现场必须实行统一指挥，并落实与作业形式相适应的安全作业措施和交通控制措施，夜间作业时可适当增设闪光设施、警示标志等。

④ 夏季洒水降温作业是指向路面洒水以降低路面温度，减少路面高温病害。进行夏季洒水降温作业应符合下列规定：

了解当地的气象资料，掌握沥青路面表面温度的变化规律，制订切合实际情况的夏季洒水降温作业计划和作业规程。

夏季洒水降温作业宜采用机械方式，洒水车应有明显标识，配备导向闪光箭头，车顶宜安装带有黄色闪光标识的车辆闪光灯。

夏季连续 3 天最高气温 35℃ 及以上、沥青路面表面温度 60℃ 及以上时，对于易发生车辙、波浪拥包的路段及上坡、弯道、桥面铺装、重载交通等路段，宜进行洒水降温作业，或进行交通管制。

进行夏季洒水降温作业时，宜选在每天 12:00～15:00 时间段进行。洒水车应行驶在路面右侧位置，其行驶速度，高速公路及一级公路不宜大于 60km/h，二级及二级以下公路不宜大于 40km/h。

2）日常维修。日常维修为原小修保养中的部分小修工程，包括局部病害和构件缺损可能迅速发展或影响安全时，需及时实施的小修工程。日常维修工作计划应根据沥青路面损坏状况调查与评价以及日常巡查记录结果按月度进行编制。沥青路面日常维修应按工作计划进行，并根据日常维修工作记录信息适时进行日常维修质量评价与反馈。应分析沥青路面各类损坏与病害产生的原因并根据路面结构类型、使用年限、处治季节、气温等实际情况，采取相应的病害处治措施。应推行沥青路面病害发现、信息上报、处治审批与下达、现场处治与上报、审核与计量、效果评价等处治闭环管理。

（2）养护工程

1）预防养护。预防养护是指当沥青路面整体性能良好但存在病害隐患或有轻微病害时，为延缓沥青路面性能的过快衰减、延长沥青路面的使用寿命，而预先采取的主动性养护工程，主要开展病害早期处治或预防工程设计。沥青路面预防养护措施包括含砂雾封层、稀浆封层、微表处、碎石封层、纤维封层、复合封层、超薄罩面、薄层罩面等。

沥青路面预防养护目标是指实施路段采取不同的技术措施达到所对应的使用年限及使用年限末的路况水平。

2）修复养护。修复养护是指当沥青路面出现明显病害或部分丧失服务功能时，为恢复路面技术状况而进行的功能性或结构性修复养护工程。沥青路面修复养护主要针对沥青路面一般性的或较大的损坏而采取的功能性和结构性修复工程措施，包括罩面、结构性补强、局部加宽等。

沥青路面修复养护目标是指实施路段采取不同的养护对策与技术措施达到所对应的使用年限及使用年限末的路况水平。

3）专项养护。专项养护是指为恢复、保持或提升沥青路面的服务功能而集中实施的路面改造、局部加宽、专项处治、灾后恢复等养护工程。

4）应急养护。应急养护是指因突发情况造成沥青路面损毁、中断、产生重大安全隐患时，为较快恢复路面的安全通行能力而实施的应急性抢通、保通和抢修养护工程。

2. 养护对策

在考虑沥青路面的养护对策时，需要统筹考虑路面的技术状况、路面结构、养护历史、技术等级、交通荷载、资金投入等多方面因素，基于路面管理系统，通过全寿命周期费用分析科学决策。对沥青路面技术状况指数 PQI 及其各分项指标均被评价为"优""良"的路段，可进行日常养护、预防养护或修复养护；对任一分项指标被评价为"中""次""差"

的路段，应安排修复养护。

案例分析

石黄高速公路 SMA 路段沥青路面养护维修案例分析

一、案例背景资料

石黄高速公路 SMA 路段沥青采用 AH-70 沥青。主集料上面层采用玄武岩集料，中、下面层采用石灰岩集料。SBS 改性沥青采用 AH-70 沥青掺加 5%~5.5%SBS。石黄高速公路概况见表 3-16。

表 3-16　石黄高速公路 SMA 路段概况

名称	桩号	路面结构	通车时间
石黄高速公路 SMA 路段	K252+940~K260+910	4cm SMA-16+5cmSAC-25（调整）粗粒式沥青混凝土+6cmSAC-25（调整）粗粒式沥青混凝土+透层油+20cm 水泥稳定级配碎石+20cm 石灰、粉煤灰稳定级配碎石+20cm 水泥、石灰稳定土	1998 年 12 月

石黄高速公路 SMA 路段路况调查结果：路面破损率 DR=3%，路面弯沉标准值 l_0=16.53mm。石黄高速公路 SMA 路段检测结果见表 3-17。

表 3-17　石黄高速公路 SMA 路段检测结果

路面弯沉		路面平整度	路面跳车数			车辙深度/mm	横向力系数	路面磨耗率（%）
l/mm	S/mm		轻度	中度	重度			
8.3	1.52	IRI=1.058	11	1	0	5.92	48.58	3.6

二、案例分析要求

1）评定案例中石黄高速公路 SMA 路段沥青路面的技术状况。

2）提出养护对策。

三、案例分析过程

1. 评价指标计算

（1）路面损坏状况　路面损坏状况指数 $PCI=100-a_0DR^{a_1}=76.4\geqslant 70$ 且 <80，评定为中。

（2）路面平整度　路面行驶质量指数 $RQI=\dfrac{100}{1+a_0e^{a_1IRI}}=95.08\geqslant 90$，评定为优。

（3）路面车辙　车辙深度 $RD=5.92mm<RD_a=10mm$，故路面车辙深度指数 $RDI=100-a_0RD=94.08\geqslant 90$，评定为优。

（4）路面跳车　路面跳车指数 $PBI=100-\sum\limits_{i=1}^{i_0}a_iPB_i=75\geqslant 70$ 且 <80，评定为中。

（5）路面磨耗　路面磨耗指数 $PWI=100-a_0WR^{a_1}=95.36\geqslant 90$，评定为优。

（6）路面抗滑性能　路面抗滑性能指数 $SRI=\dfrac{100-SRI_{min}}{1+a_0e^{a_1SFC}}+SRI_{min}=90.35\geqslant 90$，评定为优。

（7）路面结构强度　路面实测代表弯沉值 $l = \bar{l} + S = 8.3\text{mm} + 1.52\text{mm} = 9.82\text{mm}$，路面结构强度系数 $\text{SSR} = \dfrac{l_0}{l} = 1.683$，路面结构强度指数 $\text{PSSI} = \dfrac{100}{1 + a_0 e^{a_1 \text{SSR}}} = 99.75 \geqslant 90$，评定为优。

（8）沥青路面的综合评价　$\text{PQI} = w_{\text{PCI}}\text{PCI} + w_{\text{RQI}}\text{RQI} + w_{\text{RDI}}\text{RDI} + w_{\text{PBI}}\text{PBI} + w_{\text{PWI}}\text{PWI} + w_{\text{SRI}}\text{SRI} + w_{\text{PSSI}}\text{PSSI} = 0.35\text{PCI} + 0.30\text{RQI} + 0.15\text{RDI} + 0.10\text{PBI} + 0.10\text{SRI} = 85.9 \geqslant 80$ 且 <90，评定为良。

2. 养护对策

根据技术状况的评定结果，该路段的路面损坏状况指数 PCI 指标评价为中，故应安排修复养护。

本节小结

通过本节内容的学习，掌握沥青路面技术状况评定的方法，能够提出沥青路面的养护对策。本节案例以计算为主，由于评价指标较多，计算公式复杂，路面调查数据较多，容易出现计算错误，要注意计算的准确性，这样才能确保养护对策的合理性。本节内容为后续学习如何制订沥青路面养护维修方案打下基础。

3.2　沥青路面常见病害的维修与分析

知识学习

一、沥青路面常见病害维修的要求

1）沥青路面出现的裂缝、坑槽、车辙、沉陷、波浪拥包、松散、泛油等病害应及时进行处治，防止路面病害发展与扩大。

2）因路基或基层局部强度不足、松散、碎裂等原因形成的沥青路面病害，应在处治好路基或基层病害后，进行沥青面层处治。

3）病害处治方案应根据病害的类型、范围与严重程度确定，要做好材料、设备和施工的准备工作，要进行病害的精细化处治，达到可靠、耐久、经济、美观的处治效果。

4）病害修补面积应大于病害实际面积，修补范围的轮廓线应与路面中心线平行或垂直，并在病害修补的边缘部位采取涂覆黏层材料、贴缝胶，以及界面加热等措施，保证修补部位与原路面界面黏结牢固。

病害沥青路面铣刨 1　　病害沥青路面铣刨 2　　病害沥青路面铣刨后重铺碾压　　互通立交上面层反射裂缝开槽修补

5）因修补不良造成修补区再次损坏的，应分析诊断修补不良产生再次损坏的原因，进行根治，保证再次修补的质量。

6）对坑槽、车辙、沉陷等需将原路面沥青面层挖除或铣刨后进行修补作业的病害，宜随挖随补。

二、沥青路面常见病害的维修

沥青路面常见病害分为裂缝类、变形类、松散类、其他类共四大类。

（一）裂缝类

沥青路面裂缝类病害主要包括横向裂缝、纵向裂缝、龟裂、块裂等。

1. 横向裂缝

（1）病害描述 横向裂缝一般是与行车方向基本垂直的裂缝。

（2）病害程度

1）轻度横向裂缝。主要裂缝宽度≤3mm的横向裂缝称为轻度横向裂缝。

2）重度横向裂缝。主要裂缝宽度>3mm的横向裂缝称为重度横向裂缝。

（3）计量方法 横向裂缝的计量内容主要包括三项：①裂缝最宽处的宽度（mm）；②裂缝长度（m）；③严重程度。如果沿单条横向裂缝的长度上的不同位置具有不同的损坏程度，则分开计量；如果同时有沉陷或其他损坏，也应计量。计量结果应用影响宽度（0.2m）换算成损坏面积。

（4）可能的形成原因

1）半刚性基层反射裂缝。

2）温度裂缝。通常因为沥青老化、黏度过高或集料与沥青的黏附性不足，造成在冬季低温条件下产生横向裂缝。

3）施工缝未处理好，接缝不紧密，结合不良。

4）桥梁、涵洞或通道两侧的填土产生固结或地基沉降。

（5）维修方法

1）如果是单条裂缝，可根据裂缝的严重程度采取如下维修方法：

① 对于轻度横向裂缝，宽度小于2.5mm的裂缝可不处治，宽度大于2.5mm的可采用清缝灌缝或开槽灌缝等维修方法。

② 对于重度横向裂缝，可采用部分深度修补、全深度修补等维修方法。

2）如果某个路段的裂缝很多，间距很小，采用铣刨重铺、重建等措施会更加经济有效。

2. 纵向裂缝

（1）病害描述 纵向裂缝一般是与行车方向基本平行的裂缝，或者是一系列平行的裂缝，有可能有支缝。

（2）病害程度 纵向裂缝的病害程度分级参照横向裂缝。

（3）计量方法 纵向裂缝的计量方法参照横向裂缝。

（4）可能的形成原因

1）纵缝施工质量不好。

2）路基产生横向不均匀沉降。

3）受荷载作用产生疲劳裂缝。其通常发生在沥青老化、沥青层较薄等情况下，这种裂缝长度较短。

4）沥青层横向滑动。

（5）维修方法 纵向裂缝的维修方法与横向裂缝相同。

3. 龟裂

（1）病害描述 龟裂一般表现为一系列互相交叉连接的裂缝，将路面分为块度较小的裂块。龟裂与路面受到的荷载有关，通常发生在轮迹带处。

（2）病害程度

1）轻度龟裂。主要裂缝宽度在 2mm 以下，主要裂缝块度为 0.2~0.5m，这种状况的龟裂称为轻度龟裂。

2）中度龟裂。主要裂缝宽度在 2~5mm，主要裂缝块度<0.2m，这种状况的龟裂称为中度龟裂。

3）重度龟裂。平均裂缝宽度大于 5mm，主要裂缝块度<0.2m，这种状况的龟裂称为重度龟裂。

（3）计量方法 龟裂的计量内容主要包括四项：①占多数的裂缝的宽度（mm）；②占多数的裂块的块度（m）；③龟裂影响面积（m²）；④龟裂严重程度。

计量的困难在于几种不同程度的龟裂常常并存且不好区分，如果几种不同程度的龟裂可以明显区分开，则分别计量；如果不能明显区分开，则均按最高程度的龟裂计量。

（4）可能的形成原因

1）龟裂通常与路面受到的荷载相关，超载、重载以及路面结构本身的不足都可能造成龟裂。

2）土基、基层局部压实不好，或者渗入的水造成水损坏，使局部结构强度不足。

3）路面厚度不足。

4）沥青含量过低、空隙率过高、沥青层厚度不足、沥青老化等造成沥青层容易开裂。

5）由块裂发展而成。

（5）维修方法

1）如果是局部龟裂，可根据裂缝的严重程度采取如下维修方法：

① 对于轻度龟裂，可采用封层类处治、涂覆表面复苏剂、部分深度修补等维修方法。

② 对于中度龟裂，可采用部分深度修补、全深度修补等维修方法。

③ 对于重度龟裂，可采用部分深度修补、全深度修补等维修方法。

2）如果是大面积龟裂，各种严重程度的龟裂可采用结构性罩面、铣刨重铺、厂拌再生、重建等维修方法。

4. 块裂

（1）病害描述 块裂一般表现为一系列互相交叉连接的裂缝，将路面分为块度较大的裂块。其块度通常在 50~200cm 范围内，与路面受到的荷载无关，通常发生在整个路面表面。

（2）病害程度

1）轻度块裂。平均裂缝宽度在 1~2mm，主要裂缝块度大于 1m。

2）重度块裂。平均裂缝宽度在 2mm 以上，主要裂缝块度在 0.5~1m 之间。

（3）计量方法 块裂的计量内容主要包括四项：①占多数的裂缝的宽度（mm）；②占多数的裂块的块度（mm）；③块裂影响面积（m²）；④严重程度。

通常在同一处只存在一种程度的块裂；如果同时存在几种不同程度的块裂，则分别计量。

（4）可能的形成原因 块裂通常与温度和沥青老化有关，通常发生在沥青老化、硬化的路面，属于温度开裂。

（5）维修方法

1）对于轻度块裂，可不处治；或采用封层类处治、涂覆表面复苏剂、清缝灌缝以及开槽灌缝等维修方法。

2）对于重度块裂，可采用铣刨重铺、重建等维修方法。

5. 裂缝处治要求

1）裂缝处治的时机应根据裂缝的类型、特点、严重程度及原因确定，并采取适宜的处治措施，及时进行裂缝封闭。

2）裂缝处治可采用灌缝、贴缝、带状挖补等方式，或进行综合处理。灌缝材料宜采用密封胶；贴缝材料可采用热粘式贴缝胶和自粘式贴缝胶，其工艺分为直接贴缝和灌缝后贴缝。

3）裂缝处治材料应符合下列规定：

① 密封胶分为高温型、普通型、低温型、寒冷型和严寒型五类，分别适用于最低气温不低于0℃、−10℃、−20℃、−30℃、−40℃的地区，其技术要求应符合《路面加热型灌缝胶》（JT/T 740—2024）的有关规定。

② 贴缝胶分为普通型、低温型、寒冷型和严寒型四类，分别适用于最低气温不低于−10℃、−20℃、−30℃、−40℃的地区，其技术要求应符合《路面裂缝贴缝胶》（JT/T 969—2015）的有关规定。

4）灌缝处治工艺应符合下列规定：

① 应根据路面裂缝的具体情况确定开槽灌缝的尺寸，宽度×深度宜为12mm×12mm、12mm×18mm、15mm×15mm 或 15mm×20mm。

② 采用开槽机、灌缝机、清干机等专用灌缝设备施工时，应按开槽、清洁、干燥、灌缝与养护工艺流程进行作业。

③ 灌缝成型应饱满，灌缝材料性能稳定后才可开放交通。

④ 施工环境温度应高于5℃，应在路面表面干燥状态下施工。

5）贴缝处治工艺应符合下列规定：

① 贴缝前应将路面裂缝及其两侧各20cm 表面范围内的泥土杂物、污染物、散落物等清理干净，无凸起、凹陷、松散，保证裂缝作业面平整。

② 贴缝胶应从裂缝一端粘贴，其长度不小于整条裂缝长度，贴缝胶应处于裂缝中间部位；遇不规则裂缝，可将贴缝胶断开，按裂缝的走向跟踪粘贴；贴缝胶结合处形成 80～100mm 的重叠。

③ 贴缝完成后宜采用贴缝机等进行碾压，保证贴缝无气泡、皱褶，保证贴缝胶与路面充分结合、黏结紧密，检查确认后开放交通。

④ 施工环境温度应高于 5℃，应在路面表面干燥状态下施工。

6）裂缝处治后出现明显变形、唧泥等破坏的，应采用带状挖补方法进行彻底处理，对损坏的基层宜采用大粒径透水性沥青混合料进行回填处理，面层应采用与原沥青面层相同的材料进行修补，并做好纵、横向排水处理措施。

7）重度的局部块裂、龟裂应按坑槽修补方法进行处理。

（二）变形类

沥青路面变形类病害主要包括车辙、沉陷、波浪、拥包等。

1. 车辙

（1）病害描述　车辙一般表现为轮迹带纵向表面变形凹陷，常伴有轮迹带两侧的隆起。雨后较深的车辙内可见积水，更容易看到。

（2）病害程度

1）轻度车辙：深度在 10~15mm 的车辙称为轻度车辙。

2）重度车辙：深度>15mm 的车辙称为重度车辙。

（3）计量方法　车辙的计量内容主要包括三项：①平均深度（mm）；②最大深度（mm）；③长度（m）。计量结果应用影响宽度（0.4m）换算成损坏面积。

车辙部位修补 1

车辙部位修补 2

（4）可能的形成原因

1）沥青层或基层压实不足。

2）沥青混合料骨架嵌挤不良，高温抗车辙能力差。

3）基层强度不足，局部沉陷。

4）沥青层与基层之间有不稳定夹层。

（5）维修方法　车辙的维修方法可按表 3-18 选用。

表 3-18　车辙的维修方法

车辙深度 RD	直接填充	就地热再生	铣刨重铺
RD≤15mm	√	△	△
15mm<RD≤30mm	△	√	√
RD>30mm	×	△	√

注：√表示推荐，△表示可选，×表示不推荐。

（6）车辙处治要求

1）应根据车辙病害的类型、范围、严重程度及原因，合理确定局部车辙处治或大范围直接填充、就地热再生、铣刨重铺等措施。

2）局部车辙处治可采用微表处填充，也可采用坑槽等病害综合热修补车进行现场加热、耙松、补料与压实处理，还可采取局部铣刨重铺措施。

3）车辙直接填充的材料可采用微表处，也可采用热拌或温拌沥青混合料、高模量沥青混合料、功能性罩面材料等。

4）车辙就地热再生原材料、沥青混合料及施工技术要求应符合《公路沥青路面再生技术规范》（JTG/T 5521—2019）的有关规定。

5）车辙铣刨重铺的材料可采用热拌、温拌或冷拌沥青混合料，高模量沥青混合料，功能性罩面材料等。

2. 沉陷

（1）病害描述 沉陷一般表现为局部路面凹陷，沉陷处低于周围路表面。它与车辙不同，不局限于轮迹带，可能横跨几个轮迹带，如图3-3所示。

（2）病害程度

1）轻度沉陷：深度在10～25mm之间，行车无明显颠簸感的沉陷称为轻度沉陷。

2）重度沉陷：深度>25mm，行车有明显颠簸感的沉陷称为重度沉陷。

（3）计量方法 沉陷的计量内容主要包括三项：①平均深度（mm）；②最大深度（mm）；③面积（m^2）。

图3-3　沉陷

（4）可能的形成原因

1）局部基层或土基软弱或压实不足。

2）路面下设管道、沟渠。

3）路基不均匀沉降。

（5）维修方法

1）沉陷处治技术措施和结构层位应根据沉陷病害的类型、发生部位、严重程度及原因合理确定。

2）因基层局部强度不足或松散造成的路面沉陷，应铣刨或挖除沥青面层，处理好基层后重铺沥青面层。

3）因路基不均匀沉降引起的路面沉陷，根据路面破损状况可采取下列处治措施：

① 路面略有下沉、无破损或仅有少量轻微裂缝时，可在沉陷部位喷洒黏层沥青，用沥青混合料将沉陷部分填补密实，要压实、整平。

② 路面出现较大范围的不均匀下沉时，可在沉陷路段两端的衔接部位各10m范围内分层、分台阶铣刨沥青面层，纵向台阶的搭接宽度不宜小于30cm，横向台阶的搭接宽度不宜小于20cm，清理干净下承层后喷洒黏层沥青，再在侧壁涂覆乳化沥青后分层重铺沥青面层。

③ 路基密实稳定、不再继续下沉后，进行沥青面层处治。

4）桥涵台背因回填材料选择不适、压实不足等原因引起路面不均匀沉降的，可采取下列处治措施：

① 台背回填材料选择不适的，宜采用强度高、透水性好且级配合理的材料进行换填处理。

② 台背回填压实不足的，可重新压实处理，台背死角处采用夯实机械进行压实。

下承层准备

③ 采用台背注浆的方式进行加固处理。

④ 铣刨或挖除沥青面层，在沉陷部分加铺基层后重铺沥青面层。

⑤ 直接按沉陷病害进行处治。

3. 波浪

（1）病害描述　波浪一般表现为路面产生纵向连续起伏的似波浪状的变形，变形由交替出现的间距规则的波峰和波谷组成。

（2）病害程度

1）轻度波浪：波峰、波谷之差在 10～25mm 之间，对行车影响很小的波浪称为轻度波浪。

2）重度波浪：波峰、波谷之差>25mm，对行车有较大影响，影响舒适性和安全性，导致行车速度变慢的波浪称为重度波浪。

（3）计量方法　波浪的计量内容主要包括三项：①平均深度（mm）；②最大深度（mm）；③面积（m²）。

（4）可能的形成原因

1）基层或土基软弱。

2）面层与基层之间有不稳定夹层。

3）沥青混合料高温性能不良。

（5）维修方法

1）对于轻度波浪，可不处治。

2）对于重度波浪，可采用部分深度修补、全深度修补、铣刨重铺等维修方法。修补时应充分处治不稳定的下卧层。

4. 拥包

（1）病害描述　拥包一般表现为局部的、小范围的路面隆起，如图 3-4 所示。大面积的隆起变形通常考虑为冻胀，要与拥包相区别。如果拥包连续多个，且间距小于 3m，则作为波浪考虑。

（2）病害程度

1）轻度拥包：波峰、波谷之差在 10～25mm 之间，对行车影响很小的拥包称为轻度拥包。

2）重度拥包：波峰、波谷之差>25mm，对行车有较大影响，影响舒适性和安全性，导致行车速度变慢的拥包称为重度拥包。

拥包的病害程度划分与波浪相同。

（3）计量方法　拥包的计量内容主要包括两项：①高差（mm）；②面积（m²）。

图 3-4　拥包

（4）可能的形成原因

1）施工时局部沥青过多或细集料集中。

2）基层局部含水率较大，使面层与基层之间结合不良。

3）基层局部强度不足或水稳性不好，使基层松软。

（5）维修方法

1）对于轻度拥包，可不处治。

2）对于重度拥包，可采用部分深度修补、全深度修补、铣刨重铺等维修方法。

修补时应充分处治不稳定的下卧层。

（三）松散类

沥青路面松散类病害主要包括坑槽、松散、麻面、脱皮、啃边等。

1. 坑槽

（1）病害描述 坑槽一般表现为路面上不规则形状的坑洞，通常为碗形。

（2）病害程度

1）轻度坑槽：深度<25mm 或面积<0.1m^2 的坑槽称为轻度坑槽，如图 3-5 所示。

2）重度坑槽：深度≥25mm 或面积≥0.1m^2 的坑槽称为重度坑槽，如图 3-6 所示。

图 3-5 轻度坑槽

图 3-6 重度坑槽

（3）计量方法 坑槽的计量内容主要包括三项：①坑槽深度（mm）；②坑槽面积（m^2）；③严重程度。坑槽深度按照最深的位置计量。

（4）可能的形成原因

1）水分渗入路面，在荷载作用下产生动水压力，造成沥青剥落和材料散失。

2）由疲劳裂缝等其他病害发展而来。

（5）维修方法

1）应根据坑槽病害的类型、严重程度及原因，采取合理措施及时进行修补。

2）坑槽可采用就地热修补、热料热补、冷料冷补等修补方式，坑槽修补应符合下列规定：

① 坑槽修补材料应具有足够的强度以及良好的高（低）温性能、抗水损坏性能和耐老化性能。

② 应按"圆洞方补、斜洞正补"的原则确定路面坑槽破损的边界。坑槽修补轮廓线与行车方向平行或垂直，并超过坑槽破损边界 10~15cm。

③ 坑槽处治至损坏的最底部，修补后新填补部分应略高于原沥青路面。

④ 雨季和多雨地区，应对路面坑槽修补的接缝处进行封缝处理。

⑤ 坑槽修补完成后，应清理作业区域后再开放交通。

杭州绕城高速
路坑槽修补

3）坑槽就地热修补工艺应符合下列规定：

① 采用热修补养护车等专用设备施工时，适用于坑槽深度不大于 6cm 的情况。

② 按路面坑槽修补轮廓线将加热板调整到合适的位置，加热沥青面层至可耙松的状态。

③ 将加热的沥青面层耙松、切边，并铲除不可利用的旧沥青混合料，在坑槽表面和周围喷洒乳化沥青等黏结材料，加入新的热料，并充分摊铺、整平。

④ 用压路机由边部向中间反复压实，使其达到要求的压实度。

⑤ 压实完成后，在新修补路面喷洒适量的乳化沥青。

⑥ 坑槽就地热修补用的原材料、沥青混合料及施工技术要求应符合《公路沥青路面再生技术规范》（JTG/T 5521—2019）的有关规定。

4）坑槽热料热补工艺应符合下列规定：

① 沿坑槽修补轮廓线切割开挖或铣刨至坑底的不渗水稳定处，其深度不得小于坑槽的最大深度。坑槽较深时应按原沥青面层分层开挖，层间形成阶梯搭接，搭接宽度不小于 20cm。

② 清理掉路面坑槽内的松散沥青混合料，要求底部平整、坚实，坑槽壁面与公路平面垂直，坑槽底面和壁面清洁、完全干燥、无松散料。

③ 路面坑槽底面和壁面喷洒、涂覆乳化沥青等黏结材料的，所用黏结材料应具有较高的黏结性、黏附性、弹性和延展性。

④ 采用专用设备对热料进行保温加热，并按开凿的层次分层填入热料，然后逐层整平、压实，要保证修补质量。

⑤ 坑槽热料热补用的原材料、沥青混合料及施工技术要求应符合《公路沥青路面施工技术规范》（JTG F40—2004）的有关规定。

5）坑槽冷料冷补工艺应符合下列规定：

① 清理掉坑槽内的松散沥青混合料，必要时沿坑槽修补轮廓线采用与热料热补工艺相同的处理手法进行开挖、清理，然后在路面坑槽底面和壁面喷洒、涂覆乳化沥青等黏结材料。

② 向坑槽内填入冷补材料，并摊铺、整平均匀，要保证坑槽周边材料充足，然后采用平板夯、夯锤或振动式压路机进行压实，使其达到要求的压实度。

2. 松散、麻面

（1）病害描述 松散、麻面一般表现为表面沥青和集料散失，路面磨损，路表粗麻，路面出现微坑和剥落等。

（2）病害程度

1）轻度松散、麻面：沥青和集料开始散失，但不明显，称为轻度松散、麻面。

2）重度松散、麻面：集料和沥青散失严重，路面表面纹理非常粗糙，有大量微坑，称为重度松散、麻面。

（3）计量方法 松散、麻面的计量内容主要包括两项：①面积（m²）；②严重程度。

（4）可能的形成原因

1）沥青用量偏低。

2）低温施工。

3）沥青老化。

4）沥青与集料的黏附性不良。

5）当地有履带交通或者重载、超载较多。

（5）维修方法

1）松散、麻面的处治时机应根据松散、麻面病害的类型、严重程度及原因合理确定，并采取可行的技术措施。

2）因施工不良造成的路面松散、麻面，可采用下列方法进行处治：

① 将路面上已松动的矿料收集起来，将残留在松散、麻面松散层上的浮料清扫干净，喷洒沥青用量 $0.8 \sim 1 kg/m^2$ 的封层油，再按 $5 \sim 8m^3/1000m^2$ 的用量撒布 $3 \sim 5mm$ 粒径的碎石或粗砂，再用轻型压路机压实。

② 将路面松散、麻面的部分铣刨重铺，或以就地热再生的形式进行处治。

3）因沥青老化造成的路面松散、麻面，可采取封层养护措施进行处治，也可采用就地热再生措施进行处治，还可铣刨或挖除松散部分后重铺沥青面层。

4）因沥青与酸性石料之间的黏附性不良造成的路面松散、麻面，可铣刨或挖除松散、麻面部分后重铺沥青面层，其矿料不宜使用酸性石料。在缺乏碱性石料的地区，应在沥青中掺入抗剥离剂、增黏剂或使用干燥的消石灰、水泥等表面活性物质作为填料的一部分，或采用石灰浆处理粗集料。

3. 脱皮

（1）病害描述 脱皮一般表现为局部沥青面层出现层状脱落。

（2）病害程度 脱皮无程度分级。

（3）计量方法 脱皮的计量内容主要是面积（m^2）。

（4）可能的形成原因

1）沥青面层与上封层之间黏结不好。

2）上封层初期养护不良。

3）面层与基层之间有水分或夹有泥层，黏结不良。

4）沥青面层层间有水分或夹有泥层，黏结不良。

矿料撒布

（5）维修方法

1）对于沥青面层与上封层黏结不良造成的脱皮，清除脱落及松动部分，重做上封层和沥青面层。

2）对于沥青面层层间黏结不良造成的脱皮，清除脱落及松动部分，在下层沥青表面涂刷黏层沥青，重做沥青面层。

3）对于面层与基层之间有水分或夹有泥层造成的脱皮，清除脱落及松动部分，处理好基层表面，喷洒透层沥青，重做沥青面层。

4. 啃边

（1）病害描述 啃边一般表现为路面边缘破碎脱落，宽度可达 10cm，如图 3-7 所示。

（2）病害程度 啃边无程度分级。

（3）计量方法 啃边的计量内容主要是

图 3-7 啃边

面积（m²）。

（4）可能的形成原因

1）路面宽度不适应交通量的需要，路肩不密实，机动车会车或超车时碾压路面边缘造成啃边。

2）路肩与路面衔接不平顺，致使路肩积水，引起路面边缘湿软，在行车作用下形成啃边。

3）沥青路面两边未设置路缘石或路基宽度不够。

（5）维修方法

1）可采用粒料加固路肩，使路肩平整坚实。

2）适当加宽路面或路面基层，并设置路缘石。

3）保持路肩应有的横坡，并使路面与路肩衔接平顺，以利于路面排水。

4）出现大面积啃边时，应挖除破损边缘，并适当挖深，采取局部加厚面层边部的办法修复。

（四）其他类

沥青路面其他类病害主要包括泛油、磨光、修补、冻胀、翻浆。

1. 泛油

（1）病害描述 泛油一般表现为路表面出现沥青膜，使路面发亮，高温时使路表发黏，可能产生轮印。

（2）病害程度

1）轻度泛油：泛油较少，只有在夏季高温天气才能观察到，对行车影响很小，称为轻度泛油，如图 3-8 所示。

2）重度泛油：泛油较多，对行车有较大影响，影响舒适性和安全性，会降低路表的抗滑性能；在夏季高温天气时会使路面发黏，并产生轮印，称为重度泛油，如图 3-9 所示。

图 3-8　轻度泛油

图 3-9　重度泛油

（3）计量方法 泛油的计量内容主要包括两项：①面积（m²）；②程度。如果同时发生泛油和磨光，则不重复计量。

（4）可能的形成原因

1）油石比过大。这是导致沥青路面泛油的一个重要原因。当沥青混合料油石比过大时，路面在受到高温或重压作用时，多余的沥青会被挤出，形成泛油现象。

2）沥青稠度偏低。沥青稠度偏低也会导致泛油现象的发生，这是因为稠度低的沥青在受到压力或温度作用时容易流动。

3）矿料用量不足。矿料用量不足同样会导致泛油现象的发生，这是因为矿料用量不足时，沥青在路面上的分布会不均匀，部分区域的沥青含量过高。

4）面层空隙率过小。此类泛油主要表现为当气温较高时，整个路段均产生泛油（包括轮迹带与非轮迹带，两者仅为严重程度有所不同），泛油后的路面光滑如镜，降雨后极易打滑。通过钻芯取样可知，出现该类泛油的路面，其面层内部空隙均被沥青充满，厚度方向上的沥青含量并没有显著差异。

该类泛油的产生机理：设计时确定的面层空隙率相对较小，气温较高时，沥青发生膨胀，将空隙填满后从路面向外溢出，产生泛油。由此可知，该类泛油产生的内因为面层空隙率过小，外因为高温。

5）压密作用。此类泛油主要表现为伴有显著车辙，泛油仅产生于轮迹带，油膜的分布相对均匀。由于伴有车辙病害，车辆不得不变道，并且降雨后易产生积水，造成交通事故隐患。

该类泛油的产生机理：混合料碾压不到位，在开放交通后受到重载车辆二次压密，导致混合料中的集料持续嵌挤，空隙变小，沥青胶浆由于受到挤压作用而在路面溢出，产生泛油。当气温较高时，沥青发生膨胀，泛油会更加严重。

6）动水压力作用。此类泛油的表现形式有两种：第一种形式为点状油斑，先小后大；第二种形式为带状泛油。其中，点状油斑的发展过程为：先产生直径 1~2cm 的油斑，产生位置为轮迹带；然后油斑不断变大、数量增加，直径可增加至 2~5cm，新增加的油斑同样在轮迹带上分布；经过不断发展，油斑的直径与数量均大幅增加，直至连成一片。带状泛油也在轮迹带上分布。经外观勘察及钻芯取样可知，产生该类泛油现象的路段，其混合料中沥青的用量多为正常值。

该类泛油的产生机理：路面上的积水在汽车轮胎作用下会产生一定的动水压力，该动水压力会伴随着车速的增加而变大。在车速很快的情况下，动水压力会将面层击透，使水进入面层，并汇集在面层的底部，此时继续受到行车荷载作用会使集料表面的沥青发生脱离，形成处于自由状态的沥青，这些沥青受水的作用后会向上发生迁移，最终在路面涌出，产生泛油，并使底部混合料松散。

7）施工不当。此类泛油主要表现为点状油斑与片状油膜，油斑和油膜的分布比较随机，无规律可循，表明该类泛油现象的产生和车辙没有关系。经钻芯取样可知，泛油处混合料的沥青含量相对较高。

该类泛油的产生机理比较复杂，无法统一。比较常见的产生该类泛油现象的原因包括集料发生离析、矿料实际含水率超标、基层顶面被油类物质污染等。

（5）维修方法

1）出现轻度泛油时，可撒布 3~5mm 粒径的碎石或粗砂，并采用压路机或行车碾压。

2）出现重度泛油，未发生沥青的迁移现象时，可采用下列方法进行处治：

① 先撒布 5~10mm 粒径的碎石，然后采用压路机碾压；待稳定后，再撒布 3~5mm 粒径的碎石或粗砂，再采用压路机或行车碾压。

② 先撒布 10~15mm 粒径或更大粒径的碎石，然后采用压路机强力压入路面；待稳定后，再撒布 3~5mm 或 5~10mm 粒径的碎石，再采用压路机或行车碾压。

③ 将路面表面 1~2cm 厚的富油沥青层铣刨后，铺筑 1~2cm 的微表处、超薄罩面或薄层罩面。

3）因沥青面层的沥青用量偏高、矿料级配偏细或混合料空隙率偏低引起的路面泛油，可采用碎石封层、就地热再生、铣刨泛油面层后重铺等处治方式。

4）因沥青混合料水稳定性不良、空隙率偏大引起的沥青向上迁移型泛油，而沥青中、下面层的沥青含量较低，混合料处于松散状态，存在结构性破坏时，可采用铣刨沥青面层后重新铺筑的处治方式。

2. 磨光

（1）**病害描述**　磨光一般表现为粗集料表面变得光滑，棱角被磨掉，微观纹理丧失，与轮胎之间的摩擦系数降低，如图 3-10 所示，通常发生在轮迹带处。

（2）**病害程度**　沥青路面磨光病害不进行程度分级。

（3）**计量方法**　磨光的计量内容主要是面积（m^2）。如果同时发生泛油和磨光，则不重复计量。

（4）**可能的形成原因**　造成磨光病害的主要原因是集料的磨光值过小。

（5）**维修方法**　磨光可不处治，或采用封层类处治、薄层罩面、铣刨重铺等维修方法。

3. 修补

（1）**病害描述**　修补一般表现为因破损或病害而采取措施进行处治的区域，在路表外观上已经修补的部分与其他部分明显不同，如图 3-11 所示。

图 3-10　磨光

图 3-11　修补

（2）**病害程度**　沥青路面修补病害不进行程度分级。

（3）**计量方法**　块状修补的计量内容主要是面积（m^2），条状修补应按长度（m）乘以影响宽度（0.2m）计算。如果单个修补同时存在不同形状的修补，则应分别计量。在计量修补时，修补范围内的其他病害都不再计量。如果修补范围很大，则不应计为修补，如长度大于 5m 的车道修复不计为修补。修补范围内再次发生的损坏，应按新的损坏类型考虑。

（4）维修方法

1）不明显的修补可不处治。

2）比较明显的修补可采用清缝灌缝或开槽灌缝、部分深度修补或全深度修补（替换现有修补）等维修方法。

3）较严重修补可采用部分深度修补或全深度修补（替换现有修补）等维修方法。

4）土基造成的修补应在替换现有修补之前处治好。

4. 冻胀、翻浆

（1）病害描述　冻胀是指在冬季，路基下部的水分向上聚集并结冰，使路面局部或大面积隆起并开裂。翻浆是指在冬季，路基中冻胀范围内的结构化冻，使路基软化，路面出现"弹簧"、破裂、冒浆的现象。

（2）病害程度　沥青路面冻胀、翻浆病害不进行程度分级。

（3）计量方法　冻胀、翻浆的计量内容主要是面积（m²）。

（4）维修方法

1）对于冻胀，可将隆起的沥青路面铣刨平整，待春融后按翻浆处理的方法予以处治。

2）对于翻浆，可采用换填砂粒、打石灰梅花桩或水泥砂砾桩、加深边沟、顺路面边缘设置纵向盲沟、铣刨重铺面层、挖除基层全部松软的部分等维修方法。

（五）综合类病害分析

1. 路基结构不稳定

（1）典型病害现象　路基结构不稳定的典型病害现象有变形、沉陷、严重的纵向裂缝、唧浆等。

（2）病害位置调查情况　对该类病害的病害位置进行调查，主要情况有：①路表面破坏严重，纵向裂缝较长；②路基土含水率较大，土质不均匀；③路基土强度不足。

（3）主要原因分析　导致该类病害的主要原因有：①温度应力导致路基拼接缝开裂；②路基土质不良导致不均匀沉陷；③软土地基结构承载能力不足。

2. 基层结构破坏

（1）典型病害现象　基层结构破坏的典型病害现象有龟裂、块裂、横向裂缝、纵向裂缝、严重的车辙、唧浆等。

（2）病害位置调查情况　对该类病害的病害位置进行调查，主要情况有：①病害发展至基层；②基层松散；③路面结构强度不足；④基层材料的无侧限抗压强度偏低；⑤裂缝的发展形态为下宽上窄。

（3）主要原因分析　导致该类病害的主要原因有：①基层结构发生疲劳破坏；②温度应力导致基层开裂；③水分渗入基层产生水损坏。

3. 沥青面层结构破坏

（1）典型病害现象　沥青面层结构破坏的典型病害有龟裂、块裂、横向裂缝、纵向裂缝、车辙、推移、坑槽等。

（2）病害位置调查情况　对该类病害的病害位置进行调查，主要情况有：①基层结构完整；②沥青面层整体开裂；③结构层厚度及空隙率变化较大；④面层与基层脱离；⑤面层沥青混合料劈裂强度偏低；⑥裂缝的发展形态为上宽下细；⑦渗透率偏大。

（3）主要原因分析　导致该类病害的主要原因有：①沥青面层产生温度应力裂缝；

②沥青面层产生疲劳裂缝；③沥青面层抗剪强度不足；④层间黏结不良；⑤沥青面层材料被压密或发生流动变形；⑥水损坏。

4. 沥青表面层性能衰减

（1）典型病害现象　沥青表面层性能衰减的典型病害有抗滑不良、泛油、松散、轻微车辙、细微裂缝等。

（2）病害位置调查情况　对该类病害的病害位置进行调查，主要情况有：①构造深度不足；②石料的磨光值较小；③表面层混合料的空隙率变小。

（3）主要原因分析　导致该类病害的主要原因有：①表面层材料压密变形；②表面层石料磨光；③表面层沥青黏附性下降；④表面层沥青老化变质。

案例分析

宁连高速公路路面养护维修案例

一、案例背景资料

1. 工程概况

宁连高速公路是指江苏境内南京至连云港的一条高速公路，该线路是 G25 长深高速公路的一段，北起连云港，南至南京，途经连云港、灌云、灌南、涟水、淮安、洪泽、盱眙、天长、南京。

2. 宁连高速公路路面使用状况调查

2010 年 6 月开始，江苏省交通科学研究院对宁连高速公路的路面使用状况进行了调查，调查结果显示：双向路面破损类型主要为修补、横向裂缝及松散、麻面，次要病害为坑槽；修补占病害折算面积的 78.42%，横向裂缝占病害折算面积的 12.98%，松散、麻面占病害折算面积的 8.56%，坑槽占病害折算面积的 0.04%。路面典型病害现场照片如图 3-12 所示。

二、案例分析要求

分析案例背景照片中 K69+660 连宁方向第三车道坑槽，K40+230 连宁方向横向裂缝，K59+730 宁连方向松散、麻面，K42+320 宁连方向第二车道修补的发生原因，并给出病害的处理方法。

三、案例分析过程

1. K69+660 连宁方向第三车道坑槽

（1）病害发生原因　本案例照片中显示的坑槽深度<25mm，为轻度坑槽。从照片可分析出坑槽的形成原因主要是水分渗入路面，在荷载作用下产生动水压力，造成沥青剥落和材料散失。

（2）病害的处理方法　由于该工程为高速公路，2006 年刚通车，故选择永久性维修方案，该路面基层完好，仅面层有坑槽，可进行部分深度修补。修补时按照"圆洞方补、斜洞正补"的原则划出所需修补坑槽的轮廓线。部分深度修补工艺流程如下：

1）标出要修补的区域，应稍微超出病害区域的边界。标出的区域形状应为矩形，与行车方向平行。然后用锯缝机、铣削机或钻机沿着修补区域的轮廓线进行切割。

2）挖出切割范围内的路面结构，包括粒料基层和路基，直至坚实的底层。开挖面应顺直、垂直、坚固。然后在开挖的垂直边缘和底面设置黏层。

a) K69+650宁连方向第三车道坑槽

b) K69+660连宁方向第三车道坑槽

c) K40+080宁连方向横向裂缝

d) K40+350宁连方向横向裂缝

e) K40+230连宁方向横向裂缝

f) K49+550宁连方向横向裂缝

g) K59+730宁连方向松散、麻面

h) K42+320宁连方向第二车道修补

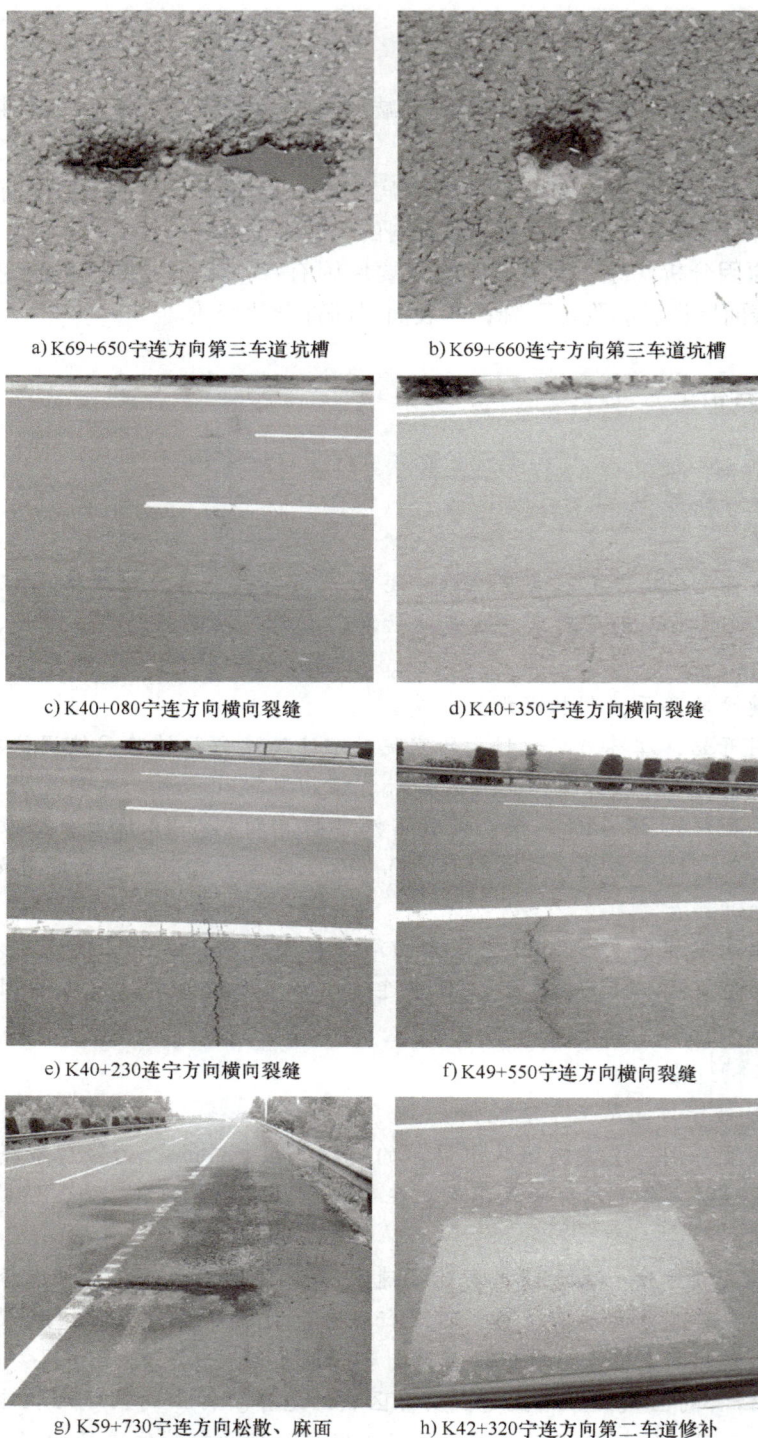

图3-12　路面典型病害

3）用新沥青混合料回填开挖区域。

2. K40+230 连宁方向横向裂缝

（1）病害发生原因　本案例照片中显示的未处治的横向裂缝，其主要裂缝宽度>5mm，缝壁轻微散落，无支缝，故为重度横向裂缝。由于裂缝表面缝隙较宽，判断为温度裂缝。温度裂缝通常是由于沥青老化、沥青黏度过高或集料与沥青的黏附性不足而引起，往往在冬季低温条件下产生。

（2）病害的处理方法

1）清缝灌缝工艺流程如下：使用热空气喷枪或压缩空气清理裂缝中的碎屑，然后灌入密封剂封缝。

2）开槽灌缝工艺流程如下：采用锯缝机或开槽机在裂缝集中处设置一道封料槽，然后填入密封剂。这一措施可以减少或防止水分与异物进入路面结构内部。

注意：清缝灌缝与开槽灌缝的工艺要求完全相同，唯一不同的是处理前对裂缝的准备工作。

3. K59+730 宁连方向松散、麻面

（1）病害发生原因　本案例照片显示集料和沥青散失严重，路面表面纹理非常粗糙，有大量微坑，故为重度松散、麻面。松散、麻面的形成原因可能是沥青用量偏低、低温施工、沥青老化、沥青与集料的黏附性不良等。

（2）病害的处理方法　照片中显示该重度松散、麻面是局部范围，可进行部分深度修补，修补方法同 K69+660 连宁方向第三车道坑槽的修补。

4. K42+320 宁连方向第二车道修补

（1）病害发生原因　本案例照片显示修补处于良好状态，基本无病害。

（2）病害的处理方法　可不处治。

本节小结

通过本节内容的学习，掌握沥青路面常见病害发生的原因和维修方法，能够进行沥青路面病害原因分析，提出合适的养护维修方法。本节案例以沥青路面病害分析为主，由于沥青路面病害种类较多，同一种病害存在多种可能原因，分析时往往容易混淆，所以分析时要有针对性，要针对具体的病害情况提出养护维修方法。本节内容为后续学习如何制订沥青路面养护维修方案打下基础。

3.3　沥青路面封层、功能性罩面及结构性补强

知识学习

一、封层

封层是采用专用设备将由沥青胶结料、粗（细）集料、其他添加材料组成的流动型混合料喷洒或摊铺在沥青路面上形成的加铺薄层，或将沥青胶结料、碎石、纤维同步或异步洒

（撒）布在沥青路面上形成的加铺薄层或应力吸收层。

1. 适用范围

封层适用于有轻微病害、存在病害隐患或尚未出现病害，路面技术状况优良以上且结构强度满足要求的沥青路面，可作为预防养护措施。

2. 封层类型

封层包括含砂雾封层、稀浆封层、微表处、碎石封层、纤维封层、复合封层等类型。

3. 含砂雾封层

（1）作用　含砂雾封层是采用专用高压喷洒设备将由乳化沥青基或煤焦油基材料、陶土、聚合物添加剂、细砂组成的混合料喷洒在沥青路面上形成的封层，起到封闭路面微裂缝、防止松散石料脱落、阻止水分下渗的作用，并能延缓路面沥青老化、降低沥青面层温度、保持路面抗滑性能，还可起到冬季路面抗凝冰、吸收净化汽车尾气等功能作用可显著改善路面外观。

（2）适用范围　含砂雾封层适用于表面有松散麻面、渗水、沥青老化且抗滑性能较好的沥青路面，但不适用于由酸性岩石、鹅卵石等破碎集料铺筑的沥青路面，其适用的各等级公路路况水平应符合表 3-19 的规定。

表 3-19　含砂雾封层适用的各等级公路路况水平

路况指数	高速公路	一级及二级公路	三级及四级公路
PCI、RQI、RDI	≥90	≥88	≥85
SRI	≥75	≥70	—

（3）材料要求

1）含砂雾封层用胶结料可采用乳化沥青基或煤焦油基，并掺加聚合物、矿物等成分，具有良好的还原、渗透和抗老化性能，且具有与砂良好的黏附性。含砂雾封层胶结料技术要求应符合表 3-20 的规定。

表 3-20　含砂雾封层胶结料技术要求

检测指标	技术要求
残留物含量（%）	≥56
干燥时间/h	≤2（60℃）/6（20℃）
黏结强度/MPa	≥0.15
布氏黏度（25℃，Pa·s）	≥2.5

2）含砂雾封层用细粒砂可采用石英砂、金刚砂或机制砂，机制砂宜采用专用的制砂机制造，并选用优质的玄武岩生产，细粒砂的细度应为 30～50 目。

3）含砂雾封层施工时可掺入一定比例的水，水质应符合三类及三类以上水质标准。

4）含砂雾封层可掺入具有路面夏季降温、冬季融冰功能的添加材料，其掺入不应对含砂雾封层材料的性能产生不利影响，未经试验验证的添加材料不得使用。

5）对含砂雾封层混合料组成应进行设计。

（4）施工要求

1）含砂雾封层混合料的洒布量应根据原路面技术状况、表面致密程度、粗糙度、路面渗水情况、松散麻面情况合理确定，并应符合下列规定：

① 表面致密、轻微渗水、轻度松散麻面的路面，可减少含砂雾封层混合料的洒布量，并采用单层洒布，其洒布量应为 $0.9 \sim 1.2 kg/m^2$。

② 表面粗糙、较重渗水、空隙率较大、重度松散麻面且贫油的路面，应增加含砂雾封层混合料的洒布量，并采用双层洒布，其洒布量应为 $1.2 \sim 1.8 kg/m^2$，其中第一层洒布量为 $0.7 \sim 1 kg/m^2$，第二层洒布量为 $0.5 \sim 0.8 kg/m^2$。

2）含砂雾封层应采用专用的洒布设备进行喷洒，并在喷洒时保持稳定的洒布速度和洒布量，保证洒布宽度且喷洒均匀，并应符合下列规定：

① 洒布设备的喷嘴应适用于喷洒材料的稠度，确保呈雾状，与洒油管保持 $15° \sim 25°$ 的夹角。洒油管的高度应使同一地点接受 $2 \sim 3$ 个喷嘴的喷洒，不得出现花白条或条状，也不得有堆积。

② 喷洒不足的应补洒，喷洒过量处应予清除。洒布车不易到达的部位，可采用人工喷洒。

3）含砂雾封层喷洒的起点和终点位置宜预铺油毛毡，以保证边缘整齐。为避免污染标线，应在施工前对道路人工构造物、路缘石、标线等外露部分施以防污染遮盖，不得在气温低于 $10℃$、雨天、路面潮湿的情况下施工。

4）含砂雾封层的养护时间应根据材料的品种和气候条件确定，未干燥成型前严禁车辆和行人通行，待干燥后方可开放交通。

5）含砂雾封层施工中应对其混合料和现场施工质量进行抽样检测，检测项目、检测频率、质量要求或允许偏差应符合表 3-21 的规定。

表 3-21　含砂雾封层施工过程控制要求

检测项目	检测频率	质量要求或允许偏差
稳定性（%）	1 次/车	≤15
耐磨性/（g/m^2）	1 次/3 个工作日	≤600
外观	全线连续	表面喷洒均匀，无积聚
洒布量/（kg/m^2）	1 次/工作日	±0.1

6）含砂雾封层施工的工程验收标准应符合表 3-22 的规定。

表 3-22　含砂雾封层施工的工程验收标准

检测项目		检测频率	质量要求或允许偏差
渗水系数/（mL/min）		5 个点/km	≤10
抗滑性能	摆值 F_b（BPN）	5 个点/km	不低于原路面
	构造深度 TD	5 个点/km	（$TD_{施工前} - TD_{施工后}$）/$TD_{施工前} \leq 20\%$
宽度/mm		5 个点/km	不小于设计值

4. 稀浆封层

（1）作用　稀浆封层是采用专用设备将乳化沥青、粗（细）集料、填料、水和添加剂等，按设计配合比拌和成稀浆混合料摊铺到沥青路面上形成的封层，其作用主要包括防水、形成磨耗层、填充和调平等。

（2）适用范围　稀浆封层适用于二级及二级以下公路的沥青路面，其适用的各等级公路路况水平应符合表 3-23 的规定。

表 3-23　稀浆封层适用的各等级公路路况水平

路况指数	二级公路	三级及四级公路
PCI、RQI、RDI	≥85	≥80

（3）材料要求

1）稀浆封层可采用乳化沥青，其技术指标应符合表 3-24 的规定。

表 3-24　稀浆封层用乳化沥青技术指标

检测指标		单位	BC-1	BA-1
筛上剩余量（1.18mm 筛）		%	≤0.1	≤0.1
电荷		—	阳离子正电（+）	阴离子负电（−）
恩格拉黏度 E_{25}		—	2 ~ 30	2 ~ 30
赛波特黏度 $C_{25,3}$		s	10 ~ 60	10 ~ 60
蒸发残留物含量		%	≥55	≥55
蒸发残留物性质	针入度（100g，25℃，5s）	0.1mm	45 ~ 150	45 ~ 150
	延度（15℃）	cm	≥40	≥40
	溶解度（三氯乙烯）	%	≥97.5	≥97.5
储存稳定性	1d	%	≤1	≤1
	5d	%	≤5	≤5

注：1. 乳化沥青黏度以恩格拉黏度为准，条件不具备时也可采用沥青标准黏度。

　　2. 储存稳定性根据施工实际情况选择试验天数，通常采用 5d，乳化沥青生产后能在第二天使用完时也可选用 1d。

2）稀浆封层用矿料可采用不同规格的粗（细）集料掺配而成，粗集料应选择坚硬、粗糙、耐磨、洁净的集料，细集料宜采用碱性石料生产的机制砂，其质量要求应满足表 3-25 的规定。

表 3-25　稀浆封层用矿料质量要求

材料名称	检测指标	单位	质量要求	备注
粗集料	石料压碎值，不大于	%	28	—
	洛杉矶磨耗损失，不大于	%	30	—
	坚固性，不大于	%	12	—
	针片状颗粒含量，不大于	%	18	—

（续）

材料名称	检测指标	单位	质量要求	备注
细集料	坚固性，不大于	%	—	>0.3mm 部分
	砂当量，不小于	%	50	合成矿料中<4.75mm 部分

注：稀浆封层用于四级公路时，粗（细）集料的质量要求可参照《公路沥青路面施工技术规范》（JTG F40—2004）适当放宽。

3）稀浆封层用填料可采用矿粉、水泥、消石灰等，应干燥、疏松、无结团，并符合《公路沥青路面施工技术规范》（JTG F40—2004）的有关规定。稀浆封层填料的掺加量通过混合料设计试验确定，矿粉的主要作用是改善矿料级配，水泥、消石灰等具有化学活性的填料的主要作用是调整稀浆混合料的可拌和时间、成浆状态和成型速度等。

4）稀浆封层用添加剂的种类与添加量通过混合料设计试验确定，其主要作用是调节稀浆混合料的可拌和时间、破乳速度、成型与开放交通时间等，并在一定程度上改变混合料的路用性能。添加剂可采用无机盐类添加剂、有机类添加剂等，添加剂的掺加不得对混合料的性能产生不利影响，未经试验验证的添加剂不得在施工中采用。

5）稀浆封层施工时可掺入一定比例的水，水质应符合三类及三类以上水质标准。

（4）混合料的类型　按矿料粒径的不同，稀浆封层混合料可分为 ES-1 型、ES-2 型和 ES-3 型。ES-3 型稀浆封层适用于二级公路沥青路面的预防养护和新建、改扩建公路沥青路面的下封层，ES-2 型稀浆封层适用于二级及二级以下公路沥青路面的预防养护和新建、改扩建公路沥青路面的下封层，ES-1 型稀浆封层适用于三级及四级公路沥青路面的预防养护。

稀浆封层混合料的类型应根据使用要求、原路面状况、交通量、气候条件等因素选择，并进行混合料配合比设计、路用性能试验和设计参数的测试，根据试验结果确定混合料配合比。稀浆封层混合料的矿料级配范围应符合表 3-26 的规定。

表 3-26　稀浆封层混合料的矿料级配范围

级配类型	通过下列筛孔（mm）的质量百分率（%）								单层的适宜厚度/mm
	9.5	4.75	2.36	1.18	0.6	0.3	0.15	0.075	
ES-1	—	100	90~100	65~90	40~65	25~42	15~30	10~20	2.5~3
ES-2	100	90~100	65~90	45~70	30~50	18~30	10~21	5~15	4~7
ES-3	100	70~90	45~70	28~50	19~34	12~25	7~18	5~15	8~10
波动范围	—	±5	±5	±5	±5	±4	±3	±2	

（5）混合料的使用性能要求　稀浆封层混合料的使用性能要求应符合表 3-27 的规定。

表 3-27　稀浆封层混合料的使用性能要求

检测指标		单位	使用性能要求	
			快开放交通型	慢开放交通型
可拌和时间（25℃），不小于		s	120	180
黏聚力试验，不小于	30min（初凝时间）	N·m	1.2	—
	60min（开放交通时间）		2.0	—

（续）

检测指标	单位	使用性能要求	
		快开放交通型	慢开放交通型
负荷车轮黏附砂量，不大于	g/m²	450	
浸水 1h 湿轮磨耗，不大于	g/m²	800	

注：用于轻交通量的公路沥青路面预防养护时，可不作黏附砂量指标的要求。

（6）施工要求

1）稀浆封层的施工气温不得低于 10℃，路面温度和气温均在 7℃ 以上并继续升温时，允许施工。施工后 24h 内可能产生冻结的，不得施工。严禁在雨天施工。摊铺后未成型混合料遇雨时，应在雨后及时进行检查，如有局部轻度损坏，待路面干硬后，采用人工修补；如损坏较严重，应在路面强度较低的情况下，将雨前摊铺层铲除，重新摊铺。

2）稀浆封层应采用稀浆封层车进行作业，摊铺时应拌和充分、摊铺均匀、摊铺速度稳定，宜采用自卸汽车供料，乳化沥青、水、添加剂等可采用专用罐车供料，以保证供料及时和连续生产。

3）稀浆封层已摊铺的稀浆混合料不应有过量的水分和乳化沥青，也不应出现乳化沥青与集料分离的现象。摊铺专用机械不能到达的地方，应用人工刮板封层，应确保表面平整，人工作业的质量应与摊铺效果相同。

4）稀浆封层两幅的纵缝搭接宽度不宜大于 80mm，且宜设置在车道线处；横向接缝宜做成对接缝，用 3m 直尺测量接缝处的平整度偏差不应大于 6mm。

5）稀浆封层铺筑后不得有超粒径料拖拉的严重划痕，横向接缝和纵向接缝处不得出现余料堆积或缺料现象。养护成型期内严禁车辆和行人进入，为缩短开放交通时间，可在稀浆混合料初凝后使用胶轮压路机碾压。经养护和初期交通碾压稳定的稀浆封层，在行车作用下应不飞散且完全密水。

6）稀浆封层施工中应对稀浆混合料和现场施工质量进行抽样检测，检测项目、检测频率、质量要求应符合表 3-28 的规定。

表 3-28　稀浆封层施工过程控制要求

检测项目	检测频率	质量要求
稠度	1 次/100m	适中
沥青用量	1 次/工作日	施工配合比的沥青用量±0.2%
矿料级配	1 次/工作日	满足施工配合比的矿料级配要求
浸水 1h 湿轮磨耗	1 次/7 个工作日	≤800g/m²
外观	全线连续	表面平整、均匀，无离析，无划痕
横向接缝	每条	对接平顺
边线	全线连续	任一 30m 长度范围内的水平波动不得超过±50mm

注：矿料级配满足施工配合比的矿料级配要求，是指矿料级配不超出相应级配类型要求的各筛孔通过率的上（下）限，且以施工配合比的矿料级配为基准，实际级配中各筛孔通过率不超过表 3-26 规定的允许波动范围。

7）稀浆封层施工的工程验收标准应符合表 3-29 的规定。

表 3-29　稀浆封层施工的工程验收标准

检测项目		检测频率	质量要求或允许偏差
厚度/mm	均值	5 个断面/km	不小于设计值
	合格值		设计厚度−10%
渗水系数/(mL/min)		5 个点/km	≤10
纵向接缝高差/mm		全线连续	≤6
抗滑性能	摆值 F_b（BPN）	5 个点/km	符合设计要求
	构造深度/mm	5 个点/km	
宽度/mm		5 个点/km	不小于设计值

5. 微表处

（1）作用　微表处是采用专用设备将改性乳化沥青、粗（细）集料、填料、水和添加剂等，按设计配合比拌和成稀浆混合料摊铺到沥青路面上，形成可快速开放交通的具有高防滑性能和高耐久性能的封层。其作用有：增加防水面，阻止水分下渗；形成磨耗层；提高抗滑性能；提高路面平整度和美观度；防止路面发生老化与松散，从而有效地延长路面的使用寿命；填补已经稳定的车辙。

沥青微表处施工

（2）适用范围　微表处适用于需要改善抗滑等使用性能的二级及二级以上公路的沥青路面。

（3）材料要求

1）微表处应采用阳离子型改性乳化沥青，改性剂剂量（改性剂有效成分占纯沥青的质量百分比）不宜小于 3%，其技术要求应符合表 3-30 的规定。

表 3-30　微表处用改性乳化沥青技术要求

检测指标		指标范围
筛上剩余量（1.18mm 筛）（%）		≤0.1
电荷		阳离子正电（+）
恩格拉黏度 E_{25}		3～30
赛波特黏度 $C_{25,3}$/s		12～60
蒸发残留物含量（%）		≥60
蒸发残留物性质	针入度（100g，25℃，5s）（0.1mm）	40～100
	软化点/℃	≥53
	延度（5℃）/cm	≥20
	溶解度（三氯乙烯）（%）	≥97.5

（续）

检测指标		指标范围
储存稳定性	1d（%）	≤1
	5d（%）	≤5

注：南方炎热地区、重载交通道路及用于填补车辙时，蒸发残留物的软化点应不低于57℃。

2）微表处用矿料可采用不同规格的粗（细）集料、矿粉等掺配而成，粗集料应选择坚硬、粗糙、耐磨、洁净的集料，细集料宜采用碱性石料生产的机制砂，其质量要求应满足表3-31的规定。

表3-31　微表处用矿料质量要求

材料名称	项目	质量要求	备注
粗集料	石料压碎值，不大于（%）	26	—
	洛杉矶磨耗损失，不大于（%）	28	—
	石料磨光值，不大于（BPN）	42	—
	坚固性，不大于（%）	12	—
	针片状含量，不大于（%）	15	—
细集料	坚固性，不大于（%）	12	>0.3mm 部分
矿粉	砂当量，不大于（%）	65	合成矿料中<4.75mm 部分

3）微表处用填料可采用矿粉、水泥、消石灰等，应干燥、疏松、无结团，并符合《公路沥青路面施工技术规范》（JTG F40—2004）的有关规定。

4）微表处用添加剂可采用无机盐类添加剂、有机类添加剂等，添加剂的掺加不得对混合料性能产生不利影响，未经试验验证的添加剂不得在施工中采用。

5）掺入微表处的纤维的类型可选用玻璃纤维、聚酯纤维、矿物纤维或玄武岩纤维，状态为卷轴式纤维盘，长度为6mm、8mm 或12mm。

6）同步微表处黏层材料应采用符合《公路沥青路面施工技术规范》（JTG F40—2004）规定的改性乳化沥青，其蒸发残留物含量不应小于62%。

7）微表处施工时可掺入一定比例的水，水质应符合三类及三类以上水质标准。

（4）混合料的类型　按矿料粒径的不同，微表处混合料可分为 MS-2 型和 MS-3 型，MS-3型微表处适用于高速公路及一级公路沥青路面的预防养护，MS-2 型微表处适用于中等交通量的高速公路、一级及二级公路沥青路面的预防养护。

微表处混合料的类型应根据使用要求、原路面状况、交通量、气候条件等因素选择，并进行混合料配合比设计、路用性能试验和设计参数的测试，根据试验结果确定混合料配合比。微表处混合料的矿料级配范围应符合表3-32的规定。对于单层微表处混合料的适宜厚度的要求，MS-2 型和 MS-3 型分别与表3-26 中 ES-2 型和 ES-3 型的厚度要求相同。

表 3-32　微表处混合料的矿料级配范围

级配类型	通过下列筛孔（mm）的质量百分率（%）							
	9.5	4.75	2.36	1.18	0.6	0.3	0.15	0.075
MS-2	100	90~100	65~90	45~70	30~50	18~30	10~21	5~15
MS-3	100	70~90	45~70	28~50	19~34	12~25	7~18	5~15
波动范围	—	±5	±5	±5	±5	±4	±3	±2

用于车辙填补的微表处混合料配合比设计，其矿料级配宜在 MS-3 型级配范围的中值和下限之间，并符合表 3-33 的规定。

表 3-33　微表处车辙填补的矿料级配范围

级配类型	通过下列筛孔（mm）的质量百分率（%）							
	9.5	4.75	2.36	1.18	0.6	0.3	0.15	0.075
车辙填补	100	70~80	45~58	28~39	19~27	12~19	7~13	5~8
波动范围	—	±5	±5	±5	±5	±4	±3	±2

（5）混合料的使用性能要求　微表处混合料的使用性能要求应符合表 3-34 的规定。

表 3-34　微表处混合料的使用性能要求

检测指标		单位	使用性能要求
可拌和时间（25℃），不小于		s	120
黏聚力试验，不小于	30min（初凝时间）	N·m	1.2
	60min（开放交通时间）		2.0
负荷车轮黏附砂量，不大于		g/m²	450
浸水 1h 湿轮磨耗，不大于		g/m²	540
浸水 6h 湿轮磨耗，不大于			800
轮辙变形试验的宽度变化率，不大于		%	5
配伍性等级值，不小于		—	11

注：1. 用于轻交通量公路沥青路面的预防养护时，可不作黏附砂量指标的要求。
　　2. 不用于车辙填补的微表处混合料，不作轮辙变形试验的要求。

（6）施工要求

1）微表处应采用专用摊铺机摊铺，微表处用摊铺机的拌和箱应为大功率双轴强制搅拌式，摊铺箱应带有两排布料器，摊铺机应具有精确计量系统并可记录或显示矿料、改性乳化沥青等的用量。

2）掺入纤维的微表处应采用同步微表处摊铺机进行黏层喷洒、纤维切割添加和微表处摊铺的同步施工。原路面表面光滑时，宜采用同步微表处摊铺机进行黏层喷洒和微表处摊铺的同步施工；过于光滑的原路面表面可采用拉毛处理，要保证微表处与原路面黏结良好、不脱落。

3）微表处施工环境要求以及拌和、摊铺、供料、人工找补、纵横缝搭接、养护等工艺应按《公路沥青路面养护技术规范》（JTG 5142—2019）第 8.3.6 条~第 8.3.10 条的有关规定执行。

4）深度不大于 15mm 的不规则车辙或轻度车辙，可按要求一次性全宽刮平摊铺；深度为 15~30mm 的车辙填补应采用专用的 V 形摊铺箱按两层进行摊铺，施工时宜在第一层摊铺完开放交通 24h 后进行第二层摊铺。

5）微表处施工中应对稀浆混合料和现场施工质量进行抽样检测，检测项目、检测频率、质量要求应符合表 3-35 的规定。

表 3-35　微表处施工过程控制要求

检测项目	检测频率	质量要求
稠度	1 次/100m	适中
沥青用量	1 次/工作日	施工配合比的沥青用量±0.2%
矿料级配	1 次/工作日	满足施工配合比的矿料级配要求
浸水 1h 湿轮磨耗	1 次/7 个工作日	≤540g/m²
外观	全线连续	表面平整、均匀，无离析，无划痕
横向接缝	每条	对接平顺
边线	全线连续	任一 30m 长度范围内的水平波动不得超过±50mm

6）微表处施工的工程验收标准应符合表 3-36 的规定。

表 3-36　微表处施工的工程验收标准

检测项目		检测频率	质量要求或允许偏差
厚度/mm	均值	5 个断面/km	不小于设计值
	合格值		设计厚度-10%
渗水系数/(mL/min)		5 个点/km	≤10
纵向接缝高差/mm		全线连续	≤6
抗滑性能	摆值 F_b（BPN）	5 个点/km	≥45
	横向力系数	连续检测	≥54
	构造深度/mm	5 个点/km	≥0.6
宽度/mm		5 个点/km	不小于设计值

6. 碎石封层

（1）作用　碎石封层是采用专用设备将沥青胶结料、碎石同步或异步洒（撒）布在沥青路面上形成的封层。其作用包括：提高路面抗滑性能，提高行驶安全性；提高路面防水性能，减少路面水损害；形成磨耗层，防止路面发生老化；可对小型裂缝及路面不完整部分进行填封；改善路面纹理结构。

（2）适用范围　碎石封层适用于需要改善抗滑等使用性能的二级及二级以下公路的沥青路面，其适用的各等级公路路况水平应符合表 3-37 的规定；也可在各等级公路加铺功能性罩面，进行结构性补强、桥隧沥青铺装、水泥混凝土路面沥青铺装等场合中，用作需要起到应力吸收作用的黏结防水层。

表 3-37 碎石封层适用的各等级公路路况水平

路况指数	二级公路	三级及四级公路
PCI、RQI、RDI	≥80	≥75

（3）分类 碎石封层按使用的沥青胶结料类型，可分为（改性）热沥青碎石封层和（改性）乳化沥青碎石封层；按采用的施工工艺，可分为同步碎石封层和异步碎石封层；按洒布沥青胶结料和撒布碎石的层次，可分为单层式碎石封层、双层式碎石封层、三明治式碎石封层，其中双层式碎石封层注重上、下层碎石的嵌挤效果，应采用嵌挤式结构；按碎石粒径的不同，碎石封层可分为砂粒式、细粒式和中粒式三类，其对应的碎石规格最大粒径不应大于 5mm、10mm 和 15mm。

（4）材料要求

1）碎石封层用胶结料可采用（改性）乳化沥青、热沥青等，用于预防养护的乳化沥青的蒸发残留物含量不应小于 55%，改性乳化沥青的蒸发残留物含量不应小于 60%；其他指标和用作黏结防水层的技术指标应符合《公路沥青路面施工技术规范》（JTG F40—2004）的有关规定。

2）碎石封层应选择由坚硬耐磨的玄武岩、辉绿岩、石灰岩等岩石破碎而成的单一粒径碎石，其最小粒径与最大粒径之比应为 0.6~0.7，压碎值不应大于 20%，针片状颗粒含量不应大于 10%，其他技术指标应符合《公路沥青路面施工技术规范》（JTG F40—2004）的有关规定。

3）碎石封层的碎石用量和胶结料用量应根据原路面的表面状况、交通量、施工经验、施工季节等，并结合碎石粒径和施工层数进行确定。单层式碎石封层用材料的规格和用量应符合表 3-38 的规定，双层式碎石封层用材料的规格和用量应符合表 3-39 的规定。

表 3-38 单层式碎石封层用材料的规格和用量

碎石规格/mm		碎石用量/（m³/1000m²）	乳化沥青用量/（kg/m²）	热沥青用量/（kg/m²）
砂粒式	1~3	2~5	0.9~1.2	—
	3~5	4~7	1.2~1.5	—
细粒式	5~8	6~9	1.5~1.8	0.9~1.2
	7~10	8~11	1.8~2.1	1.1~1.4
中粒式	9~12	10~13	2.1~2.4	1.4~1.7
	12~15	13~16	2.4~2.7	1.7~2

表 3-39 双层式碎石封层用材料的规格和用量

碎石规格/mm		碎石用量/（m³/1000m²）		乳化沥青用量/（kg/m²）		热沥青用量/（kg/m²）	
第一层	第二层	第一层	第二层	第一层	第二层	第一层	第二层
7~10	3~5	6~9	2~5	1.2~1.5	0.7~1	1.2~1.5	0.4~0.7
9~12	5~8	9~12	4~7	1.5~1.8	1~1.3	1.5~1.8	0.7~1
12~15	7~10	12~15	6~9	1.8~2.1	1.3~1.6	1.8~2	1~1.3

（5）施工要求

1）碎石封层所用碎石宜采用沥青拌和站进行沥青预裹覆或烘干除尘处理。预裹覆的沥青可与碎石封层喷洒的沥青类型不同，道路石油沥青的拌和温度为140℃，预裹覆碎石的沥青用量应符合表3-40的规定。采用烘干除尘处理的碎石铺筑（改性）乳化沥青碎石封层，宜在沥青胶结料洒布和碎石撒布后，在碎石表面再喷洒沥青胶结料。

表3-40 预裹覆碎石的沥青用量

碎石规格/mm	3~5	5~8	7~10	9~12	12~15
沥青用量（质量比，%）	0.4	0.35	0.3	0.25	0.2

2）碎石封层宜采用同步碎石封层车施工，并同步完成胶结料和碎石的洒（撒）布；条件不具备时，也可采用沥青洒布车和碎石撒布车异步施工方法，异步施工应确保工序的紧密衔接，每个作业段的长度应根据施工能力确定。

3）碎石封层施工前，应彻底清除原路面的泥土、杂物并保持相对干燥，有坑槽、裂缝等病害的路面应进行处治，旧沥青面层老化严重时应喷洒一层渗透性较好的沥青再生剂或再生还原剂，路面整体强度不足时应进行补强。

4）碎石封层施工应结合原路面状况，选用合适的沥青用量进行洒布，采用的沥青洒布温度应根据黏温曲线确定，不具备条件时可参考《公路沥青路面施工技术规范》（JTG F40—2004）进行取值，乳化沥青采用常温洒布。

5）碎石封层施工过程如发现空白、缺边等洒（撒）布数量不足的情况，应及时人工补洒（撒）胶结料和碎石，胶结料积聚的应予以刮除。

6）异步碎石封层施工洒布胶结料后应及时撒布碎石，使用乳化沥青时，碎石撒布应在乳化沥青破乳之前完成。碎石撒布应及时均匀、厚度一致，不应露出胶结料；局部缺料或料过多处，应人工适当找补或清除。

7）碎石撒布完成后应及时使用胶轮压路机进行碾压，压路机的行驶速度不宜超过3km/h。

8）乳化沥青碎石封层应待破乳、水分蒸发并基本成型后方可通车，（改性）沥青碎石封层在碾压结束后即可开放交通，并通过开放交通补充压实、成型稳定。在通车初期应设置限速设施控制行车速度，限制行车速度不得超过20km/h

9）应做好碎石封层的初期养护，发现有泛油时，应在泛油处补撒碎石并扫匀，过多的浮料应扫出路外。

10）碎石封层施工中应对其现场施工质量进行抽样检测，检测项目、检测频率、质量要求应符合表3-41的规定。碎石封层施工的工程验收标准应符合表3-42的规定。

表3-41 碎石封层施工过程控制要求

检测项目	检测频率	质量要求
外观	全线连续	胶结料无明显积聚、流淌或漏洒，碎石无明显积聚、漏撒
胶结料洒布量/（kg/m²）	1次/工作日	设计值±0.2
胶结料洒布温度	1次/工作日	符合设计要求
碎石撒布量/（kg/m²）	1次/工作日	设计值±0.5

表 3-42　碎石封层施工的工程验收标准

检测项目	检测频率	质量要求或允许偏差
碎石剥落率 P	5 个点/km	≤10%
碎石覆盖率 Q	5 个点/km	90%±10%（预防养护） 80%±10%（黏结防水层）
构造深度/mm	5 个点/km	≥0.8
宽度/mm	5 个点/km	不小于设计值

7. 纤维封层

（1）作用　纤维封层是采用专用设备在沥青路面上同步洒（撒）布一层改性乳化沥青、纤维和一层改性乳化沥青，之后撒布碎石形成的封层。纤维封层的作用主要是提高路面的耐磨性、防水性、稳定性以及施工速度。

（2）适用范围　纤维封层适用于需要改善抗滑等使用性能的二级及二级以下公路的沥青路面，其适用的各等级公路路况水平应符合表 3-43 的规定；也可在各等级公路加铺功能性罩面，进行结构性补强、桥隧沥青铺装、水泥混凝土路面沥青铺装等，用作需要起到应力吸收作用的黏结防水层。

表 3-43　纤维封层适用的各等级公路路况水平

路况指数	二级公路	三级及四级公路
PCI、RQI、RDI	≥80	≥75

（3）材料要求

1）纤维封层用胶结料应采用改性乳化沥青，其蒸发残留物含量不应小于 60%，其他指标应符合《公路沥青路面施工技术规范》（JTG F40—2004）的有关规定。

2）纤维封层用纤维应具有高抗拉性能和高弹性模量，其类型可采用玻璃纤维、矿物纤维或玄武岩纤维，纤维长度宜为 6cm，状态宜为卷轴式纤维盘。

3）纤维封层应选择由坚硬耐磨的玄武岩、辉绿岩等岩石破碎而成的单一粒径碎石。

4）纤维封层的碎石用量、胶结料用量和纤维用量应根据原路面的表面状况、交通量、施工经验、施工季节等，结合碎石粒径和封层类型确定，其碎石用量和胶结料用量可按碎石封层的要求确定。

（4）施工要求

1）纤维封层施工前，应彻底清除原路面的泥土、杂物并保持相对干燥，有坑槽、裂缝等严重病害的路面应进行修补，路面整体强度不足时应进行补强。

2）用纤维封层专用设备洒布改性乳化沥青后，紧接着撒布碎石层，碎石层撒布完成后应及时使用胶轮压路机进行碾压，压路机的行驶速度不宜超过 3km/h。

3）纤维封层应待改性乳化沥青破乳、水分蒸发并基本成型后方可通车，并做好纤维封层的初期养护，在通车初期应设置限速设施控制行车速度，限制行车速度不得超过 20km/h。

4）纤维封层施工中应对其现场施工质量进行抽样检测，检测项目、检测频率、质量要求应符合表 3-44 的规定。纤维封层施工的工程验收标准应符合表 3-45 的规定。

表 3-44 纤维封层施工过程控制要求

检测项目	检测频率	质量要求
外观	全线连续	改性乳化沥青无明显积聚、流淌或漏洒；纤维无明显积聚，交错与搭接均匀；碎石无明显积聚、漏撒
胶结料洒布量/(kg/m²)	1 次/工作日	设计值±0.2
纤维撒布量/(g/m²)	1 次/工作日	设计值±5
碎石撒布量/(kg/m²)	1 次/工作日	设计值±0.5

表 3-45 纤维封层施工的工程验收标准

检测项目	检测频率	质量要求或允许偏差
碎石剥落率 P	5 个点/km	≤10%
碎石覆盖率 Q	5 个点/km	90%±10%（预防养护） 80%±10%（黏结防水层）
构造深度/mm	5 个点/km	≥0.8
宽度/mm	5 个点/km	不小于设计值

8. 复合封层

（1）作用 复合封层是由碎石封层或纤维封层+微表处，或由碎石封层+稀浆封层组合而成的封层。复合封层的主要作用包括增加防水面、提高抗滑性能、提高稳定性、形成磨耗层、填充和调平等。

（2）适用范围 复合封层适用于需要改善抗滑等使用性能的各等级公路的沥青路面。碎石封层或纤维封层+微表处适用于二级及二级以上公路，碎石封层+稀浆封层适用于二级及二级以下公路。复合封层适用的各等级公路路况水平应符合表 3-46 的规定。

表 3-46 复合封层适用的各等级公路路况水平

路况指数	高速公路	一级及二级公路	三级及四级公路
PCI、RQI、RDI	≥80	≥75	≥70

（3）材料要求 复合封层的原材料技术要求应符合《公路沥青路面养护技术规范》（JTG 5142—2019）第 8.5.2 条、第 8.6.2 条、第 8.4.2 条、第 8.3.2 条的有关规定。

（4）施工要求 复合封层的施工与质量检验应分别符合碎石封层、纤维封层、微表处、稀浆封层的有关规定。复合封层施工的工程验收标准应符合表 3-47 的规定。

表 3-47 复合封层施工的工程验收标准

检测项目		检测频率	质量要求或允许偏差
厚度/mm	均值	5 个断面/km	不小于设计值
	合格值		设计厚度-10%
渗水系数/(mL/min)		5 个点/km	≤10

（续）

检测项目		检测频率	质量要求或允许偏差
纵向接缝高差/mm		全线连续	≤6
抗滑性能	摆值 F_b（BPN）	5个点/km	符合设计要求
	横向力系数		
	构造深度/mm		
宽度/mm		5个点/km	不小于设计值

二、功能性罩面

功能性罩面是在原沥青路面满足结构强度要求的情况下，为修复路面轻微病害、改善使用功能，铺筑的厚度小于60mm的加铺层。功能性罩面的共性特点：①原沥青路面的结构强度满足使用要求；②在原沥青路面上铺筑沥青混凝土加铺层；③铺筑厚度一般小于60mm，且不计入路面结构补强层；④对改善原沥青路面的使用性能（如减少网裂、提高平整度、提高抗滑性能、防止路面水下渗等）起到一定的作用。

沥青罩面摊铺

1. 适用范围

功能性罩面适用于需要预防或修复病害、改善抗滑等使用性能且结构强度满足使用要求的各等级公路的沥青路面，铺筑厚度小于40mm的功能性罩面可作为预防养护措施。

2. 类型

功能性罩面可采用铺筑厚度小于25mm的超薄罩面、不小于25mm且小于40mm的薄层罩面和不小于40mm且小于60mm的罩面等类型，应根据路面技术状况、主导损坏类型、交通量及组成、气候条件、工程经验等因素，合理确定功能性罩面的类型。

3. 一般规定

1）功能性罩面用沥青胶结料可采用热沥青、温拌或冷拌改性沥青，应根据路面损坏状况、改善使用功能、施工条件、工程经验等因素选用。沥青路面部分车道进行功能性罩面时，应做好横坡顺接，以保障排水顺畅。

2）功能性罩面应采用机械化作业，施工前应彻底清除原路面的泥土、杂物，保证原路面干净、干燥，并应符合下列规定：

① 对原路面损坏程度不超过轻度裂缝、轻度松散、轻微泛油，且高差不超过10mm的各类变形，可直接实施功能性罩面。

② 对原路面超过上述损坏程度的病害，应按《公路沥青路面养护技术规范》（JTG 5142—2019）第6章的有关规定进行原路面病害处治后，实施功能性罩面。

3）功能性罩面施工应按《公路沥青路面施工技术规范》（JTG F40—2004）的有关规定执行，并应符合下列规定：

① 功能性罩面与原路面层之间应设置具有应力吸收作用的黏结防水层，可对原路面进行拉毛处理，以保证功能性罩面与原路面层之间黏结良好而不脱落。

② 功能性罩面不应铺筑在逐年加铺的软沥青层上，也不应铺在与原路面黏结不良、即将脱皮的沥青薄层上，应先将其铲除与整平，再进行功能性罩面施工。

4. 超薄罩面

（1）适用范围 超薄罩面适用于需要预防或部分修复病害、改善抗滑等使用性能的沥青路面，其适用的各等级公路路况水平应符合表 3-48 的规定。

表 3-48 超薄罩面适用的各等级公路路况水平

路况指数	高速公路	一级及二级公路	三级及四级公路
PCI、RQI	≥85	≥80	≥75
RDI	≥80	≥75	≥70

（2）材料要求

1）超薄罩面宜采用热拌沥青混凝土，也可采用温拌或冷拌沥青混合料进行铺筑，其材料应符合下列规定：

① 沥青胶结料可采用高黏度改性沥青、橡胶改性沥青、温拌或冷拌改性沥青。高黏度改性沥青的技术要求应符合表 3-49 的规定，铺筑厚度不大于 1.5cm 的超薄罩面宜采用 60℃动力黏度不小于 100000Pa·s 的高黏度改性沥青；橡胶改性沥青的技术要求应符合表 3-50 的规定；温拌或冷拌改性沥青应经试验验证并符合相关产品标准。

表 3-49 高黏度改性沥青的技术要求

检测指标	单位	技术要求
针入度（25℃，5s，100g）	0.1mm	40～60
延度（5℃，5cm/min），不小于	cm	30
软化点 T，不小于	℃	75
135℃运动黏度，不大于	Pa·s	3
60℃动力黏度，不小于	Pa·s	20000
溶解度（三氯乙烯），不小于	%	99
离析，48h 软化点差，不大于	℃	2.5
弹性恢复（25℃），不小于	%	85
TFOT（或 RTFOT）后残留物		
质量损失	%	±0.5
针入度比（25℃），不小于	%	75
残留延度（5℃），不小于	cm	20

表 3-50 橡胶改性沥青的技术要求

检测指标	单位	技术要求
针入度（25℃，5s，100g）	0.1mm	30～60
延度（5℃，5cm/min），不小于	cm	20
软化点 T，不小于	℃	75

（续）

检测指标	单位	技术要求
180℃布氏黏度	Pa·s	2~4
离析，48h软化点差，不大于	℃	5
弹性恢复（25℃），不小于	%	75
TFOT（或RTFOT）后残留物		
质量损失	%	±0.5
针入度比（25℃），不小于	%	65
残留延度（5℃），不小于	cm	5

② 粗集料、细集料和填料的技术指标应符合《公路沥青路面施工技术规范》（JTG F40—2004）的有关规定。粗集料应采用质地坚硬、表面粗糙、形状接近立方体的玄武岩或辉绿岩加工而成，应具有良好的耐磨耗与磨光性能；细集料应采用由石灰岩或岩浆岩中的强基性岩石经制砂机破碎得到的机制砂，应与沥青有良好的黏结能力；填料应采用由石灰岩或岩浆岩中的强基性岩石经磨细得到的矿粉，要保证洁净、干燥，能自由地从矿粉仓中流出。

沥青喷洒

2）超薄罩面在铺筑前，应在原路面表面喷洒一层黏层，其材料可采用高黏度改性乳化沥青或不黏轮改性乳化沥青，应具有良好的黏结性能和抗水损特性。高黏度改性乳化沥青的技术要求应符合表3-51的规定，不黏轮改性乳化沥青应经试验验证并符合相关产品标准的规定。

表3-51 高黏度改性乳化沥青的技术要求

检测指标		单位	技术要求
破乳速度		—	快裂
粒子电荷		—	阳离子正电（+）
筛上剩余量（1.18mm），不大于		%	0.1
黏度	恩格拉黏度 E_{25}	—	3~20
	赛波特黏度 $C_{25,3}$	s	20~60
储存稳定性	1d，不大于	%	1
	5d，不大于	%	5
蒸发残留物性质	含量，不小于	%	62
	针入度（100g，25℃，5s）	0.1mm	60~150
	软化点，不小于	℃	55
	延度（5℃），不小于	cm	20
	溶解度（三氯乙烯），不小于	%	97.5
	弹性恢复（10℃），不小于	%	70

3）超薄罩面用沥青混合料的矿料级配类型及组成结构可采用骨架-空隙型级配（CPA）、骨架-密实型级配（SMA）和密实-悬浮型级配（AC）。CPA 矿料级配的公称最大粒径可选用与铺筑厚度相匹配的 7.2mm（CPA-7）或 9.5mm（CPA-10），其矿料级配的范围宜符合表 3-52 的规定；SMA-10 和 AC-10 矿料级配的范围应符合《公路沥青路面施工技术规范》（JTG F40—2004）的有关规定，SMA-5/AC-5 矿料级配的范围宜符合表 3-53 的规定。

表 3-52　CPA-7/10 矿料级配的范围

级配类型	通过下列筛孔（mm）的质量百分率（%）									
	13.2	9.5	7.2	4.75	2.36	1.18	0.6	0.3	0.15	0.075
CPA-7	—	100	55~100	15~40	12~35	11~19	8~15	3~12	3~9	2~7
CPA-10	100	85~100	—	18~43	12~35	11~19	8~15	3~12	3~9	2~7

表 3-53　SMA-5/AC-5 矿料级配的范围

级配类型	通过下列筛孔（mm）的质量百分率（%）							
	9.5	4.75	2.36	1.18	0.6	0.3	0.15	0.075
SMA-5	100	90~100	35~65	22~36	18~28	15~22	13~18	9~15
AC-5	100	90~100	50~70	35~55	20~40	12~28	7~18	5~9

4）超薄罩面沥青混合料配合比设计宜按目标配合比、生产配合比和试拌试铺验证三个阶段进行，以确定其矿料级配及最佳沥青用量，并按表 3-54 的规定对 CPA-7/10 矿料级配类型的沥青混合料进行性能试验验证，其他矿料级配类型的沥青混合料应按《公路沥青路面施工技术规范》（JTG F40—2004）的有关规定进行性能试验验证。

表 3-54　CPA-7/10 矿料级配类型的沥青混合料技术要求

试验项目	单位	技术标准
击实次数（双面）	次	75
试件尺寸	mm	$\phi 101.6 \times 63.5$
空隙率 VV	%	13~18
矿料间隙率 VMA，不小于	%	18
沥青饱和度 VFA	%	20~50
稳定度，不小于	kN	6
残留稳定度，不小于	%	85
冻融劈裂强度比，不小于	%	80
车辙试验动稳定度，不小于	次/mm	2500
沥青析漏试验的结合料损失，不大于	%	0.1
飞散试验的沥青混合料损失（20℃），不大于	%	15
油膜厚度，不小于	μm	9

（3）施工要求

1）超薄罩面的施工工艺可分为同步超薄罩面和异步超薄罩面。CPA-7/10 矿料级配类型应采用同步超薄罩面施工工艺，要保证黏层与超薄罩面层用同一台施工设备同步喷洒和摊铺；对于其他矿料级配类型，宜采用同步超薄罩面施工工艺，也可采用异步超薄罩面施工工艺。

2）超薄罩面的施工工艺、设备要求与质量控制应按《公路沥青路面施工技术规范》（JTG F40—2004）的有关规定执行，同步超薄罩面还应符合下列规定：

① 间歇式拌和机每盘的生产周期应适当延长 5~10s，沥青混合料的储存时间不宜超过 6h。

② 黏层改性乳化沥青的喷洒温度应为 50~80℃，同步施工的黏层改性乳化沥青的喷洒温度不应小于 80℃，热沥青混合料摊铺在喷洒了改性乳化沥青的表面上。

③ 碾压应在沥青混合料温度下降至 90℃之前完成，碾压过程中使用 11~13t 的双钢轮压路机静压 2~3 遍，严禁使用轮胎压路机。

④ 纵向接缝宜为冷接缝，摊铺宽度宜为一个车道，纵向接缝宜位于标线处。

3）同步超薄罩面应采用专用同步洒布摊铺设备进行铺筑，施工设备应包含受料斗、传送带、带加热功能的乳化沥青储罐、智能喷洒系统、宽度可调节的振动熨平板等部分，可一次性同步实施乳化沥青喷洒、混合料摊铺及熨平作业，乳化沥青喷洒与混合料摊铺的时间间隔不应超过 5s。

4）超薄罩面施工的工程验收标准应符合表 3-55 的规定。

表 3-55 超薄罩面施工的工程验收标准

检测项目		检测频率	质量要求或允许偏差	
			高速公路及一级公路	其他等级公路
平整度	σ/mm	连续检测	≤1.5	≤2.5
	IRI/(m/km)		≤2.5	≤4.2
厚度/mm	均值	5 个点/km	不小于设计值	
	合格值		设计厚度-10%	
渗水系数/(mL/min)		5 个点/km	符合设计要求	
抗滑性能	摆值 F_b（BPN）	5 个点/km	≥45	符合设计要求
	横向力系数		≥54	
	构造深度		≥0.6	
宽度/mm		5 个点/km	不小于设计值	

5. 薄层罩面

（1）适用范围 薄层罩面适用于需要预防或修复病害、改善抗滑等使用性能的沥青路面，其适用的各等级公路路况水平应符合表 3-56 的规定。

表 3-56 薄层罩面适用的各等级公路路况水平

路况指数	高速公路	一级及二级公路	三级及四级公路
PCI、RQI	≥80	≥75	≥70
RDI	≥75	≥70	≥65

（2）材料要求

1）薄层罩面宜采用热拌沥青混凝土，也可采用温拌或冷拌沥青混合料进行铺筑，其材料应符合下列规定：

① 沥青胶结料应采用高黏度改性沥青、SBS改性沥青、橡胶改性沥青或温拌改性沥青。高黏度改性沥青的技术要求应符合表3-51的规定，SBS改性沥青的技术要求应符合《公路沥青路面施工技术规范》（JTG F40—2004）的有关规定，橡胶改性沥青的技术要求应符合表3-50的规定，温拌或冷拌改性沥青应经试验验证并符合相关产品标准的规定。

② 粗集料、细集料和填料的技术指标与超薄罩面的要求一致。

2）薄层罩面在铺筑前，可在原路面表面喷洒一层黏层，也可在原路面表面铺筑碎石封层或纤维封层。

3）宜根据所在路段的公路等级、路面技术状况、交通量、使用功能等因素，设计碎石封层或纤维封层+薄层罩面的结构组合与厚度，并应符合表3-57的规定。

表 3-57　碎石封层或纤维封层+薄层罩面的结构组合与厚度

使用条件	碎石封层或纤维封层厚度/cm	薄层罩面厚度/cm
路面技术状况指数、行驶质量指数在中、良等级，交通量较大、重型车较多的路段	1.2~1.5	2.5~3.5
路面技术状况指数、行驶质量指数在中、良等级，中等交通量的路段	0.7~1.2	2.5~3
路面技术状况指数、行驶质量指数在中、良等级，交通量较小、重型车较少的路段	0.5~0.8	2.5~3

4）薄层罩面用沥青混合料的矿料级配类型及组成结构可采用骨架-空隙排水型级配（BPA）、骨架-密实型级配（SMA）和密实-悬浮型级配（AC），其公称最大粒径可选用与铺筑厚度相匹配的9.5mm（10型）或13.2mm（13型）。BPA-10/13矿料级配的范围宜符合表3-58的规定，SMA-10/13和AC-10/13矿料级配的范围应符合《公路沥青路面施工技术规范》（JTG F40—2004）的有关规定。

表 3-58　BPA-10/13 矿料级配范围

级配类型	通过下列筛孔（mm）的质量百分率（%）									
	16	13.2	9.5	4.75	2.36	1.18	0.6	0.3	0.15	0.075
BPA-10	—	100	80~100	25~40	22~35	13~25	9~19	7~14	5~11	3~7
BPA-13	100	80~100	60~80	25~40	22~35	13~25	9~19	7~14	5~11	3~7

5）薄层罩面沥青混合料配合比设计宜按目标配合比、生产配合比和试拌试铺验证三个阶段进行，以确定其矿料级配及最佳沥青用量，并应符合下列规定：

① 沥青混合料配合比设计宜采用马歇尔成型方法，按表3-59的规定对BPA-10/13矿料级配类型的沥青混合料进行性能试验验证。

表 3-59　BPA-10/13 矿料级配类型的沥青混合料技术要求

试验项目	单位	技术标准
马歇尔击实次数（双面）	次	75
试件尺寸	mm	$\phi 101.6 \times 63.5$
空隙率 VV	%	10~15
马歇尔稳定度 MS，不小于	kN	6
矿料间隙率 VMA，不小于	%	18
残留稳定度，不小于	%	85
冻融劈裂强度比，不小于	%	80
车辙动稳定度，不小于	次/mm	2500
沥青析漏损失，不大于	%	0.1
飞散试验的沥青混合料损失（20℃），不大于	%	15
油膜厚度，不小于	μm	9

② 其他矿料级配类型的沥青混合料应按《公路沥青路面施工技术规范》（JTG F40—2004）的有关规定进行性能试验验证。

（3）施工要求

1）薄层罩面的施工工艺可分为同步薄层罩面和异步薄层罩面。BPA-10/13 矿料级配类型宜采用同步薄层罩面施工工艺，要保证黏层与薄层罩面层用同一台施工设备同步喷洒和摊铺，也可采用异步薄层罩面施工工艺；对于其他矿料级配类型，可采用同步薄层罩面或异步薄层罩面施工工艺。铺筑碎石封层或纤维封层作为层间应力吸收层时，应采用异步薄层罩面施工工艺。

2）层间黏层材料可采用高黏度改性乳化沥青或不黏轮改性乳化沥青，其技术要求应符合表 3-51 的要求。

3）层间应力吸收层可采用碎石封层或纤维封层。

4）薄层罩面的施工工艺、设备要求与质量控制应按《公路沥青路面施工技术规范》（JTG F40—2004）的有关规定执行，同步薄层罩面还应符合同步超薄罩面的有关要求。

6. 罩面

（1）适用范围　罩面适用于需要修复病害、改善抗滑等使用性能的沥青路面，可分为直接罩面和沥青表面层铣刨后罩面，其适用的各等级公路路况水平应符合表 3-60 的规定。

表 3-60　罩面适用的各等级公路路况水平

路况指数	高速公路	一级及二级公路	三级及四级公路
PCI、RQI	≥80	≥75	≥70

（2）材料要求

1）罩面宜采用热拌或温拌沥青混凝土进行铺筑，其材料应符合《公路沥青路面施工技术规范》（JTG F40—2004）的有关规定。

2）罩面用沥青混合料的矿料级配类型及组成结构可采用骨架-空隙排水型级配（PA）、骨架-密实型级配（SMA）和密实-悬浮型级配（AC），其公称最大粒径可选用与铺筑厚度相匹配的 13.2mm（13 型）或 16mm（16 型），其矿料级配的范围应符合《公路沥青路面施工技术规范》（JTG F40—2004）的有关规定。

病害沥青路面
铣刨后喷洒黏层油

（3）组合结构

1）罩面在铺筑前，可在原路面或沥青表面层铣刨后的下承层表面喷洒一层黏层油，也可在原路面或沥青表面层铣刨后的下承层表面铺筑碎石封层或纤维封层。

2）宜根据所在路段的公路等级、路面技术状况、交通量、使用功能等因素，设计碎石封层或纤维封层+罩面的结构组合与厚度，并应符合表 3-61 的规定。

表 3-61　碎石封层或纤维封层+罩面的结构组合与厚度

使用条件	碎石封层或纤维封层厚度/cm	罩面厚度/cm
路面破损、平整度、抗滑三项指标都在中等以下，要求恢复到优、良等级，且交通量较大、重型车较多的路段	1.2～1.5	4～5.5
路面破损、平整度、抗滑三项指标都在中等以下，要求恢复到优、良等级，且中等交通量的路段	0.7～1.2	4～5
路面破损、平整度、抗滑三项指标都在中等以下，要求恢复到优、良等级，且交通量较小、重型车较少的路段	0.5～0.8	4～5

3）层间黏层材料可采用改性乳化沥青，其材料要求、施工工艺与质量控制应按《公路沥青路面施工技术规范》（JTG F40—2004）的有关规定执行。

4）层间应力吸收层可采用碎石封层或纤维封层。

（4）施工要求

罩面的施工工艺、设备要求与质量控制应符合《公路沥青路面施工技术规范》（JTG F40—2004）的有关规定。

三、结构性补强

结构性补强是在原沥青路面不满足结构强度要求的情况下，为提高路面整体承载能力，铺筑的厚度不小于 60mm 的加铺层。

1. 适用范围

结构性补强适用于路面结构强度不足、旧路病害严重、需要改善使用性能的沥青路面。

2. 一般规定

1）结构性补强应通过结构验算确定路面结构的组合与厚度，并采用铺筑总厚度不小于 60mm 的双层或双层以上路面结构。

2）应做好因结构性补强引起的设计高程变化、横坡调整、与桥隧构造物的衔接、沿线新增交通工程等的协调工作，并采取相应的处理措施。

3）进行结构性补强时可对不合适的路拱横坡进行调整。高速公路及一级公路的硬路肩不进行结构性补强时，应做好横坡顺接，以保障排水顺畅。

4）与桥涵的衔接处理应符合下列规定：

① 结构性补强路段内有桥涵等构造物时，施工前应对其铺装层进行检查，应及时修复原铺装层出现的破损。新铺筑的沥青铺装层不宜增加厚度，以保证路面与桥涵顶面的纵坡顺适。

② 结构性补强可从桥涵两侧的搭板外开始，变坡点设在搭板两侧以外，以保证路线纵坡平顺。

③ 对于无搭板的情况，结构性补强的变坡点距离桥涵台背端点不小于10m，以保证路线纵坡与桥涵构造物在变坡点处的衔接顺适。

5）结构性补强层与下承层之间应采取黏层、封层等处理措施，以保证补强层与下承层之间有可靠的防水结构；与不维修路段的界面处应涂刷黏层乳化沥青，并在路面压实成型后采用密封胶、贴缝胶等防水材料进行密封，以保证水分不从界面处下渗。

6）结构性补强施工前后，应对排水不良路段采取加深边沟、设置盲沟或渗井、增设隔水层等措施进行处理。

7）结构性补强层的材料类型应按《公路沥青路面设计规范》（JTG D50—2017）的有关规定进行选用，结构性补强层的原材料要求、混合料设计与性能检验、施工工艺、设备要求与质量管理应按《公路沥青路面施工技术规范》（JTG F40—2004）和《公路路面基层施工技术细则》（JTG/T F20—2015）的有关规定执行。

3. 类型

结构性补强分为直接加铺补强及铣刨加铺补强，应根据路面结构状况、主要病害类型与数量、病害严重程度、病害产生原因等因素来确定。

4. 直接加铺补强

（1）具体措施及适用范围　直接加铺补强措施包括直接加铺沥青面层、柔性基层与沥青面层共同补强、半刚性基层与沥青面层共同补强，应根据路面结构状况、主要病害类型与病害发生的层位等因素确定采取的措施。

高速公路、一级及二级公路路面采取直接加铺沥青面层，或柔性基层与沥青面层共同补强的措施；三级及四级公路路面采取直接加铺沥青面层，或半刚性基层与沥青面层共同补强的措施。

（2）施工要求

1）沥青路面直接加铺补强前，应对原路面病害的类型、层位及范围进行详细调查，并对病害进行彻底处治。

2）采用柔性基层或半刚性基层与沥青面层共同补强时，基层比沥青面层宽出20~25cm或埋设路缘石，以保证路面边缘坚实稳定；路肩过窄的路段，先加宽路基达到标准宽度，或采用护肩石构造，再加宽基层。

3）采用柔性基层或半刚性基层与沥青面层共同补强时，应通过加铺调平层，或加铺柔性基层或半刚性基层的厚度调整来保证原路面的纵（横）坡符合要求。

4）因沥青面层裂缝引起的雨（雪）水侵入造成基层顶面破坏而形成的翻浆，可待翻浆基层水分蒸发且稳定后，采用裂缝处治或挖补后直接加铺沥青面层的方法进行补强。

5. 铣刨加铺补强

（1）具体措施及适用范围

1）对于沥青面层部分破损、基层完好，仅铣刨处治部分沥青面层的，该部分沥青面层回填压实后，应采取沥青面层补强措施。

2）对于沥青面层严重破损、基层较完好，铣刨处治全部沥青面层的，采取直接加铺沥青面层、柔性基层或半刚性基层与沥青面层共同补强的措施。

3）对于沥青面层严重破损、基层局部病害，铣刨处治全部沥青面层的，对基层局部病害处理后，采取直接加铺沥青面层、柔性基层或半刚性基层与沥青面层共同补强的措施。

4）对于沥青路面整体破损严重，铣刨处治沥青面层与基层的，采取柔性基层或半刚性基层与沥青面层共同补强的措施。

5）二级及二级以下公路路面结构强度指数（PSSI）小于70、沥青面层厚度小于4cm且老化破损严重时，可采取以水硬性结合料类全深式再生作为基层，在其上直接加铺沥青面层、柔性基层与沥青面层或半刚性基层与沥青面层共同补强的措施；也可采取以沥青类全深式再生作为柔性基层，在其上直接加铺沥青面层、柔性基层与沥青面层共同补强的措施。

（2）施工要求

1）病害铣刨处治与加铺结构性补强前应对下承层病害与结构状况进行详细调查，对于铣刨处治部分沥青面层的，应在铣刨处治前详细调查与标记病害位置，铣刨处治后清理干净下承层表面，并对下承层病害进行彻底处治。

2）病害铣刨处治应避免雨期施工，不得严重破坏完好的下承层，不同路面结构层的接缝位置错开不应小于30cm。

3）铣刨出的沥青面层和基层旧料应按再生利用要求进行分类收集，并减少泥土或其他杂物混入沥青面层或基层旧料。铣刨出的沥青面层和基层旧料应及时回收运送至拌和场或指定地点进行分类储存与再生利用。

4）因基层水稳定性不良或水量过大造成的翻浆，应铣刨掉沥青面层和基层中全部的软弱部分，将基层材料晾晒干，并可适当增加透水性良好的碎石，再按每层厚度不超过15cm的要求进行分层填补并压实后，采取加铺沥青面层或基层与沥青面层共同补强的措施。

5）由路基引起沥青路面病害的，应按《公路路基施工技术规范》（JTG/T 3610—2019）的有关规定，彻底处治路基病害并完善防（排）水设施后，采取加铺半刚性基层或柔性基层与沥青面层共同补强的措施。

6）路基冻胀与翻浆处治用材料应具有良好的防冻性能和抗水损害性能，并要求路基处理及垫层施工达到设计及规范要求。

7）因冬季路基中的水结冰引起的冻胀，以及春融季节化冻引起的翻浆，应采用下列方法进行处治：

① 换填水稳定性好的路基及基层材料。

② 局部发生翻浆的路段，可采用压浆、水泥碎石桩或砂砾桩进行处治。

③ 加深边沟，并在翻浆路段两侧的路肩上交错开挖宽30～40cm、间距3～5m的横沟，沟底纵坡不小于3%。沟深根据解冻情况，可逐渐加深至路基。横沟的外口要高于边沟的沟底。路面翻浆严重的路段除挖横沟外，顺路面边缘应设置纵向小盲沟，交通量较小的路段可挖成明沟，翻浆停止后将明沟填平恢复原状。

8）路基冻胀使路面局部或大面积隆起影响行车时，应将胀起的沥青路面刨平，待春融后按翻浆处理方法进行处治。

案例分析

开封至商丘高速公路路面养护维修案例

一、案例背景资料

1. 工程概况

河南省开封至商丘高速公路是国家高速公路网总体规划中的"两横"之一——连云港至新疆霍尔果斯国道主干线的一个重要组成部分。它东起河南省商丘市，西止于开封市，与已建成的开封至洛阳高速公路相连。它的建成通车对改善沿线投资环境，缩短河南与沿海地区的距离，促进沿线地区的资源开发与利用，带动相关产业发展以及全省乃至全国高速公路主框架的形成，具有重要意义。开封至商丘高速公路的设计行车速度为120km/h，路基宽26m，双向四车道全封闭；建有互通式立交9座，分离式立交83座，各类通道418道。

2. 开封至商丘高速公路路面使用状况调查

开封至商丘高速公路（下行K468+000～K470+000南幅）路况调查结果显示：该路段行车道普遍存在轻度车辙，深度为1cm左右，局部可达2cm，开裂破损处渗水严重；该路段横向裂缝面积为121.28m²，龟裂面积为88.69m²，松散面积为55.97m²；病害严重路段的横缝面积为12～16m²，松散面积为33m²；沉陷及坑槽基本没有。

二、案例分析要求

对开封至商丘高速公路（下行K468+000～K470+000南幅）给出加铺罩面或封层设计方案，绘制路面结构设计图（包括层间结合层，如黏层、防水层等），进行微表处配合比设计，并编写施工方法。

三、案例分析过程

1. 路面封层结构设计

本案例车辙深度为1cm左右，局部可达2cm，还存在开裂破损处严重渗水、横向裂缝、龟裂、松散等病害，故可采用微表处进行修复。微表处是一种功能完善的道路养护技术，不仅可以迅速修复路面病害，提高路面的抗滑性能，改善行车舒适性，提高路面的使用性能和耐久性，还可处治路面水损害。微表处设计方案：洒布黏层油+1cm厚MS-3型微表处。路面微表处设计图如图3-13所示。

2. 微表处配合比设计

（1）微表处混合料的原材料要求

1）改性乳化沥青。改性乳化沥青是微表处的黏结材料，其质量对封层质量的影响最直接、最明显。为了达到尽快开放交通的目的，改性乳化沥青必须是慢裂快凝型阳离子改性乳化沥青，且不能对沥青性能造成影响。本工程采用壳牌公司生产的阳离子慢裂快凝型改性乳化沥青，具体技术要求见表3-30。

2）集料。微表处用集料由玄武岩和石灰石混合而成，其中粗集料为玄武岩，细集料为石灰石。

3）填料。微表处用矿料中可以掺加矿粉、水泥、消石灰等填料，填料应干燥、疏松、

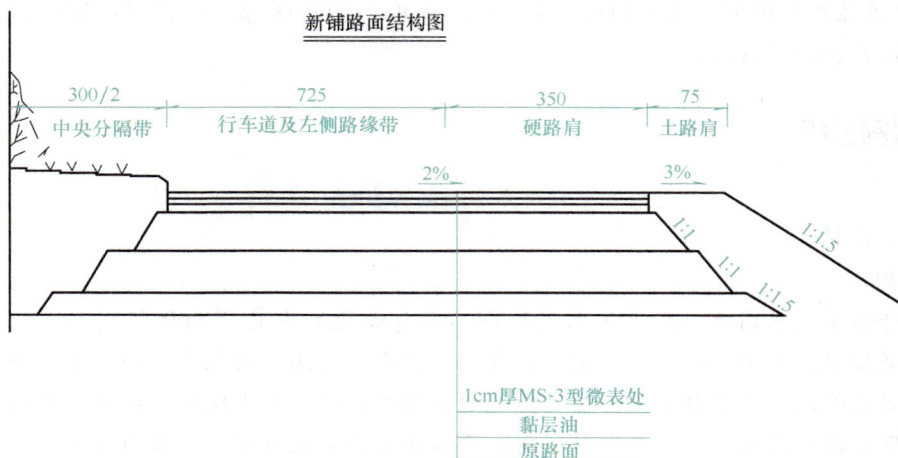

新铺路面结构图

说明：
1. 本图尺寸以"cm"计。
2. 先将原路面清理干净，再洒布黏层油。
3. 微表处所采用的改性乳化沥青各项指标应符合《公路沥青路面施工技术规范》(JTG F40—2004)的要求。

图 3-13　路面微表处设计图

无结团，并应符合《公路沥青路面施工技术规范》（JTG F40—2004）的相关要求。

（2）微表处混合料的矿料级配　微表处用矿料的级配组成要求见表 3-62。

表 3-62　微表处用矿料的级配组成要求

级配类型	通过下列筛孔（mm）的质量百分率（%）							
	9.5	4.75	2.36	1.18	0.6	0.3	0.15	0.075
MS-3	100	70~90	45~70	28~50	19~34	12~25	7~18	5~15

（3）微表处混合料的技术要求　微表处的级配组成必须符合一定的级配标准，本案例采用 MS-3 型级配。微表处混合料的使用性能要求见表 3-34。

3. 微表处施工方法

1）微表处施工前应先清除原路面上的松散材料、泥土、各种杂物等。如果用水冲洗路面，则要使所有的路面裂缝完全干燥后才能进行微表处施工。

2）摊铺前应画线放样。摊铺时应全程控制集料、填料、水、改性乳化沥青的配合比，搅拌形成的混合料应具有良好的和易性，以保证混合料在摊铺箱中分布均匀。

3）摊铺施工时要控制稀浆封层铺筑机匀速前进，确保铺筑厚度均匀。起点处、终点处及纵向接缝在摊铺后应立即进行人工整平，纵向接缝应尽可能设置在车道标线上。

4）混合料在拌和及摊铺过程中应保持浆料均匀，不得含有多余的水分和改性乳化沥青，不能出现改性乳化沥青与细集料、粗集料离析的现象。

5）施工时应保证车道分隔线处的微表处摊铺呈一条直线，不得有松散现象，并对摊铺末端进行处理，以保持直线端口。

6）施工结束后，必须将场地清理干净。

7）稀浆封层铺筑后需进行早期养护，待改性乳化沥青破乳、水分蒸发、干燥成形后方可开放交通。禁止路面在固化成形前有车辆和行人进入。

本节小结

　　通过本节内容的学习，掌握沥青路面封层、功能性罩面及结构性补强的适用范围、材料要求、厚度要求、施工方法，能够进行沥青路面封层、功能性罩面及结构性补强的结构设计和材料配合比设计。本节案例以沥青路面封层、功能性罩面及结构性补强设计为主，学习时要根据原路面病害的具体情况选择合适的养护方法。

3.4　沥青路面再生利用

知识学习

　　沥青路面再生利用技术，是将需要翻修的旧沥青路面，经翻挖、回收、破碎、筛分后，与沥青再生剂、新沥青材料、新集料等按一定比例重新拌和后获得满足一定路用性能的再生沥青混合料，并用其重新铺筑路面的一套工艺技术。通过沥青路面的再生利用，既减轻了环境污染，又减少了材料消耗，是实现交通运输高质量可持续发展的重要手段和迫切需要。

一、类型

　　沥青路面再生利用技术，按施工温度分为热拌再生法和冷拌再生法，按废旧料拌和场地不同分为集中厂拌再生法和就地再生法。所以，沥青路面再生利用技术可分为厂拌热再生、就地热再生、厂拌冷再生、就地冷再生和全深式冷再生等技术类型。

二、适用范围

　　应根据公路等级、路面状况、施工环境及能力、交通与气候条件等因素，合理选用沥青路面再生利用技术，并应符合下列规定：
1）用于沥青路面养护工程的面层材料优先选用厂拌热再生。
2）用于沥青路面上面层的材料优先选用厂拌热再生。
3）用于沥青路面中、下面层的材料选用厂拌热再生或厂拌冷再生。
4）用于沥青路面表面功能恢复选用就地热再生。
5）用于沥青路面基层的材料采用就地冷再生或厂拌冷再生。
6）用于面层与基层复合的材料采用全深式冷再生。

三、一般规定

　　1）沥青面层材料与基层材料应分别回收、堆放并再生利用，其回收、处理与管理应符合下列规定：
　　① 高速公路和一级、二级公路的沥青路面材料应集中回收与统筹利用，三级、四级公路的沥青路面材料宜就地再生利用，具备条件的可集中回收与统筹利用。
　　② 回收料再生利用前，回收站点应配备筛分设备或破碎与筛分设备进行预处理，沥青

面层回收料应筛分成不少于两种不同规格料，基层回收料应筛除超粒径颗粒，具备条件的可筛分成两种不同规格料。

③ 经预处理后的回收料应按不同规格料分开堆放，沥青面层回收料应覆盖，做好防雨、防二次污染工作；基层回收料宜覆盖，做好防尘污染工作。

2）沥青路面再生利用的结合料分为沥青类和水硬性结合料类，其选用应符合下列规定：

① 沥青面层回收料热再生应采用基质沥青、改性沥青、沥青再生剂等沥青类结合料。

② 沥青面层回收料冷再生和面层与基层全深式再生既可采用乳化沥青、泡沫沥青等沥青类结合料，并掺入少量的水泥，也可采用水泥、石灰、粉煤灰等水硬性结合料类。

③ 基层回收料冷再生宜采用水泥、石灰与粉煤灰、水泥与粉煤灰等水硬性结合料类。

四、结构组合与厚度

1）采用厂拌热再生方式时，再生层厚度及路面结构组合应符合《公路沥青路面设计规范》（JTG D50—2017）中对应级配类型沥青混合料的有关规定。

2）采用厂拌冷再生、就地冷再生、全深式冷再生方式时，可按照表3-63初步确定路面结构厚度，并根据《公路沥青路面设计规范》（JTG D50—2017）的有关规定进行分析设计。

表 3-63　沥青路面冷再生结构组合与厚度

交通荷载等级	沥青面层		冷再生层厚度/mm	下承层
	推荐厚度/mm	最小厚度/mm		
特重、极重	150~220	120	≥120	下承层结构强度应满足路面基层或底基层设计要求
重	120~180	100	≥100	
中	60~120	50	≥80（≥160）	
轻	≥30 或者采用微表处、稀浆封层、碎石封层等磨耗层		≥80（≥160）	

注：1. 表中的冷再生层厚度中，括号内数字是无机结合料冷再生材料层的厚度，其他为沥青冷再生材料层的厚度。
2. 下承层结构强度不满足要求的可以采用水泥或石灰稳定冷再生进行处治，处治层厚度宜在140~200mm范围。

3）目前，我国高速公路上使用的乳化沥青或泡沫沥青厂拌冷再生典型的路面结构形式是：厚度120~180mm的厂拌冷再生层+厚度100~160mm的沥青罩面层。此外，部分省区的国家级、省级干线公路上的典型冷再生路面结构形式是：厚度100~150mm的厂拌冷再生层+厚度50~100mm的沥青罩面层。

4）冷再生层厚度设计时应考虑可压实性，单层压实厚度不宜大于200mm。单层冷再生沥青混合料的压实厚度大于200mm时，应检验并论证其压实效果是否满足要求；采用泡沫沥青或乳化沥青时，厂拌冷再生、就地冷再生的单层冷再生沥青混合料的压实厚度不宜小于80mm，全深式冷再生的单层冷再生沥青混合料的压实厚度不宜小于100mm；单独采用无机结合料的冷再生方式时，单层冷再生沥青混合料的压实厚度不宜小于160mm。

五、厂拌热再生技术

厂拌热再生技术是在拌和厂将沥青混合料回收料（RAP）破碎、筛分后，以一定的比例与新矿料、新沥青、沥青再生剂等加热拌和为混合料，然后铺筑形成沥青路面的技术。

1. 技术原理

沥青在使用过程中，受光照、氧气、水分及车辆荷载等因素影响，会发生老化，导致性能下降，主要表现为针入度减小、软化点升高、延度降低等。通过添加新沥青或沥青再生剂，补充老化沥青中损失的油分，恢复其原有的黏弹性和物理力学性能，同时利用新集料的骨架作用增强混合料的整体性能。

2. 技术特点

（1）沥青路面厂拌热再生优点

1）设备投资小。在原有沥青拌和站的基础上增加一套厂拌热再生附楼的投资约为300万元，相较于其他再生技术，设备投入较为经济。

2）混合料质量可控。生产前可以根据原路面再生料的沥青含量、沥青老化程度、集配、含水率等参数，选择合适的沥青再生剂或设计合适的再生工艺，可保证再生沥青混合料的质量。

3）适用范围广。厂拌热再生技术可以应用于各类沥青面层的损坏情况，再生后的混合料可用于路面不同层面的铺筑。

4）能优化原沥青路面混合料的性能。厂拌热再生的沥青路面能够合理修正原沥青路面存在的设计问题，使其性能得到优化；能够修复多种类型的路表面破坏，如松散、泛油、推挤、车辙和裂缝等。

5）能产生环保效益。再生料在加热过程中产生的蓝烟，可借助配套的燃烧器、干燥滚筒、除尘器进行二次燃烧处理，从而减少废气污染。

6）可以在厚度不变或变化较小的情况下改善路面结构，可以维持原路面的线形和标高不变。

（2）沥青路面厂拌热再生缺点

1）施工周期长。厂拌热再生技术需要经历旧料回收、破碎筛分、配合比设计、拌和加工等多个环节，因此施工周期相对较长，这可能会对交通造成一定的干扰和不便。

2）运输费用高。由于需要将旧沥青混合料从原路面运回拌和厂进行加工处理，因此会产生较高的运输费用。此外，成品料的运输费用也可能增加。

3）能耗和污染。厂拌热再生过程中需要消耗大量的能源进行加热和拌和等操作，这会产生一定的能耗和污染。虽然可以通过优化工艺和设备来降低能耗和污染水平，但仍需要引起足够的重视。

4）技术和设备限制。目前在我国，厂拌热再生技术还处于起步阶段，技术和设备相对不成熟，可能会在生产过程中遇到一些技术难题。此外，由于技术和设备的限制，目前沥青混合料回收料的掺配比例还较低，无法完全实现旧料的最大化利用。

5）对旧料要求较高。厂拌热再生技术对旧沥青混合料的质量要求较高，如果旧料中的沥青老化严重、集配不良或含有较多的杂质等，会影响再生沥青混合料的质量和性能。因此，在回收旧料时需要进行严格的筛选和处理。

3. 适用场合

厂拌热再生技术具有较好的适应性，除无法解决软土路基或基层的强度问题外，它适用于各类沥青面层的损坏情况。由于厂拌热再生技术能够对旧沥青混合料进行严格的配合比调整，并确保再生沥青混合料的技术指标不低于使用全新料拌制的沥青混合料，因此它适用于需要高质量再生沥青混合料的场合，例如高速公路、城市道路等高级路面的修复和重建。厂拌热再生技术不仅可以利用原路面的废弃材料重新铺筑路面，还可以将回收材料再生后用于其他工程，这既能减少对新材料的需求，又能降低工程成本，同时实现资源的循环利用。厂拌热再生技术需要将旧沥青路面经过翻挖后运回拌和厂进行集中破碎和拌和，故该技术适用于具备固定拌和场地的场合。厂拌热再生的适用范围见表3-64。

表 3-64 厂拌热再生的适用范围

公路等级	再生层的结构层位				
	表面层	中面层	下面层	基层	底基层
高速公路、一级公路	可使用	宜使用			—
二级公路	可使用	宜使用			—
三级、四级公路	宜使用			—	

4. 工艺流程

厂拌热再生工艺流程：旧料回收、旧沥青混合料材料特性分析、破碎与筛分、配合比设计、拌和加工、铺筑路面等流程，其设备如图3-14所示。

图 3-14 多功能厂拌热再生设备

（1）**旧料回收** 使用铣刨机对旧沥青路面进行铣刨回收，将回收的旧沥青混合料运回拌和厂。

（2）**旧沥青混合料材料特性分析** 分析旧沥青混合料中沥青的老化程度、集料级配变化、杂质含量等，为确定合理的再生方案提供依据。

（3）**破碎与筛分** 在拌和厂内，对回收的旧沥青混合料进行破碎和筛分处理，以获取符合要求的再生集料。

（4）**配合比设计** 根据路面不同层次的质量要求和再生集料的特性进行配合比设计，确定旧沥青混合料的添加比例以及新沥青材料、新集料和沥青再生剂的用量。

（5）**拌和加工** 在拌和机中，将旧沥青混合料、新沥青材料、新集料和沥青再生剂按一定比例重新拌和成新的混合料。

（6）**铺筑路面** 将拌和好的再生沥青混合料运回原路面或其他工地进行摊铺，经过碾压等工艺形成新的再生沥青路面。

六、就地热再生技术

就地热再生技术是采用专用设备对沥青路面就地进行加热、翻松，然后掺入一定数量的新沥青、新沥青混合料、沥青再生剂等，经热态拌和、摊铺、碾压等工序，实现旧沥青路面面层再生的技术。

1. 技术原理

就地热再生技术采用专用的就地热再生设备，对沥青路面进行加热、翻松，然后掺入一定数量的新沥青、新沥青混合料、沥青再生剂等，经过热态拌和、摊铺、碾压等工序，一次性实现对表面一定深度范围内的旧沥青混凝土路面的再生利用。

2. 技术特点

（1）沥青路面就地热再生优点

1）实现了旧沥青路面的再生利用，节省了材料的运输费用。

2）施工时只占用一个车道，对正常交通的影响很小。

3）修正了旧路面的级配组成，修复了表面破坏。

4）优化了道路的纵断面、路拱和横坡。

5）实现了旧沥青路面材料100%就地再生利用，不产生废料。

6）流水线施工，施工速度快，每天可施工单车道1.5km以上。

7）实现了沥青路面再生层和下承层之间的热黏结，路面结构受力连续、整体性变强，使用寿命延长。

8）不会改变道路附属结构物。

（2）沥青路面就地热再生缺点

1）再生深度通常限制在2.5~6cm。

2）无法除去已经不合适进行再生的混合料，级配调整幅度有限。

3）旧路面有明显的基层破坏、不规则的频繁修补，以及需对排水进行较大改进时，就地热再生不适用。

病害修补摊铺沥青混合料

病害修补碾压沥青混合料

3. 适用场合

就地热再生技术主要用于修正非结构承载力不足的原因引起的表面破坏，适用于沥青路面基层稳定、仅存在浅层轻微病害的高速公路及一级、二级公路沥青路面表面层的就地再生利用。当旧沥青路面存在局部深层病害时，需要对其进行预处理后再整体采用就地热再生技术进行处治。稀浆封层、微表处、薄层罩面、碎石封层的路面再生设计采用就地热再生方式时，混合料的级配、加热温度应满足混合料的性能要求及施工工艺要求；当不能满足混合料性能要求及施工工艺要求时，应将上述材料层铣刨后再进行就地热再生。就地热再生的具体适用范围见表3-65。就地热再生方式适用的路面技术状况宜满足表3-66的要求。

表3-65　就地热再生的适用范围

公路等级	再生层的结构层位				
	表面层	中面层	下面层	基层	底基层
高速公路、一级公路	宜使用		可使用	—	—
二级公路	宜使用			—	—
三级、四级公路	不应使用			—	

表 3-66 就地热再生方式适用的路面技术状况

指标		技术要求
路面结构强度指数 PSSI		≥80
原路面沥青层厚度/mm		≥（再生深度+30）
再生深度范围内 沥青混合料	沥青 25℃ 针入度（0.1mm）	≥20
	沥青含量（%）	≥3.8
路面病害波及范围		主要集中在再生深度范围内

4. 工艺类型

就地热再生技术主要包括复拌再生和加铺再生两种工艺类型。

1）复拌再生是将旧沥青路面加热、翻松，就地掺加一定数量的沥青再生剂、新沥青混合料、新沥青（需要时），经热态拌和、摊铺、压实成型，如图 3-15 所示。

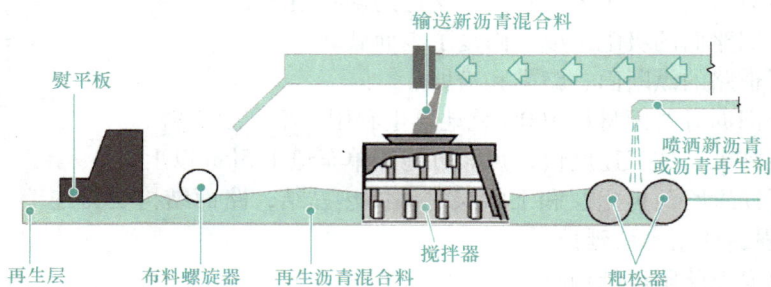

图 3-15 复拌再生工艺

2）加铺再生是将旧沥青路面加热、翻松，就地掺加一定数量的沥青再生剂、新沥青（需要时），拌和形成再生沥青混合料，然后利用再生复拌机的一级熨平板摊铺再生沥青混合料，再利用再生复拌机的二级熨平板将新沥青混合料摊铺于再生沥青混合料之上，两层一起压实成型，如图 3-16 所示。

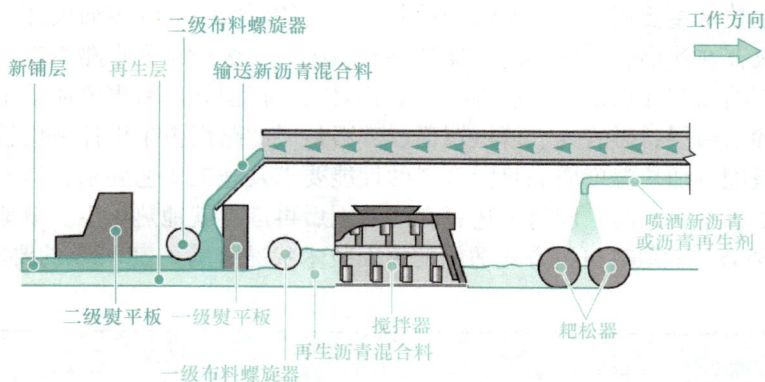

图 3-16 复拌再生加铺工艺

5. 施工流程

就地热再生施工流程包括前期准备阶段和施工阶段，其具体工艺流程：路况调查及再生沥青混合料设计、设备调试、路面预处理、路面加热、路面翻松与铣刨、喷洒沥青再生剂与添加新料、拌和与摊铺、碾压等。

（1）前期准备阶段

1）路况调查及再生沥青混合料设计。对旧路面进行病害调查，了解路面的老化程度、裂缝、坑洼等情况。根据调查结果，设计再生沥青混合料的配合比，确定新沥青混合料、沥青再生剂等材料的用量。

2）设备调试。调试就地热再生机组，包括红外线预热机组（图3-17）、翻松（铣刨）机组（图3-18）、填料自卸车、就地热再生拌和机组（图3-19）、摊铺机、压路机等，确保设备处于最佳工作状态。

图 3-17　红外线预热机组

图 3-18　翻松（铣刨）机组

图 3-19　就地热再生拌和机组

3）路面预处理。对路面进行预处理，如挖补、铣刨病害深度超过就地热再生施工深度的地段，调整、稳固各种井盖等。

（2）施工阶段

1）路面加热。使用红外线预热机组对旧路面进行大面积、连续、均匀的加热，将路面温度控制在适宜的范围内（如180~200℃），以满足施工的温度要求。

2）路面翻松与铣刨。对加热后的路面进行翻松和铣刨，采用复拌再生工艺施工的，作业深度宜为20~60mm。作业深度超过60mm时，应采用加铺再生工艺。铣刨厚度要准确、均匀，要配备专人负责检查铣刨厚度，要随时调整以保证铣刨质量。

3）喷洒沥青再生剂与添加新料。在铣刨后的路面上喷洒沥青再生剂，沥青再生剂必须计量准确、喷洒均匀。同时，根据配合比设计，向就地热再生拌和机组的料斗里添加新沥青混合料。

4）拌和与摊铺。使用就地热再生拌和机组对旧料、新料和沥青再生剂进行拌和，形成再生沥青混合料。将拌和后的再生沥青混合料输送到摊铺机料斗内，进行摊铺作业。摊铺过程中应随时检查摊铺层厚度及路拱、横坡，确保摊铺质量。

5）碾压。采用压路机对摊铺后的路面进行碾压作业，碾压包括初压、复压和终压三个阶段。碾压过程中要控制好碾压温度、压路机行进速度以及压路机起步和停机的稳定性。

七、厂拌冷再生技术

厂拌冷再生技术是在拌和厂将沥青混合料回收料（RAP）或者无机回收料（RAI）破碎、筛分后，以一定的比例与新矿料、再生沥青结合料、水等在常温下拌和为混合料，然后铺筑形成沥青路面的技术。

1. 技术原理

厂拌冷再生的技术原理是将废旧沥青路面材料回收后经破碎、筛分，加入再生剂（如乳化沥青、水泥等）及新集料，在常温下拌和形成再生混合料；拌和过程中再生剂渗透进老化沥青，恢复其黏弹性和黏结力，同时优化级配与结构；再生混合料通过压实形成具备一定强度和稳定性的路面结构层，从而实现了废旧材料的循环利用，兼具环保、经济与高效施工等优点。

2. 技术特点

（1）沥青路面厂拌冷再生优点

1）实现了旧路面材料的再生利用，有助于节约资源和减少环境污染。

2）再生工艺相对易于控制，再生后的混合料性能较好。

3）适用范围较广，可用于各等级公路的旧沥青路面材料的再生利用。

4）能耗低、污染小。

5）再生后的混合料适用于沥青路面的中、下面层及柔性基层，具有一定的应用价值。

（2）沥青路面厂拌冷再生缺点

1）混合料强度的形成需要较长的时间，通常需要两周的养护期。

2）需要加铺一定厚度的罩面层，以提高路面的整体性能。

3）再生后路面的水稳定性不好，易受水分的侵蚀。

3. 适用场合

乳化沥青及泡沫沥青厂拌冷再生主要用于沥青路面的中面层及以下层次；无机结合料厂拌冷再生主要用于沥青路面基层、底基层的铺筑，也可用于已铺好碎石和喷好油的低等级路面面层。厂拌冷再生的具体适用范围见表3-67、表3-68。

表3-67 乳化沥青及泡沫沥青厂拌冷再生的适用范围

公路等级	再生层的结构层位				
	表面层	中面层	下面层	基层	底基层
高速公路、一级公路	不应使用	可使用	宜使用		—
二级公路	不应使用	宜使用			
三级、四级公路	宜使用				

表3-68 无机结合料厂拌冷再生的适用范围

公路等级	再生层的结构层位				
	表面层	中面层	下面层	基层	底基层
高速公路、一级公路	不应使用			可使用	宜使用
二级公路	不应使用			宜使用	—
三级、四级公路	—			宜使用	

4. 施工流程

厂拌冷再生施工流程：旧路材料回收与预处理、配合比设计与调整、厂拌混合、运输、摊铺、压实、养护等，其工艺设备如图3-20所示。

图3-20 多功能厂拌冷再生设备

（1）**旧路材料回收与预处理** 旧路材料应分别回收、分开堆放，避免混杂。然后使用推土机、装载机等机具将回收的材料充分混合，再用破碎机进行破碎，并做好筛分等预处理，使其最大粒径满足规范和设计要求。

（2）**配合比设计与调整** 根据工程需要设计再生沥青混合料的配合比，包括旧料、新集料、沥青再生剂、水泥（或其他活性填料）和水的配合比，并进行必要的调整。对于沥青混合料回收料，一般使用乳化沥青或泡沫沥青作为再生沥青结合料；对于无机回收料，可使用水泥或石灰等无机结合料作为再生沥青结合料，或根据工程需要使用泡沫沥青等作为再生沥青结合料。使用沥青类结合料时可同时掺加一定量的无机结合料。

（3）**厂拌混合** 根据确定的配合比进行试拌，找出每种原料用量之间的关系，并绘制曲线图。

正式拌和时，将预处理后的旧料、新集料、再生沥青结合料（如乳化沥青、泡沫沥青）、沥青再生剂、活性填料（如水泥、石灰）及水等材料按配合比加入拌和设备中，注意控制拌和时间，确保拌和后的冷再生沥青混合料均匀一致，无花白料、无液体流淌、无结团成块现象。

（4）**运输** 使用篷布覆盖拌和好的冷再生沥青混合料，以减少运输过程中的水分散失和温度降低，然后将拌和好的再生沥青混合料运输到施工现场。运输过程中要防止发生离析。

（5）**摊铺** 摊铺作业前，要确保下承层密实平整，强度符合设计要求。施工前先在下承层表面喷洒乳化沥青等黏层油，以提高层间黏结力。摊铺时使用摊铺机将再生沥青混合料均匀摊铺在预定位置，熨平板无须预热。作业时要控制摊铺速度，确保摊铺均匀、连续。摊铺过程中应随时检查混合料的离析情况，并及时采取措施加以消除。

（6）**压实** 压实分为初压、复压和终压三个阶段。初压是使用双钢轮振动式压路机进行静压和振压，以提高混合料的密实度和稳定性；复压是使用单钢轮振动式压路机和轮胎式压路机进行揉压和振动压实，以进一步提高压实度和平整度；终压是使用双钢轮振动式压路机进行静压收光，以确保路面平整、无轮迹。

碾压时应遵循先慢后快、先静后振、先边后中的原则，严禁压路机在刚完成碾压或正在碾压的路段上掉头、紧急制动及停放。

（7）**养护** 冷再生层在加铺上层结构前必须进行养护，养护时间不宜少于7d。当满足一定条件（如再生层可以取出完整的芯样或再生层含水率低于2%）时，可以提前结束养护。

应在封闭交通的情况下对压实后的路面进行自然养护。在开放交通的条件下养护时，应严格限制重型车辆通行，行车速度应控制在规定范围内。为避免车轮对表层的破坏，可在再生层上均匀喷洒慢裂乳化沥青等保护材料。

八、就地冷再生技术

就地冷再生技术是采用专用设备对沥青层进行就地铣刨，然后掺入一定数量的新矿料、再生沥青结合料、水，经过常温拌和、摊铺、压实等工序，实现旧沥青路面再生的技术，如图3-21所示。

1. 技术原理

就地冷再生的技术原理是利用现有的旧路面层材料，加入适量的新集料（如有需要）、沥青再生剂（如乳化沥青、泡沫沥青）或化学稳定剂（如水泥、粉煤灰或石灰等）等，在自然条件下通过连续作业完成旧路面的铣刨、破碎、添加、拌和、摊铺及压实成型工作，从而恢复或提高旧路面的结构强度和耐久性。

2. 技术特点

（1）**沥青路面就地冷再生优点**

1）充分利用旧材料，减少新材料的购置费用。

2）减少新材料的开采和旧材料的废弃，降低了资源消耗和环境污染。

原路面结构

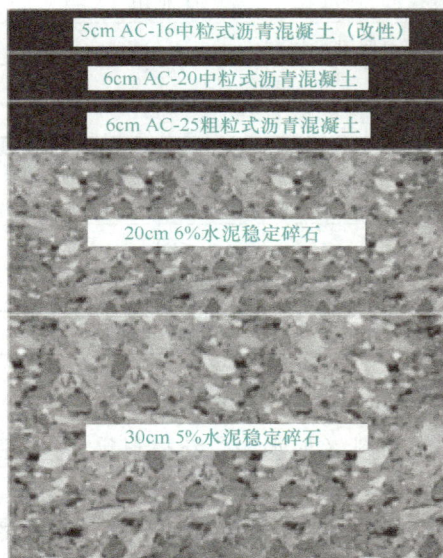

再生维修方案

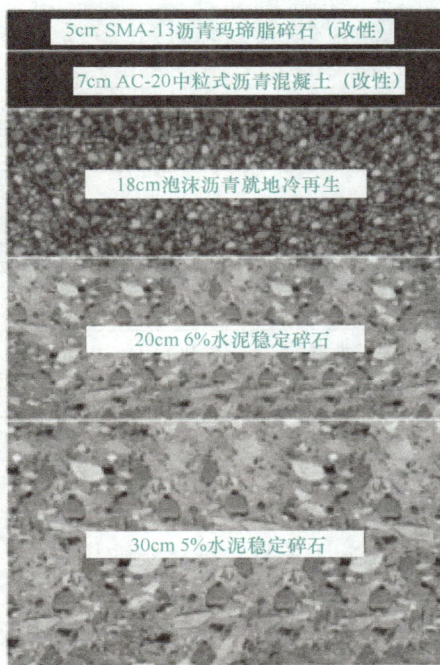

5cm SMA-13沥青玛琋脂碎石（改性）

7cm AC-20中粒式沥青混凝土（改性）

5cm AC-16中粒式沥青混凝土（改性）

6cm AC-20中粒式沥青混凝土

6cm AC-25粗粒式沥青混凝土

18cm泡沫沥青就地冷再生

20cm 6%水泥稳定碎石

20cm 6%水泥稳定碎石

30cm 5%水泥稳定碎石

30cm 5%水泥稳定碎石

图 3-21　沥青路面就地冷再生路面结构示例

3）可恢复或提高旧路面的结构强度和耐久性，有效消除旧路面的病害（如裂缝、松散等），提高了路面的平整度和行车舒适性。

4）施工效率高，一次性完成铣刨、破碎、添加、拌和及摊铺等作业，对交通影响较小，可快速恢复道路通行能力。

5）可根据旧材料的实际情况和设计要求进行灵活调整，适用于不同路况和交通量的道路养护维修。

（2）沥青路面就地冷再生缺点

1）混合料配合比设计的经验尚不成熟，可能导致再生材料的质量得不到保证，质量控制和质量保证不如厂拌冷再生。

2）再生后路面水稳定性较差，易受水分的侵蚀，需要加强防水措施和排水系统的设计。

3）需要相对温暖、干燥的施工条件，在寒冷、潮湿地区施工可能存在困难。

3. 适用场合

就地冷再生技术常用于病害严重的沥青路面的翻修和重建，一般适用于沥青混凝土路面基层的铺筑，通常需要在其上面进行沥青混合料面层的铺筑。只使用乳化沥青时，就地冷再生的处治深度一般为 50~100mm；配合使用水泥、石灰来增强混合料的早期强度和抗水损害性能时，就地冷再生的处治深度可以达到 100~150mm。就地冷再生的适用范围见表 3-69，就地冷再生适用的路面技术状况见表 3-70。

表 3-69 就地冷再生的适用范围

公路等级	再生层的结构层位				
	表面层	中面层	下面层	基层	底基层
高速公路、一级公路	不应使用			宜使用	—
二级公路	不应使用	可使用		宜使用	—
三级、四级公路	宜使用				

表 3-70 就地冷再生适用的路面技术状况

指标	技术要求
路面结构强度指数 PSSI	≥80
路面损坏状况指数 PCI	≤90
路面病害波及范围	主要集中在再生深度范围内
下承层强度	满足设计要求

4. 施工流程

就地冷再生施工流程：现场铣刨与破碎、加入新料（如水泥、新材料等）、拌和、摊铺与碾压、接缝处的处理、养护等。

（1）**现场铣刨与破碎** 使用专业的铣刨设备对原路面进行铣刨，去除损坏或老化的路面材料（图 3-22）。铣刨后的材料经过破碎处理，形成适合再生的集料和填充料。

图 3-22 铣刨机预先铣刨处理旧材料

（2）**加入新料** 根据再生路段的具体情况和设计要求，加入适量的新料（图 3-23、图 3-24），如水泥、新材料等。水泥是常见的添加料，其用量通常控制在一定范围内（3%~5%），以确保再生沥青混合料的强度和稳定性。

（3）**拌和** 使用拌和机将破碎后的旧料与新料进行充分拌和，形成均匀的再生沥青混合料。拌和过程中需要控制加水量，以确保再生沥青混合料的最佳含水率，有助于提高压实度和强度。

（4）**摊铺与碾压** 拌和后的再生沥青混合料需要进行摊铺，摊铺机与拌和机的速度应保持同步，严格控制再生层的厚度与平整度满足设计要求。摊铺机后紧跟单钢轮压路机、胶轮压路机、双钢轮压路机，对摊铺后的路面进行初压、复压和终压，形成高密实度的冷再生结构层。摊铺与碾压如图 3-25～图 3-27 所示。

图 3-23　撒布水泥粉料

图 3-24　撒布过水泥粉料的路面

图 3-25　摊铺机回铺作业

图 3-26　压路机压实作业

图 3-27　压实后形成的平整密实的冷再生结构层

（5）接缝处的处理　再生路段中的接缝处需要进行特殊处理，以确保接缝的平整度和强度。可以使用平地机进行刮平处理，然后使用压路机进行压实。

（**6）养护** 碾压完成并经压实度检验合格的路段，应立即进行养护。可以采用覆盖、洒水等养护方法。养护时间不宜少于7d，养护期内再生层表面应保持湿润状态。养护完成后，在铺筑基层或沥青混凝土层之前需要喷洒封层材料。

九、全深式冷再生技术

全深式冷再生技术是采用专用设备对沥青层及部分下承层（基层、底基层、路基）进行就地翻松，或是将沥青层部分或全部铣刨移除后对部分下承层进行就地翻松，同时掺入一定数量的新矿料、再生沥青结合料、水等，经过常温拌和、摊铺、压实等工序，实现旧沥青路面再生的技术。

1. 技术原理

全深式冷再生技术是利用冷再生机械对原有的沥青公路路面（面层与基层）进行全面翻挖，将翻挖出的材料进行回收、破碎与筛分，然后按照一定的比例加入新材料（如水泥、新集料等），经充分搅拌后制成再生沥青混合料，再经过摊铺、压实等施工工序对路面进行重新修补与加固。

2. 技术特点

（1）沥青路面全深式冷再生优点

1）可以修补各种类型的路面病害，调整原有路面的几何形状以及横坡，并且对原路面高程的抬高较小。

2）可以同时对面层和基层进行破碎、拌和，能保证路面结构的整体性，对旧路基的影响和破坏很小，从而提高了基层承载力和路面等级。

3）工艺简单，机械化程度高，铣刨、破碎、添加、拌和、摊铺、压实等作业可一次完成，大大提高了生产效率，减少了对道路交通的影响，降低了工程费用。

4）充分利用旧材料，大大减少了新材料的用量，节约了资源，有利于保护环境。

5）工程造价比传统的增加路面结构层的施工工艺更低。

（2）沥青路面全深式冷再生缺点 其缺点与就地冷再生相同。

3. 适用场合

对全部沥青层和一定深度的下承层材料（基层、底基层）进行的全深式冷再生，再生深度为100~300mm。全深式冷再生的适用范围见表3-71，全深式冷再生适用的路面技术状况见表3-72。

表3-71　全深式冷再生的适用范围

公路等级	再生层的结构层位				
	表面层	中面层	下面层	基层	底基层
高速公路、一级公路	—	—	可使用	宜使用	
二级公路	—	可使用		宜使用	
三级、四级公路	—	宜使用			

表 3-72 全深式冷再生适用的路面技术状况

指标	技术要求
路面结构强度指数 PSSI	≥70
路面损坏状况指数 PCI	≤85
路面病害波及范围	主要集中在再生深度范围内
下承层强度	满足设计要求

4. 施工流程

全深式冷再生施工流程与前述的就地冷再生施工流程相同。

案例分析

迎祥路全深式冷再生改造案例

一、案例背景资料

迎祥路是河北省唐山市古冶区连接多个乡村的重要通道之一，西起唐山二环路，东至古冶北外环路，道路全长 4.79km。迎祥路于 2015 年 10 月正式通车投入使用，通车年限并不长，但由于运输压力较大，道路已出现多种病害，不再能满足车辆通行需求，亟须修复。原路面结构为 4cm 沥青混凝土面层+20cm 水泥稳定砂砾结构层。

二、案例分析要求

对迎祥路进行全深式冷再生路面结构设计，并编写施工方案。

三、案例分析过程

1. 全深式冷再生路面结构设计

对原路面结构的沥青混凝土面层及部分水泥稳定砂砾结构层进行全深式冷再生改造，形成新的 10cm 泡沫沥青就地冷再生层，其上加铺 5cm 新沥青混凝土面层。路面结构设计如图 3-28 所示。

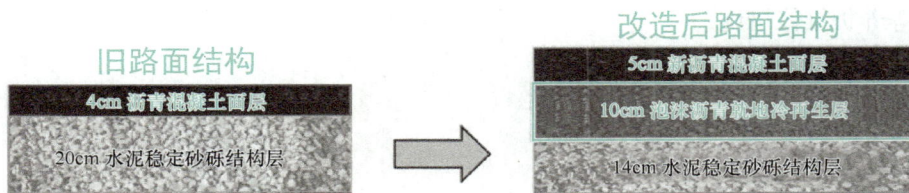

旧路面结构
4cm 沥青混凝土面层
20cm 水泥稳定砂砾结构层

改造后路面结构
5cm 新沥青混凝土面层
10cm 泡沫沥青就地冷再生层
14cm 水泥稳定砂砾结构层

图 3-28 迎祥路全深式冷再生路面结构设计

2. 施工方案

（1）现场铣刨与破碎 采用铣刨机对原路面进行 10cm 深度铣刨，铣刨过程要确保旧沥青混凝土面层与部分水泥稳定砂砾层同步破碎。铣刨料经移动式破碎筛分机处理，剔除杂质并控制粒径≤25mm，旧料利用率应≥90%。局部松散区域采用高压水射流清理后，回填级配碎石并预压实。

（2）加入新料与拌和 在旧料中掺入 2.5%泡沫沥青（发泡温度为 160℃±5℃，膨胀率≥15 倍）及 1.5%水泥（42.5 级普通硅酸盐水泥），然后采用冷再生机在现场拌和。拌和时控制混合料含水率不超过 3.5%±0.3%。拌和后混合料级配要求：4.75mm 筛通过率不超过 35%~50%，0.075mm 筛通过率≤8%，确保泡沫沥青均匀裹覆集料。

（3）摊铺与碾压　摊铺机应连续作业，松铺系数取 1.3（压实厚度10cm）。碾压分三阶段进行：初压（10t 双钢轮压路机静压 2 遍，碾压速度 1.8km/h）、复压（26t 胶轮压路机揉压 5 遍，碾压速度 2.5km/h）、终压（双钢轮压路机收面 2 遍），要求压实度≥98%，平整度≤4mm/3m。

（4）接缝处理　纵向接缝时，先涂刷热沥青（0.6kg/m²），要求有 15cm 宽的重叠摊铺范围，然后斜向 45° 交叉碾压以消除接缝；横向接缝时，先切割垂直断面，涂布乳化沥青（0.4kg/m²）后搭接碾压。检查井周边 30cm 范围内由人工补铺泡沫沥青混合料，用小型压路机加密压实 3 遍。

（5）养护　再生层施工后覆盖透水土工布进行养护，每日雾状洒水 3 次，以保持表面湿润，养护期为 7d。养护期间应封闭交通，7d 后钻芯检测，强度等级≥3.5MPa 时方可加铺 5cm 厚 AC-16 型沥青混凝土面层（摊铺温度≥150℃）。

本节小结

通过本节内容的学习，掌握各种沥青路面再生技术的适用范围、结构组合、厚度要求、施工方法，能够根据工程特点提出合适的沥青路面再生方法。本节案例以沥青路面再生设计与施工为主，沥青路面再生设计要有针对性，要针对具体情况提出合适的沥青路面再生方案。

本模块总结

目前，我国公路系统中有很多的沥青路面，沥青路面的养护与维修是路面养护人员常遇到的问题。在沥青路面养护工作中，路面养护人员应首先进行沥青路面的路况调查，计算各项评价指标，判断路面各类病害的发生原因，然后根据具体情况选择封层、功能性罩面或结构性补强等养护维修措施。

自我测评

一、填空题

1. 沥青路面行驶质量的评价指标是_____。
2. 沥青路面罩面按其使用功能分为_____、_____和_____三种。
3. 沥青类路面 PCI 的数值越_____，路况越好；PSSI 的数值越_____，路面强度越高。
4. 沥青路面坑槽采用挖补法修补时，应遵循_____原则。
5. 稀浆封层的作用有_____、_____、_____和_____。

二、单项选择题

1. 沥青路面滑移裂缝产生的原因主要是（　　　）。

A. 面层松散　　　　　　　　　　　　　　B. 面层和基层之间结合较差

C. 路基不均匀沉降　　　　　　　　　　　　D. 基层厚度不足

2. 行车道沥青路面同时出现了车辙和唧浆，最有可能的病害是（　　　）。

A. 结构性破坏　　　　　　　　　　　　　　B. 水损害

C. 高温失稳型车辙　　　　　　　　　　　　D. 压密型车辙

3. 沥青路面坑槽属于（　　　）。

A. 裂缝类病害　　　　　　　　　　　　　　B. 变形类病害

C. 松散类病害　　　　　　　　　　　　　　D. 其他类病害

4. ES-2 型乳化沥青稀浆封层的层厚一般为（　　　）。

A. 2.5～3mm　　　B. 4～6mm　　　C. 7～9mm　　　D. 8～10mm

5. 沥青路面技术状况指数 PQI 及其各分项指标中有任一项被评价为"中""次""差"的路段，应安排（　　　）。

A. 日常养护　　　　B. 预防养护　　　　C. 修复养护　　　　D. 专项养护

6. 一般不可能是沥青路面横向裂缝的是（　　　）。

A. 反射裂缝　　　　　　　　　　　　　　　B. 温度收缩裂缝

C. 路基纵向不均匀沉降　　　　　　　　　　D. 中央分隔沉降

7. 沥青路面车辙属于（　　　）。

A. 裂缝类病害　　　B. 变形类病害　　　C. 松散类病害　　　D. 其他类病害

8. MS-3 型微表处层厚一般为（　　　）。

A. 2.5～3mm　　　B. 4～7mm　　　C. 7～9mm　　　D. 8～10mm

三、多项选择题

1. 造成沥青路面面层裂缝的原因有（　　　）。

A. 基层温度收缩和干燥收缩　　　　　　　　B. 沥青面层用油量过高

C. 沥青结合料延性较差　　　　　　　　　　D. 沥青结合料老化

2. 沥青路面结构性破坏可能会导致（　　　）。

A. 泛油　　　　　　B. 车辙　　　　　　C. 网裂　　　　　　D. 沉陷

3. 下列哪些属于沥青路面横向裂缝产生的原因（　　　）。

A. 路基纵向不均匀沉降　　　　　　　　　　B. 基层反射裂缝

C. 温度收缩裂缝　　　　　　　　　　　　　D. 路基横向不均匀沉降

4. 下列哪些属于沥青路面纵向裂缝产生的原因（　　　）。

A. 中央分隔带进水　　　　　　　　　　　　B. 拓宽路段的新老路面交界处沉降不一

C. 基层过厚　　　　　　　　　　　　　　　D. 自由水侵入路堤边部下面的地基

5. 关于半刚性基层沥青路面温度裂缝的说法正确的有（　　　）。

A. 温度裂缝上宽下窄

B. 沥青路面温度裂缝一般为横向裂缝

C. 沥青面层越薄，越不易产生温度裂缝

D. 可在面层和基层之间设置应力吸收层来防治温度裂缝

6. 下列可能引起沥青路面车辙的有（　　　）。

A. 水损害　　　　　　　　　　　　　　　　B. 结构性破坏

C. 沥青用量过多　　　　　　　　　　　　　D. 粗集料用量过多

7. 关于沥青路面拥包病害的说法正确的有（   ）。

A. 表面处治用层铺法施工，施工中沥青洒布不够均匀易导致施工拥包

B. 属变形类病害

C. 对于基层原因引起的拥包，可铲除拥包后再将表面处治平整即可

D. 面层沥青用量过多或细集料集中易产生较严重的拥包

8. 关于沥青路面坑槽病害的说法正确的有（   ）。

A. 属变形类病害

B. 通常是由于水进入开裂的表面的原因，引起基层软弱形成的

C. 仅面层有坑槽时可采用热补法修补

D. 因基层局部强度不足形成的坑槽应先处治基层，再修复面层

9. 下列可能引起沥青路面泛油的有（   ）。

A. 水损害   B. 结构性破坏

C. 沥青混合料空隙率过小   D. 温度过高及超重车较多

10. 关于沥青路面罩面的说法正确的有（   ）。

A. 罩面适用于 PCI≥75、RQI≥75 的一级公路

B. 以公称最大粒径 19mm 的沥青混合料作为罩面

C. 罩面分为直接罩面和沥青表面层铣刨后罩面

D. 高速公路可采用骨架-空隙排水型级配作为罩面

四、问答题

1. 什么是沥青路面车辙？

2. 试述沥青路面坑槽病害发生的原因，以及采用挖补法维修处理面层坑槽的施工程序。

3. 什么是沥青路面泛油？

4. 沥青面层油石比过大，且已严重泛油的路段如何处理？

5. 什么是封层？其适用范围是什么？封层有哪些类型？

6. 什么是沥青路面再生利用技术？沥青路面再生利用技术可分为哪些类型？各种类型的适用场合是什么？

案例实训

沥青路面养护与维修实训

一、已知条件

1. 工程概况

广佛高速公路一期全长 15.7km，于 1989 年建成通车。路基宽 26m，路面为沥青混凝土，少量为水泥混凝土，4 车道上下分道行驶，中央设 3m 宽分隔带，两侧铺设硬路肩。经过数年的行车以及软基路段工后沉降后，路线纵（横）坡与原设计产生了较大的变化。为了满足日益增长的交通需求，保证行车安全、舒适、顺畅，养护单位于 1992 年 10 月对该路进行了路面调平。为缓解交通压力，广佛高速公路于 1999 年 10 月进行了加宽扩建，沙贝至雅瑶段单向加宽两车道（图 3-29），主 1 车道从通车运营开始就是主车道，主 2 车道处于旧路面硬路肩与扩建路面的交界处，路基宽度变为 41.5m（八车道）；雅瑶至谢边段单向加宽 1 个车

道，路基宽度变为 33.5m（六车道）。

广佛高速公路主线路面结构从上到下依次为 4cm AC-16I＋5cm AC-25Ⅱ＋6cm AM-25＋25cm 水泥稳定石屑＋28cm 水泥稳定土，如图 3-30 所示。水泥稳定石屑采用厂拌法施工，水泥稳定土采用路拌法施工。

主3车道	主2车道	主1车道	超车道	中央分隔带	超车道	主1车道	主2车道	主3车道

图 3-29　车道布置平面图

4cm AC-16I
5cm AC-25Ⅱ
6cm AM-25
25cm 水泥稳定石屑
28cm 水泥稳定土

图 3-30　广佛高速公路主线路面结构

2. 路况调查

（1）破损调查　广佛高速公路破损调查资料显示，两个方向的破损类型及各种破损所占比例基本相同，破坏形式主要以裂缝、沉陷、龟裂和车辙为主，个别路段伴有唧浆病害。为进一步确定不同病害类型、不同病害程度情况下的路面结构层破损的深度和范围，选取具有代表性的病害部位及其附近尚未出现病害的部位钻孔取芯，广州至佛山方向的取芯结果详见表 3-73。

表 3-73　广州至佛山方向取芯结果

位置	表观描述	结构层厚度/cm				芯样现场描述	
		面层			基层	面层	基层
		上	中	下			
超车道	车道靠中央分隔带边缘纵裂	4.0	5.0	5.8	22.8	上、中、下面层芯样存在竖向贯通裂缝	芯样存在竖向贯通裂缝，局部松散
	沉陷、龟裂	4.0	5.0	5.5	19.0	面层和基层脱落，基层芯样松散	
	车辙（轮迹带下陷，两侧隆起，槽深4cm）	3.3	4.1	5.6	23.8	芯样完整	芯样完整
	良好	4.0	4.9	5.9	24.8	芯样完整	芯样完整
主1车道	纵向断续的沉陷、龟裂	4.0	5.0	5.6	18.5	芯样完整	芯样存在竖向贯通裂缝，松散
	龟裂、沉陷、唧浆	4.0	5.0	5.8	23.5	上面层芯样完整，中、下面层芯样松散	芯样存在竖向贯通裂缝，局部轻微松散
	滑移裂缝	4.0	5.0	5.9	23.8	面层和基层脱落	
	良好	4.0	5.0	5.9	23.8	芯样完整	芯样完整
主2车道	加宽接缝处纵向裂缝，裂缝右侧沉陷8cm	4.0	5.0	5.8	24.2	上、中、下面层芯样存在竖向贯通裂缝	芯样存在竖向贯通裂缝

（续）

位置	表观描述	结构层厚度/cm				芯样现场描述	
		面层			基层	面层	基层
		上	中	下			
主2车道	龟裂、沉陷、泛油	4.0	4.9	5.6	22.5	上面层芯样表面沥青聚集，中、下面层芯样松散	芯样局部松散
	补块处坑槽	3.6	4.9	5.5	21.5	上面层芯样表面松散，中、下面层芯样局部松散	芯样完全松散
	良好（两个小块修补之间）	4.0	5.0	5.9	24.6	上面层芯样完整，中、下面层芯样局部松散	芯样完整
主3车道	路肩下沉、车道外侧边缘纵裂	4.0	5.0	5.7	23.8	上、中、下面层芯样存在竖向贯通裂缝	芯样存在竖向贯通裂缝，局部松散
	车辙（轮迹带下陷，两侧隆起，槽深5cm）	3.2	4.3	5.5	23.8	上面层芯样局部松散，中面层芯样底部松散，下面层顶部松散	芯样局部松散
	横向贯穿车道裂缝	4.0	5.0	5.9	24.2	上面层芯样存在竖向裂缝、未贯通，中、下面层完整	芯样完整
	良好	4.0	5.0	5.8	23.8	芯样完整	芯样完整

佛山至广州方向的取芯结果详见表3-74。

表3-74 佛山至广州方向的取芯结果

位置	表观描述	结构层厚度/cm				芯样现场描述	
		面层			基层	面层	基层
		上	中	下			
超车道	贯穿车道的横向裂缝	4.0	5.0	5.6	23.2	上、中、下面层芯样存在竖向贯通裂缝	芯样存在竖向贯通裂缝，裂缝较面层更宽
	轮迹带纵向断续网裂、沉陷	4.0	5.0	5.5	18.0	面层基本完整	厚度较薄，材料破碎
	靠近桥梁的路面有横向裂缝，裂缝两侧有错台	4.0	5.0	5.6	21.8	上、中、下面层芯样存在竖向贯通裂缝	芯样存在竖向贯通裂缝
	良好	4.0	4.9	5.9	24.8	芯样完整	芯样完整
主1车道	沿轮迹带轻微车辙内存在纵向裂缝	4.0	4.9	5.7	20.5	上、中、下面层芯样存在竖向贯通裂缝	芯样上部存在竖向裂缝，材料局部破碎

（续）

位置	表观描述	结构层厚度/cm				芯样现场描述	
		面层			基层	面层	基层
		上	中	下			
主1车道	坑槽、唧浆	4.0	4.9	5.6	19.5	上、中、下面层芯样松散	芯样完全松散
	沿行车轨迹黑色发亮，片状油斑布满车道	4.1	4.9	5.8	24.8	上面层沥青较多，中、下面层沥青较少	芯样完整
	良好	4.0	5.0	5.9	24.6	芯样完整	芯样完整

主线路面破损统计评价汇总见表3-75。

表 3-75 主线路面破损统计评价汇总

车道		综合破损率（%）
广州至佛山	超车道	7.25
	主1车道	9.08
	主2车道	22.96
	主3车道	8.36
佛山至广州	超车道	8.21
	主1车道	18.86

（2）交通量调查 通过对广佛高速公路交通量的调查与分析发现，广佛高速公路自1989年通车以来，交通量迅猛增长，到1996年已趋于饱和，尽管在1999年扩建了车道，但交通量仍然非常大，并且重车多、超载严重。

（3）弯沉测量结果 弯沉测量结果见表3-76。

表 3-76 弯沉测量结果

检测和统计的位置		代表弯沉值（0.01mm）	设计弯沉值（0.01mm）
广州至佛山	超车道	20.48	24.9
	主1车道	32.98	24.9
	主2车道	34.6	24.9
	主3车道	22.09	24.9
佛山至广州	超车道	16.58	24.9
	主1车道	35.68	24.9

（4）平整度检测结果 平整度检测结果见表3-77。

表 3-77　平整度检测结果

检测和统计的位置		IRI 平均值
广州至佛山	超车道	4.315
	主 1 车道	8.315
	主 2 车道	10.875
	主 3 车道	6.518
佛山至广州	超车道	5.615
	主 1 车道	9.365

（5）路面跳车数检测结果　路面跳车数检测结果见表 3-78。

表 3-78　路面跳车数检测结果

检测和统计的位置		路面跳车数/处		
		轻度	中度	重度
广州至佛山	超车道	6	0	0
	主 1 车道	8	1	0
	主 2 车道	12	1	0
	主 3 车道	15	1	0
佛山至广州	超车道	8	0	0
	主 1 车道	11	0	0

（6）车辙深度检测结果　车辙深度检测结果见表 3-79。

表 3-79　车辙深度检测结果

检测和统计的位置		车辙平均深度/mm
广州至佛山	超车道	6.85
	主 1 车道	15.43
	主 2 车道	18.65
	主 3 车道	11.83
佛山至广州	超车道	4.52
	主 1 车道	19.53

（7）横向力系数检测结果　横向力系数检测结果见表 3-80。

表 3-80　横向力系数检测结果

检测和统计的位置		SFC 平均值
广州至佛山	超车道	38.51
	主 1 车道	29.78
	主 2 车道	23.38
	主 3 车道	37.83
佛山至广州	超车道	35.61
	主 1 车道	26.66

（8）路面磨耗率检测结果　路面磨耗率检测结果见表3-81。

表 3-81　路面磨耗率检测结果

检测和统计的位置		路面磨耗率（%）
广州至佛山	超车道	4.1
	主1车道	5.2
	主2车道	7.5
	主3车道	10.1
佛山至广州	超车道	3.8
	主1车道	4.6

二、任务要求

任务分工

分组	任务
第一小组	广州至佛山超车道
第二小组	广州至佛山主1车道
第三小组	广州至佛山主2车道
第四小组	广州至佛山主3车道
第五小组	佛山至广州超车道
第六小组	佛山至广州主1车道

各小组按以上任务分工完成以下内容：

1）结合已知条件对广佛高速公路的路面技术状况进行评定，并给出相应的维修养护对策。

2）分析所遇各种病害的发生原因，并给出各种病害的处理方法。

3）对需要加铺单面、封层或进行补强、路面再生的路段，给出设计方案，并绘制路面结构设计图（包括层间结合层，如黏层、防水层等）。

三、学习参考资料

《公路养护技术标准》（JTG 5110—2023）、《公路沥青路面养护技术规范》（JTG 5142—2019）、《公路沥青路面设计规范》（JTG D50—2017）、《公路沥青路面再生技术规范》（JTG/T 5521—2019）。

启示园地

沥青路面养护与维修

1. 有些沥青路面发生唧浆、坑槽、网裂等水损害，经修补后为什么还会出现同样的病害？这是养护质量出现了问题，沥青路面养护要严格按规范要求完成每一个养护步骤，进行水损害修补时，要将损坏的路面层挖除干净，损坏到哪一层就挖除到哪一层；碾压时要分层碾压，压实度要达到规范要求……只有每个养护步骤都做好了，才能达到质量标准要求。沥青路面工程是公用事业，工程技术人员必须有工匠精神和职业精神，要担负起社会责任。

2. 沥青路面养护维修要想精准无误，科学合理地选择维修工艺至关重要，要针对不同病害采取差异化工艺，避免过度维修。不同病害（如裂缝、坑槽、车辙、松散等）的成因、发展规律及对路面性能的影响各不相同，因此必须采取针对性措施，而非"一刀切"式的维修方式。过度维修不仅造成资源浪费，还可能因不当干预而加速路面损坏。如非活动性裂缝通常由温度应力或材料老化引起，裂缝宽度较窄（<5mm），边缘无显著错台，此类裂缝适合采用灌缝或贴缝带措施进行修补。灌缝材料应选用高弹性密封胶，以确保在低温下仍能适应裂缝的伸缩变化。若铣刨重铺，则属于过度维修，不仅成本高，还可能因新、旧材料的黏结问题导致二次开裂。

水泥混凝土路面养护与维修

学习目标

通过本模块的学习，了解水泥混凝土路面日常养护工作的内容与要求，掌握水泥混凝土路面使用质量评价的方法，掌握水泥混凝土路面产生各种破损的原因及防治措施，掌握水泥混凝土路面加铺层设计的方法。能对水泥混凝土路面的使用质量进行评价，能分析水泥混凝土路面常见病害的原因，能制订水泥混凝土路面的初步养护维修方案。培养学生施工质量意识、预防性养护意识、技术创新意识，以及执着的探究精神，与人合作的协作精神。

内容概要

本模块的主要内容包括水泥混凝土路面使用质量的评价方法及养护对策，水泥混凝土路面的日常养护，水泥混凝土路面常见病害的原因及处理方法，水泥混凝土路面常见加铺层的特点及适用情况等。

先导案例

316 国道十堰段病害治理案例

一、案例背景资料

1. 工程概况

316 国道十堰段（K1549+850～K1582+120）为湖北省襄阳市至十堰市的重要道路，是十堰市通往中部地区的重要通道，设计等级为山岭重丘区二级公路，路面结构形式为水泥混凝土路面。本案例涉及路段位于 316 国道十堰段丁家营集镇，起止桩号为 K1571+600～K1573+800，总长 2.2km，路面为双车道，道路宽 9m，水泥混凝土板宽 4.5m、长 6m，水泥混凝土板厚 22cm。

2. 使用性能调查结果

路面损坏状况调查结果见表 4-1。

表 4-1 路面损坏状况调查结果

编号	病害类型	计量单位	轻重程度			
			轻	中	重	不分等级
1	纵向、横向、斜向裂缝	块	18	40	9	—
2	角隅断裂	块	3	1	8	—
3	交叉裂缝、断裂板	块	2	2	63	—
4	沉陷	处	2	1	2	—
5	胀起	处	1	2	1	—
6	唧泥	条	5		3	—
7	错台	处	3	1	2	—
8	接缝碎裂	条			4	—
9	拱起	处	2	3	2	—
10	纵向接缝张开	条	3		2	—
11	接缝填缝料损坏	条	3	6	2	—
12	起皮	块	3	8	1	—
13	露骨	块	1		6	—
14	坑洞	块	—	—	—	9
15	修补	块				
16	总计	—	50	67	108	9

二、案例分析要求

1）结合已知条件对 316 国道十堰段的路面使用质量进行评价并给出相应的维修养护对策。

2）分析所遇病害的发生原因，并给出病害的处理方法。

3）对需要加铺罩面、封层或补强的路段，给出设计方案（包括层间结合层，如黏层、防水层等）。

三、案例分析要点

本案例考核水泥混凝土路面病害分析和治理的有关知识，主要涉及水泥混凝土路面日常养护工作的内容与要求，水泥混凝土路面使用质量评价的方法，水泥混凝土路面产生各种破损的原因及防治措施，水泥混凝土路面罩面设计的方法等问题。要求计算路面性能指标，正确分析本工程水泥混凝土路面病害发生的原因并制订针对性的路面养护维修方案。因此，在进行案例分析时，要根据本案例背景给定的条件，分析每一个病害发生的原因并针对性地提出养护维修对策，最后做罩面设计，恢复道路表面性能，形成完整的养护维修方案。

四、案例分析过程

1. 路面使用性能评价

（1）路面状况指数（PCI）的计算 此次调查涉及混凝土板块 743 块，接缝 1100 条，具体调查结果见表 4-2。

表 4-2　路面状况指数（PCI）计算

损坏类型		损坏程度	损坏数量	损坏密度 D_{ij}	系数 A_{ij}	系数 B_{ij}	i 种病害和 j 种轻重程度的单项扣分值 DP_{ij}	各单项扣分值占总扣分值的比值 R_{ij}	同时出现多种破损时，i 种病害和 j 种轻重程度扣分值的修正系数 W_{ij}	$DP_{ij}W_{ij}$
断裂类	纵向、横向、斜向裂缝	轻	18	0.025	30	0.55	3.94	0.03	0.075	0.30
		中	40	0.054	65	0.52	14.25	0.11	0.275	3.92
		重	9	0.012	93	0.54	8.54	0.07	0.175	1.49
	角隅断裂	轻	3	0.004	49	0.76	0.74	0.01	0.025	0.02
		中	1	0.001	73	0.64	0.88	0.01	0.025	0.02
		重	8	0.011	95	0.61	6.07	0.05	0.125	0.76
	交叉裂缝、断裂板	轻	2	0.003	70	0.60	2.14	0.02	0.05	0.11
		中	2	0.003	88	0.50	4.82	0.04	0.10	0.48
		重	63	0.086	103	0.42	96.76	0.29	0.562	20.66
竖向位移类	沉陷	轻	2	0.003	49	0.76	0.59	0.01	0.025	0.01
		中	1	0.001	65	0.94	0.78	0.01	0.025	0.02
		重	2	0.003	92	0.52	4.49	0.04	0.10	0.45
	胀起	轻	1	0.001	49	0.76	0.26	0.002	0.005	0.001
		中	2	0.003	65	0.64	1.58	0.01	0.025	0.04
		重	1	0.001	92	0.52	2.53	0.01	0.05	0.13
接缝类	唧泥	轻	5	0.005	25	0.90	0.21	0.002	0.005	0.001
		重	3	0.003	65	0.30	0.62	0.01	0.025	0.02
	错台	轻	3	0.003	30	0.70	0.51	0.01	0.025	0.01
		中	1	0.001	60	0.61	0.89	0.01	0.025	0.02
		重	2	0.002	92	0.53	3.41	0.03	0.075	0.26
	接缝碎裂	轻	2	0.002	23	0.81	0.15	0.002	0.005	0.001
		中	1	0.001	30	0.61	0.44	0.003	0.008	0.004
		重	4	0.004	51	0.71	1.01	0.01	0.025	0.03
	拱起	轻	2	0.002	49	0.76	0.44	0.004	0.10	0.01
		中	3	0.003	65	0.64	1.58	0.01	0.025	0.04
		重	2	0.002	92	0.52	3.63	0.04	0.01	0.36
	纵向接缝张开	轻	3	0.003	30	0.90	0.16	0.002	0.005	0.001
		重	2	0.002	70	0.70	0.90	0.01	0.025	0.02
	接缝填缝料损坏	轻	3	0.003	10	0.95	0.04	0.0004	0.001	0.00004
		中	6	0.005	35	0.90	0.30	0.004	0.01	0.003
		重	2	0.002	60	0.80	0.42	0.005	0.013	0.01

（续）

损坏类型		损坏程度	损坏数量	损坏密度 D_{ij}	系数 A_{ij}	系数 B_{ij}	i 种病害和 j 种轻重程度的单项扣分值 DP_{ij}	各单项扣分值占总扣分值的比值 R_{ij}	同时出现多种破损时，i 种病害和 j 种轻重程度扣分值的修正系数 W_{ij}	$DP_{ij}W_{ij}$
表层类	起皮	轻	3	0.004	22	0.70	0.46	0.004	0.01	0.005
		中	8	0.011	60	0.60	4.01	0.03	0.075	0.30
		重	1	0.001	90	0.50	2.85	0.02	0.05	0.14
	露骨	轻	1	0.001	20	0.70	0.16	0.001	0.003	0.14
		重	6	0.008	60	0.50	5.37	0.04	0.01	0.54
	坑洞	—	9	0.012	30	0.60	2.11	0.02	0.05	0.11
	修补	轻	2	0.003	10	0.95	0.04	0.0003	0.001	0.00004
		中	2	0.003	60	0.60	1.84	0.01	0.025	0.50
		重	3	0.004	90	0.54	4.56	0.04	0.10	0.46
总计							184.48	—		31.40

$$PCI = 100 - \sum_{i=1}^{n} \sum_{j=1}^{m_i} DP_{ij}W_{ij} = 100 - 31.40 = 68.60$$

对照路面破损状况等级评定标准可知，此路段的路面状况指数（PCI）的评定等级为"次"。

（2）断板率（DBL）的计算 水泥混凝土路面断板率（DBL）计算见表4-3。

表4-3 水泥混凝土路面断板率（DBL）计算

损坏类型		损坏程度	破损数量 DB_{ij}	权系数 DB'_{ij}	$DB_{ij}W'_{ij}$
裂缝类	纵向、横向、斜向裂缝	轻	18	0.20	3.6
		中	40	0.60	24
		重	9	1.00	9
	角隅断裂	轻	3	0.20	0.6
		中	1	0.70	0.7
		重	8	1.00	8
	交叉裂缝、板断裂	轻	2	0.60	1.2
		中	2	1.00	2
		重	63	1.50	94.5
总计					143.6

$$DBL = \left(\sum_{i=1}^{n} \sum_{j=1}^{m_i} DB_{ij}W'_{ij} \right) \Big/ BS = 143.6/743 = 19.33\%$$

对照路面破损状况等级评定标准可知，此路段的路面断板率（DBL）的评定等级为"次"。

（3）路面结构承载能力

1）接缝传荷能力。根据表4-4中的测量结果可以看出，旧水泥混凝土板约85%的接缝的传荷能力为"优良"，只有5%的接缝的传荷能力较差。

表4-4　弯沉值测量结果

测定路段	桩号	弯沉差（1/100mm）	传荷系数（%）	数量/条	比例（%）
上行线	K1573+800~ K1571+600	$0 \leqslant \Delta L_r \leqslant 6$	>80	260	94
		$6 < \Delta L_r \leqslant 10$	56~80	31	10
		$10 < \Delta L_r$	<55	17	6
下行线	K1571+600~ K1573+800	$0 \leqslant \Delta L_r \leqslant 6$	>80	287	86
		$6 < \Delta L_r \leqslant 10$	56~80	29	9
		$10 < \Delta L_r$	<55	18	5

2）板底脱空状况。由表4-5可知，路面的整体承载力虽有明显下降，但不会对加铺层结构造成很大影响。从实测单点数据来看，有个别板块的板中弯沉值过大，达到37.4，说明该板板底脱空，根据评定标准，可采用压浆的方法进行处理。

表4-5　研究路段的代表弯沉值

测定路段	桩号	代表弯沉值（1/100mm）
上行线	K1573+800~K1573+000	19.9
	K1573+000~K1572+000	22.5
	K1572+000~K1571+600	18.7
下行线	K1571+600~K1572+000	19.5
	K1572+000~K1573+000	24.2
	K1573+000~K1573+800	20.2

（4）路面行驶质量　根据表4-6计算RQI指标。

表4-6　平整度调查

起点桩号	终点桩号	IRI
K1571+600	K1573+800	7.2

$$RQI = 10.5 - 0.75 \times 7.2 = 5.1$$

对照路面破损状况等级评定标准可知，此路段的行驶质量等级为"中"。由于RQI的值接近评定等级"中"的下限，因此严格说来，此路段的行驶质量等级应为"中等偏次"。

（5）路面表面抗滑能力　根据目测结果，此路段抗滑能力的等级评定为"次"。

316国道十堰段旧水泥混凝土路面综合评定结果见表4-7。

表4-7　316国道十堰段旧水泥混凝土路面综合评定结果

评定项目		等级评定
路面破损状况	PCI	次（PCI=68.60）
	DBL	次（DBL=19.33%）

（续）

评定项目	等级评定
结构承载能力	部分板块弯沉值过大，需要处理
行驶质量	中等偏次
抗滑能力	次

（6）评定结果　对以上的调查结果进行分析，可以得出以下结论：

1）路段总体上破坏比较严重，特别是断裂板较多。

2）从破坏类型来看，水泥混凝土路面的各种破坏类型在该路段上均有发生，其中裂缝的破坏最为严重和普遍，有些路段甚至出现了连续的板块断裂。

3）调查中发现，路段大多数伸缩缝和施工缝的填缝质量不高，有些路段甚至未进行填缝处理，以致雨水进入基层，这也是导致路面破坏的一个重要原因。

（7）养护维修对策　二级公路的路面破损状况等级为次及次以下时，应采取全路段修复或改善措施，包括破碎稳压、铺筑沥青混合料加铺层或水泥混凝土加铺层；路面的行驶质量等级或抗滑能力等级为次及次以下时，应采取刻槽、罩面或加铺层等措施来改善路面平整度、提高路表面的抗滑能力。因此，该路段采取铺筑沥青混合料加铺层的措施来改善旧水泥混凝土路面。

2. 病害分析及处理措施

（1）严重断裂板、龟裂板、破碎板及沉陷断裂板处理　对于严重断裂板、龟裂板、破碎板及沉陷断裂板，贯穿全板的交叉裂缝板，裂缝处严重剥落且有错台、裂块已开始活动的断板，均采取挖除旧板浇筑新板的处理措施。

（2）板边、板角修补　对于板角破碎、角隅断裂，掉边、缺角等病害板，用切割机按破裂面的大小确定切割范围，将损坏部分破碎凿除。清除混凝土碎屑后，目测基层质量，若基层板体性差，则下挖基层，直至板体性好的层面，然后浇筑与旧板等强度的水泥混凝土与旧板面齐平。

（3）接缝、裂缝维修

1）接缝维修。对填缝料损坏的接缝，首先清除接缝中的旧填缝料和杂物，采用加热了的聚氯乙烯胶泥、沥青橡胶类材料或常温施工的聚氨酯焦油类填缝料进行填缝。对于张开宽度10mm以下的纵向接缝，采取沥青橡胶类加热施工的填缝料维修；张开宽度在10mm以上、15mm以下时，采取常温施工的填缝料进行维修；张开宽度在15mm以上时，采用沥青砂填缝。接缝碎裂时，沿破碎部位外缘将垂直面板切割成规则图形，然后清除混凝土碎块，吹净灰尘、杂物，并保持干燥状态，再用改性环氧树脂类高模量补强材料进行填充。

2）裂缝维修。对宽度在3mm以下的裂缝，采用低黏性沥青或环氧树脂等材料灌注。对贯穿板厚的宽度大于3mm且小于15mm的裂缝，采取条带罩面法进行补缝，即平行于裂缝两侧切缝，再凿除切缝范围内约7cm深的混凝土，如图4-1a所示；每间隔50cm打一对钯钉孔，并在两钯钉孔之间打与钯钉孔直径一致的钯钉槽，钯钉孔填满砂浆后将钯钉插入孔内安装，然后将切缝后的内壁凿毛，再浇筑混凝土、振捣密实、抹平，并喷洒养护剂，如图4-1b所示。对于宽度大于15mm的严重裂缝，采用全深度补块处理。

（4）错台处治　路面发生错台或板块开裂时，应首先考虑路基是否出现问题，若由基层过软或者板块下基层脱空引起的错台，则必须将整个板块全部凿除，重新压实路基及基层，浇筑新混凝土。对于错台小于或等于1cm的板块，可不予处理；错台大于1cm的板块，

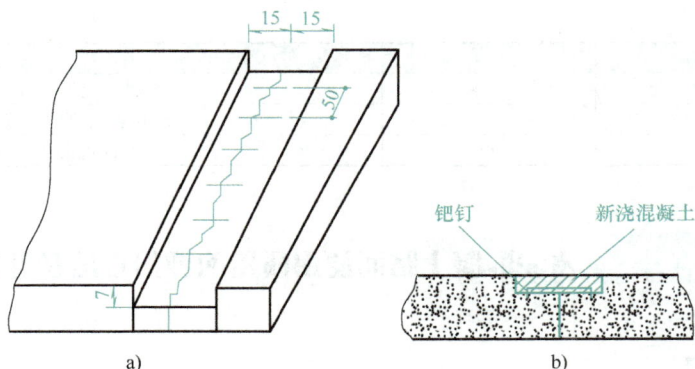

图 4-1　条带补缝（单位：cm）

首先清除路面杂物和灰尘，并喷洒一层黏层沥青，再采用沥青砂填补，修补面纵坡变化应控制在 1% 以内，最后用轮胎压路机碾压平整。

（5）基层处理　当水泥混凝土路面板的破坏是由基层的原因引起时，则应首先处理基层。基层可采用换填低强度等级混凝土或水稳定性好的土、碎（砂）砾石等方法来处理。如果施工条件不好，也可以采用 C15 贫混凝土将路面基层补强，其补强混凝土顶面标高应与旧路面基层顶面标高相同。

在路面排水不良地带翻修路面板时，路面板边缘及路肩应设置路基纵、横向排水系统。单一边板翻修时应在路面板接缝处设置横向盲沟；较长路段翻修时宜设置纵向盲沟，并应在纵坡底部设置横向盲沟。

（6）表层类病害处治　对于其他表层类病害（起皮、露骨等），因对沥青加铺层的使用效果影响不大，可以不做处理，但应将面板清理干净。

（7）板底脱空处治　对于实测单点弯沉值小于或等于 0.2mm 的板块，不予处理；对于实测单点弯沉值大于 0.4mm 的脱空严重的板块，应破碎挖除旧板后浇筑新板；对于实测单点弯沉值介于 0.2mm 和 0.4mm 之间的板块，进行板底压浆处理。

3. 加铺层结构设计方案

本案例具体采用如下所述的三层式路面加铺层结构：上封层为 1.5cm 的细粒式沥青碎石混合料 AM-13，面层为 7cm 的中粒式沥青碎石混合料 AM-20，共 8.5cm 的沥青罩面层；调平层为 1~2cm 的沥青砂。316 国道十堰段丁家营集镇过境路段沥青混合料加铺层结构设计方案见表 4-8。

表 4-8　316 国道十堰段丁家营集镇过境路段沥青混合料加铺层结构设计方案

结构层次	厚度/cm	材料类型
上封层	1.5	重交通沥青 AH-70 细粒式沥青碎石混合料 AM-13
黏层	—	SBR 乳化改性沥青
面层	3.5	重交通沥青 AH-70 中粒式沥青碎石混合料 AM-20
黏层	—	SBR 乳化改性沥青
防裂夹层	—	玻璃纤维土工格栅
面层	3.5	重交通沥青 AH-70 中粒式沥青碎石混合料 AM-20
黏层	—	SBR 乳化改性沥青
调平层	1~2	沥青砂

（续）

结构层次	厚度/cm	材料类型
防水防裂层	—	浸渍沥青土工布
黏层	—	SBR 乳化改性沥青
旧混凝土板	22	水泥混凝土

4.1 水泥混凝土路面使用质量的评价方法及养护对策

知识学习

一、水泥混凝土路面状况评价

水泥混凝土路面状况评价的内容包括路面损坏状况评定、路面结构承载能力、路面行驶质量和路面表面抗滑能力等内容。

（一）路面损坏状况评定

依据《公路水泥混凝土路面设计规范》（JTG D40—2011）对路面损坏状况的调查评定标准，旧混凝土路面的损坏状况应采用断板率和平均错台量两项指标进行评定，其中，断板率的调查和计算按《公路水泥混凝土路面养护技术规范》（JTJ 073.1—2001）的规定进行。具体评价及计算方法如下。

1. 断板率 DBL

依据路段破损状况调查得到的断裂类病害的板块数，按断裂缝种类和严重程度的不同，采用不同的权系数进行修正后，由下式确定该路段的断板率（DBL），以百分数表示：

$$DBL = \left(\sum_{i=1}^{n} \sum_{j=1}^{m_i} DB_{ij} W'_{ij} \right) / BS$$

式中　DB_{ij}——i 种裂缝病害 j 种轻重程度的板块数；

　　　W'_{ij}——i 种裂缝病害 j 种轻重程度的修正权系数，按表 4-9 确定；

　　　BS——评定路段内的板块总数。

表 4-9　计算断板率的权系数 W'_{ij}

裂缝类型	交叉裂缝			角隅断裂			纵向、横向、斜向裂缝		
轻重程度	轻	中	重	轻	中	重	轻	中	重
权系数 W'_{ij}	0.60	1.00	1.50	0.20	0.70	1.00	0.20	0.60	1.00

水泥混凝土路面断板率评价标准见表 4-10。

表 4-10　水泥混凝土路面断板率评价标准

等级	优良	中	次	差
断板率（%）	≤5	5~10	10~20	>20

2. 平均错台量

以调查路段内各条接缝高程差的平均值表示该路段的平均错台量，其评价标准见表 4-11。

表 4-11　水泥混凝土路面平均错台量评价标准

表 4-11　水泥混凝土路面平均错台量评价标准

等级	优良	中	次	差
平均错台量/mm	≤3	3~7	7~12	>12

3. 路面损坏状况指数 PCI

依据《公路技术状况评定标准》（JTG 5210—2018），对公路水泥混凝土路面的损坏状况补充采用路面损坏状况指数（PCI）进行评价，PCI 由路面破损率（DR）计算得出。

其中，路面破损率（DR）按下式计算：

$$DR = 100 \frac{\sum_{i=1}^{i_0} w_i A_i}{A}$$

式中　DR——路面破损率（%）；

A_i——路面损坏中第 i 类损坏（分严重程度）的累计面积（m^2）；

A——路面的实际调查面积（m^2），为调查路段长度与有效路面宽度之积；

i_0——包含损坏程度（轻、中、重）的损坏类型总数，水泥混凝土路面取 2.0；

w_i——路面损坏中第 i 类损坏（分严重程度）的权重，参见表 4-12。

表 4-12　水泥混凝土路面的损坏类型和权重

损坏类型 i	损坏名称	损坏程度	计量单位/m^2	权重 w_i（人工调查）
1	破碎板	轻	面积	0.8
2		重		1.0
3	裂缝	轻	长度×1.0m	0.6
4		中		0.8
5		重		1.0
6	板角断裂	轻	面积	0.6
7		中		0.8
8		重		1.0
9	错台	轻	长度×1.0m	0.6
10		重		1.0
11	拱起		面积	1.0
12	边角剥落	轻	长度×1.0m	0.6
13		中		0.8
14		重		1.0
15	接缝料损坏	轻	长度×1.0m	0.4
16		重		0.6
17	坑洞		面积	1.0
18	唧泥		长度×1.0m	1.0
19	露骨		面积	0.3
20	修补		面积或长度×0.2m	0.1

注：人工调查时，应将条状修补的调查长度（m）乘以影响宽度（0.2m）换算成面积。

路面损坏状况指数（PCI）的数值范围为 0~100，其值越大，路况越好。PCI 的计算式为

$$PCI = 100 - a_0 DR^{a_1}$$

式中　a_0——系数，采用 10.66；

　　　a_1——系数，采用 0.416。

水泥混凝土路面损坏状况评价标准见表 4-13。

表 4-13　水泥混凝土路面损坏状况评价标准

评价等级	优	良	中	次	差
PCI	≥90	≥80，<90	≥70，<80	≥60，<70	<60
DR（%）	≤0.4	>0.4，≤2.0	>2.0，≤5.5	>5.5，≤11.0	>11.0

（二）路面结构承载能力

水泥混凝土路面结构承载能力采用接缝传荷能力和板底脱空状况进行评价。

1. 接缝传荷能力

（1）接缝传荷系数　《公路水泥混凝土路面设计规范》（JTG D40—2011）对接缝传荷能力的评定标准：测定接缝传荷能力的试验荷载应接近于标准轴载的一侧轮载（50kN）。具体操作时，将荷载施加在邻近接缝的路面表面，实测接缝两侧边缘的弯沉值，按下式计算接缝的传荷系数：

$$k_j = \frac{w_u}{w_l} \times 100（\%）$$

式中　k_j——接缝传荷系数；

　　　w_u——未受荷板接缝边缘处的弯沉值；

　　　w_l——受荷板接缝边缘处的弯沉值。

接缝传荷能力分级标准见表 4-14。

表 4-14　接缝传荷能力分级标准

等级	优良	中	次	差
接缝传荷系数 k_j（%）	>80	56~80	31~55	<31

（2）接缝传荷弯沉差　《公路沥青路面设计规范》（JTG D50—2017）对接缝传荷能力的评定要求：采用弯沉差方法进行计算、评定。评定标准如下：弯沉差≥6（0.01mm），接缝传荷能力差；弯沉差<6（0.01mm），接缝传荷能力好。

2. 板底脱空状况

板底脱空可根据面层板角隅处的多级荷载弯沉测试结果，并综合考虑唧泥和错台的发展程度以及接缝传荷能力进行判别。判别方法如下：

板角弯沉≥40（0.01mm），严重脱空，需要换板；20（0.01mm）≤板角弯沉<40（0.01mm），板角脱空，需要压浆；板角弯沉<20（0.01mm），没有脱空。

（三）路面行驶质量

水泥混凝土路面的行驶质量采用行驶质量指数 RQI 进行评价，行驶质量指数 RQI 由国际平整度指数 IRI 计算，其计算式为

$$RQI = \frac{100}{1 + a_0 e^{a_1 IRI}}$$

式中 IRI——国际平整度指数（m/km）；

　　a_0——系数，采用 0.026；

　　a_1——系数，采用 0.65。

水泥混凝土路面行驶质量评价标准见表 4-15。

表 4-15　水泥混凝土路面行驶质量评价标准

评价指标	优	良	中	次	差
行驶质量指数 RQI	≥90	<90, ≥80	<80, ≥70	<70, ≥60	<60
国际平整度指数 IRI/(m/km)	≤2.3	>2.3, ≤3.5	>3.5, ≤4.3	>4.3, ≤5.0	>5.0

（四）路面表面抗滑能力

水泥混凝土路面表面抗滑能力采用横向力系数 SFC 或抗滑值 SRV 以及构造深度进行评定，见表 4-16。

表 4-16　水泥混凝土路面表面抗滑能力等级评定标准

评价等级	优	良	中	次	差
构造深度/mm	≥0.8	0.7~0.6	0.5~0.4	0.3~0.2	<0.2
抗滑值 SRV	≥65	64~55	54~45	44~35	<35
横向力系数 SFC	≥0.55	0.54~0.45	0.44~0.38	0.37~0.30	<0.3

二、水泥混凝土路面的养护对策

1）高速公路及一级公路的路面损坏状况评价为优和良，二级及二级以下公路的路面损坏状况评价为中及中以上时，可采取日常养护和局部或个别板块修补措施。

2）高速公路及一级公路的路面损坏状况评价为中及中以下，二级及二级以下公路的路面损坏状况评价为次及次以下时，采取全路段修复或改善措施。

3）高速公路及一级公路的路面行驶质量、路面表面抗滑能力评价为中及中以下，二级及二级以下公路的路面行驶质量、路面表面抗滑能力评价为次及次以下时，应分别采取措施改善路面平整度，提高路表面的抗滑能力。

4）路面结构承载能力不满足现有交通的要求时，应采取铺筑沥青混凝土或水泥混凝土加铺层的措施，提高其承载能力。

案例分析

海文高速公路连接线 LK0+000~LK8+189 段海文方向（右幅）路面养护维修案例

一、案例背景资料

1. 工程概况

海文高速公路是海南省海口市至文昌市的高速公路，是海南省公路主干线的重要组成部分和海南省东北部地区的重要交通走廊，贯穿海口、文昌两市，起点位于琼山桂林洋，经灵山、美兰、三江、大致坡、潭牛等地，终点位于文昌英城，2002年9月通车。

海文高速公路（含连接线及主线）全长59.428km，其中连接线为双向四车道一级公路，路基宽度为26.5m，长度为8.189km。

海文高速公路现阶段路面为水泥混凝土路面结构类型，路面结构自上而下分别为：24cm厚水泥混凝土面层+20cm厚水泥稳定碎石基层+16cm厚级配碎石底基层。

2. 海文高速公路连接线LK0+000~LK8+189段海文方向（右幅）路面状况调查

2012年7月，海文高速公路连接线LK0+000~LK8+189段海文方向（右幅）路面损坏状况调查数据见表4-17。

表4-17 路面损坏状况调查数据

桩号	横向裂缝/处	纵向裂缝/处	破碎板/块	错台/mm	板角断裂/处	其他病害/处	总板块数/块	平均错台量/mm
LK0~LK1	7	49	18	59	36	24	400	1.57
LK1~LK2	7	81	44	29	11	3	390	1.44
LK2~LK3	1	71	54	44	27	9	400	1.88
LK3~LK4	0	89	93	12	50	1	400	2.74
LK4~LK5	23	65	158	26	50	1	370	4.59
LK5~LK6	39	49	93	96	55	1	380	4.47
LK6~LK7	48	74	74	17	32	1	400	2.91
LK7~LK8	7	81	77	18	27	4	396	2.18
LK8~LK8.2	0	4	7	0	1	1	32	1.78

2012年7月，海文高速公路连接线LK0+000~LK8+189段海文方向（右幅）路面水泥板接缝传荷能力统计见表4-18。

表4-18 路面水泥板接缝传荷能力统计

桩号	荷载/kPa	弯沉值（0.01mm）	
		受荷板弯沉	未受荷板弯沉
ALK0+006	692	16.8	12.5
ALK0+052	698	7.4	6.6
ALK0+223	693	14.7	13.1
ALK0+228	694	13.8	11.4
ALK0+248	693	13.2	12.2
ALK0+292	695	18.9	16.4
ALK0+350	691	7.7	6.9
ALK0+378	688	12.5	10.9
ALK0+411	686	16.9	15.1
ALK0+449	693	11.1	11.0
ALK0+495	698	12.2	11.4

（续）

桩号	荷载/kPa	弯沉值（0.01mm）	
		受荷板弯沉	未受荷板弯沉
ALK0+519	700	17.5	14.5
ALK0+740	701	12.3	10.3
ALK0+804	697	11.7	9.5
ALK0+868	700	22.0	8.6
ALK0+929	697	11.3	9.3
ALK1+016	701	14.6	12.0
ALK1+099	697	12.5	8.3
ALK1+165	698	9.5	7.9
ALK1+250	692	11.0	7.9
ALK1+335	695	16.7	8.8
ALK1+404	690	9.2	8.2
ALK1+461	693	7.6	2.4
ALK1+532	695	11.7	9.5
ALK1+597	693	13.7	9.1
ALK1+671	700	10.4	7.8
ALK1+770	694	6.8	4.3
ALK1+825	691	12.5	10.0
ALK1+865	693	8.2	6.4
ALK1+941	696	10.6	7.7
ALK2+046	697	10.0	8.3
ALK2+075	693	20.8	5.4
ALK2+154	690	13.0	5.5
ALK2+203	693	9.9	6.0
ALK2+253	691	13.2	5.0
ALK2+319	707	33.3	6.7
ALK2+390	695	8.3	7.1
ALK2+448	691	9.3	7.2
ALK2+509	688	13.9	5.4
ALK2+553	691	14.4	5.9
ALK2+642	690	8.9	5.1
ALK2+706	694	9.9	6.3
ALK2+775	697	10.3	8.9
ALK2+834	687	13.4	7.3
ALK2+891	694	9.7	8.4
ALK2+996	693	6.7	4.9

（续）

桩号	荷载/kPa	弯沉值（0.01mm）	
		受荷板弯沉	未受荷板弯沉
ALK3+192	694	10.4	9.0
ALK3+265	691	12.4	10.1
ALK3+335	692	12.7	7.5
ALK3+482	695	10.3	8.4
ALK3+541	698	14.5	6.6
ALK3+690	693	13.2	9.7
ALK3+750	693	23.7	7.0
ALK3+831	697	43.5	7.5
ALK3+875	693	8.6	5.9
ALK4+017	696	17.6	6.2
ALK4+140	696	6.2	4.9
ALK4+209	692	8.6	7.5
ALK4+309	694	6.5	5.7
ALK4+359	688	7.8	6.3
ALK4+419	698	10.2	7.2
ALK4+513	692	8.2	6.7
ALK4+587	689	8.5	7.2
ALK4+710	689	11.5	7.3
ALK4+888	689	14.0	10.8
ALK5+185	697	8.9	7.4
ALK5+255	694	14.7	8.9
ALK5+348	693	11.9	8.2
ALK5+413	687	10.6	10.5
ALK5+566	694	9.0	7.5
ALK5+599	698	11.6	7.0
ALK5+723	691	13.0	6.9
ALK5+748	699	9.9	8.6
ALK5+888	691	18.1	10.5
ALK5+915	697	13.3	9.3
ALK6+000	694	33.4	6.2
ALK6+090	701	9.6	8.5
ALK6+197	690	3.7	3.3
ALK6+211	694	2.8	2.7

（续）

桩号	荷载/kPa	弯沉值（0.01mm）	
		受荷板弯沉	未受荷板弯沉
ALK6+296	691	10.5	9.2
ALK6+328	697	10.6	9.1
ALK6+393	687	8.0	7.5
ALK6+427	701	8.8	7.2
ALK6+519	685	2.4	1.8
ALK6+624	692	11.3	6.6
ALK6+698	691	14.9	6.1
ALK6+743	693	9.3	8.0
ALK6+822	692	13.1	7.8
ALK6+861	692	10.4	7.3
ALK6+975	689	12.1	9.4
ALK7+043	694	11.3	10.0
ALK7+236	696	13.7	11.3
ALK7+256	691	8.6	7.6
ALK7+271	692	8.6	7.4
ALK7+284	691	12.6	7.4
ALK7+347	691	14.1	10.9
ALK7+407	689	12.2	10.8
ALK7+486	695	15.3	11.4
ALK7+541	699	13.8	11.2
ALK7+670	689	7.7	7.4
ALK7+736	692	11.9	6.0
ALK7+762	699	11.1	9.3
ALK7+826	694	6.1	4.6
ALK7+866	694	12.0	10.0
ALK7+934	689	6.3	5.8
ALK7+955	684	9.4	7.2
ALK8+010	699	7.2	6.3
ALK8+029	693	13.0	7.8
ALK8+085	693	12.2	10.1
ALK8+128	694	12.0	10.0

2012 年 7 月，海文高速公路连接线 LK0+000～LK8+189 段海文方向（右幅）路面板角弯沉值统计见表 4-19。

表 4-19 路面板角弯沉值统计

序号	桩号	板角弯沉（0.01mm）
1	ALK0+006	16.8
2	ALK0+228	13.8
3	ALK0+248	13.2
4	ALK0+292	18.8
5	ALK0+411	17.1
6	ALK0+449	11.1
7	ALK0+495	12.1
8	ALK0+519	17.3
9	ALK0+740	12.2
10	ALK0+804	11.6
11	ALK0+868	21.8
12	ALK0+929	11.2
13	ALK1+016	14.4
14	ALK1+098	12.4
15	ALK1+164	9.4
16	ALK1+250	11.0
17	ALK1+335	16.7
18	ALK1+404	9.2
19	ALK1+460	7.6
20	ALK1+532	11.7
21	ALK1+597	13.7
22	ALK1+671	10.3
23	ALK1+825	12.5
24	ALK1+865	8.2
25	ALK2+046	9.9
26	ALK2+075	20.8
27	ALK2+154	13.1
28	ALK2+253	13.2
29	ALK2+319	32.6
30	ALK2+509	14.0
31	ALK2+552	14.4
32	ALK2+834	13.5
33	ALK2+891	9.7
34	ALK3+191	10.4
35	ALK3+482	10.3
36	ALK3+540	14.4

（续）

序号	桩号	板角弯沉（0.01mm）
37	ALK3+690	13.2
38	ALK3+750	23.7
39	ALK3+831	43.3
40	ALK4+017	17.5
41	ALK4+209	8.6
42	ALK4+309	6.5
43	ALK4+359	7.9
44	ALK4+513	8.2
45	ALK4+710	11.6
46	ALK5+184	8.8
47	ALK5+255	14.7
48	ALK5+888	18.2
49	ALK6+000	33.4
50	ALK7+256	8.6
51	ALK7+486	15.3
52	ALK7+541	13.7
53	ALK7+762	11.0
54	ALK7+866	12.0
55	ALK7+954	9.5
56	ALK8+085	12.2

2012 年 7 月，海文高速公路连接线 LK0+000～LK8+189 段海文方向（右幅）路面平整度测试结果见表 4-20。

表 4-20　路面平整度测试结果

里程	平整度 σ/mm	国际平整度指数		
		IRI/（m/km）	标准差	变异系数
ALK0+000～ALK1+000	1.76	2.94	0.74	25.17%
ALK1+000～ALK2+000	1.46	2.43	0.64	26.34%
ALK2+000～ALK3+000	1.51	2.52	0.67	26.59%
ALK3+000～ALK4+000	1.96	3.26	0.89	27.30%
ALK4+000～ALK5+000	1.63	2.72	0.9	33.09%
ALK5+000～ALK6+000	1.63	2.71	0.62	22.88%
ALK6+000～ALK7+000	1.49	2.49	0.55	22.09%
ALK7+000～ALK8+204	1.65	2.75	0.78	28.36%

二、案例分析要求

1）评价海文高速公路连接线 LK0+000～LK8+189 段海文方向（右幅）路面的状况。

2）提出养护维修对策。

三、案例分析过程

1. 评价指标计算

（1）路面损坏状况评定

1）断板率 DBL。$DBL = \left(\sum_{i=1}^{n} \sum_{j=1}^{m_i} DB_{ij} W'_{ij} \right) / BS = 54.31\% > 20\%$，水泥混凝土路面状况等级评价为差，计算结果见表 4-21。

2）平均错台量。以调查路段内各条接缝高程差的平均值表示该路段的平均错台量，计算结果见表 4-21。

3）路面损坏状况指数 PCI。采用式 $PCI = 100 - a_0 DR^{a_1}$ 计算路面损坏状况指数，计算结果见表 4-21。

表 4-21　路面状况

桩号	长度/km	DBL	评价等级	PCI	评价等级	平均错台量/mm	评价等级
LK0~LK1	1	26.28	差	70.04	中	1.57	优良
LK1~LK2	1	38.05	差	66.57	次	1.44	优良
LK2~LK3	1	42.58	差	63.42	次	1.88	优良
LK3~LK4	1	68.50	差	53.07	差	2.74	优良
LK4~LK5	1	91.35	差	44.04	差	4.59	中
LK5~LK6	1	70.61	差	51.26	差	4.47	中
LK6~LK7	1	57.58	差	56.86	差	2.91	优良
LK7~LK8	1	51.94	差	57.13	差	2.18	优良
LK8~LK8.2	0.204	41.88	差	72.58	中	1.78	优良

由表 4-21 可知，海文高速公路连接线 LK0+000~LK8+189 段海文方向（右幅）路面的 PCI 平均值为 59.44。以一公里为评价段，按《公路技术状况评定标准》（JTG 5210—2018）的标准，该路段绝大多数为次、差水平。

（2）路面结构承载能力

1）接缝传荷能力。海文高速公路连接线 LK0+000~LK8+189 段海文方向（右幅）路面的弯沉差与接缝传荷系数见表 4-22。

表 4-22　弯沉差与接缝传荷系数

桩号	弯沉差（0.01mm）	接缝传荷系数（%）
ALK0+006	4.3	74
ALK0+052	0.8	89
ALK0+223	1.6	89
ALK0+228	2.4	83
ALK0+248	1.0	92
ALK0+292	2.5	87

（续）

桩号	弯沉差（0.01mm）	接缝传荷系数（%）
ALK0+350	0.8	90
ALK0+378	1.6	87
ALK0+411	1.8	89
ALK0+449	0.1	99
ALK0+495	0.8	93
ALK0+519	3.0	83
ALK0+740	2.0	84
ALK0+804	2.2	81
ALK0+868	13.4	39
ALK0+929	2.0	82
ALK1+016	2.6	82
ALK1+099	4.2	66
ALK1+165	1.6	83
ALK1+250	3.1	72
ALK1+335	7.9	53
ALK1+404	1.0	89
ALK1+461	5.2	32
ALK1+532	2.2	81
ALK1+597	4.6	66
ALK1+671	2.6	75
ALK1+770	2.5	63
ALK1+825	2.5	80
ALK1+865	1.8	78
ALK1+941	2.9	73
ALK2+046	1.7	83
ALK2+075	15.4	26
ALK2+154	7.5	42
ALK2+203	3.9	61
ALK2+253	8.2	38
ALK2+319	26.6	20
ALK2+390	1.2	86
ALK2+448	2.1	77
ALK2+509	8.5	39
ALK2+553	8.5	41
ALK2+642	3.8	57
ALK2+706	3.6	64
ALK2+775	1.4	86

（续）

桩号	弯沉差（0.01mm）	接缝传荷系数（%）
ALK2+834	6.1	54
ALK2+891	1.3	87
ALK2+996	1.8	73
ALK3+192	1.4	87
ALK3+265	2.3	81
ALK3+335	5.2	59
ALK3+482	1.9	82
ALK3+541	7.9	46
ALK3+690	3.5	73
ALK3+750	16.7	30
ALK3+831	36.0	17
ALK3+875	2.7	69
ALK4+017	11.4	35
ALK4+140	1.3	79
ALK4+209	1.1	87
ALK4+309	0.8	88
ALK4+359	1.5	81
ALK4+419	3.0	71
ALK4+513	1.5	82
ALK4+587	1.3	85
ALK4+710	4.2	63
ALK4+888	3.2	77
ALK5+185	1.5	83
ALK5+255	5.8	61
ALK5+348	3.7	69
ALK5+413	0.1	99
ALK5+566	1.5	83
ALK5+599	4.6	60
ALK5+723	6.1	53
ALK5+748	1.3	87
ALK5+888	7.6	58
ALK5+915	4.0	70
ALK6+000	27.2	19
ALK6+090	1.1	89
ALK6+197	0.4	89
ALK6+211	0.1	96

（续）

桩号	弯沉差（0.01mm）	接缝传荷系数（%）
ALK6+296	1.3	88
ALK6+328	1.5	86
ALK6+393	0.5	94
ALK6+427	1.6	82
ALK6+519	0.6	75
ALK6+624	4.7	58
ALK6+698	8.8	41
ALK6+743	1.3	86
ALK6+822	5.3	60
ALK6+861	3.1	70
ALK6+975	2.7	78
ALK7+043	1.3	88
ALK7+236	2.4	82
ALK7+256	1.0	88
ALK7+271	1.2	86
ALK7+284	5.2	59
ALK7+347	3.2	77
ALK7+407	1.4	89
ALK7+486	3.9	75
ALK7+541	2.6	81
ALK7+670	0.3	96
ALK7+736	5.9	50
ALK7+762	1.8	84
ALK7+826	1.5	75
ALK7+866	2.0	83
ALK7+934	0.5	92
ALK7+955	2.2	77
ALK8+010	0.9	88
ALK8+029	5.2	60
ALK8+085	2.1	83
ALK8+128	2.0	83

2）接缝传荷系数评定结果见表4-23。

表4-23 接缝传荷系数评定结果

路段	检测部位	检测板块数	接缝传荷系数各等级所占的比例（%）			
			优良	中	次	差
海文高速公路连接线LK0+000~LK8+189段海文方向（右幅）	接缝处	110	50.91	27.27	12.73	9.09

3）传荷弯沉差评定结果见表4-24。

表4-24 传荷弯沉差评定结果

路段	板间传荷能力评定		
	测试板块数	≥6 （0.01mm） （传荷能力差）	<6 （0.01mm） （传荷能力好）
海文高速公路连接线 LK0+000~ LK8+189 段海文方向（右幅）	110	17	93
		15.45%	84.55%

4）板底脱空状况。根据弯沉差统计结果（表4-22）评定板底脱空状况，见表4-25。

表4-25 板底脱空状况评定结果

路段	测试板块数	≥40 （需换板）	≥20, <40 （需压浆）	<20 （无脱空）
海文高速公路连接线 LK0+000~LK8+189 段海文方向（右幅）	110	1	13	96
		0.91%	11.82%	87.27%

（3）路面行驶质量 根据弯沉差统计结果，按式 $RQI = \dfrac{100}{1+a_0 e^{a_1 IRI}}$ 评定路面行驶质量，每公里路面行驶质量评定结果见表4-26。

表4-26 每公里路面行驶质量评定结果

里程	RQI	评定等级
ALK0+000~ALK1+000	85.05	良
ALK1+000~ALK2+000	88.80	良
ALK2+000~ALK3+000	88.20	良
ALK3+000~ALK4+000	82.21	良
ALK4+000~ALK5+000	86.78	良
ALK5+000~ALK6+000	86.85	良
ALK6+000~ALK7+000	88.40	良
ALK7+000~ALK8+204	86.55	良

海文高速公路连接线 LK0+000~LK8+189 段海文方向（右幅）路面的 RQI 平均值为 86.61，以一公里为评价段，行车道所有公里段的 RQI 值均大于80，路面行驶质量状况评价为良。

（4）路面表面抗滑能力 由于海文高速公路连接线 LK0+000~LK8+189 段海文方向（右幅）路面损坏严重，需铺筑加铺层，故路面表面抗滑能力不需评价。

2. 养护维修对策

根据上述评价结果和规范要求，海文高速公路连接线 LK0+000~LK8+189 段海文方向（右幅）路面的损坏状况等级绝大多数为次、差水平，应采取全路段修复或改善措施，包括破碎稳压、铺筑沥青混合料加铺层或水泥混凝土加铺层；海文高速公路连接线 LK0+000~

LK8+189 段海文方向（右幅）路面的行驶质量等级评价为良，不需改善路面平整度。

本节小结

通过本节内容的学习，掌握水泥混凝土路面状况评价的方法，能够提出水泥混凝土路面的养护维修对策。本节案例以计算为主，由于评价指标较多，路面调查数据较多，容易出现计算错误，要注意计算的准确性，这样才能确保养护维修对策的合理性。本节内容为后续学习如何制订水泥混凝土路面养护维修方案打下基础。

4.2　水泥混凝土路面常见病害的原因分析与维修

知识学习

水泥混凝土路面的典型损坏可分为断裂类、竖向变形类、接缝类和表面类四大类型。其中，断裂类主要是指（纵向、横向、斜向）裂缝、破碎板及板角断裂；竖向变形类主要是指沉陷和胀起；接缝类主要是指接缝料损坏、纵向接缝张开、板底脱空、唧泥、错台、边角剥落、拱起；表面类主要是指露骨、表面裂纹及坑洞。

一、断裂类

1. 裂缝

（1）病害描述　裂缝病害在板块上一般只有一条裂缝，裂缝类型包括横向、纵向和斜向裂缝等。

（2）病害程度分级

1）轻微裂缝：裂缝窄、裂缝处未剥落，缝宽小于3mm，一般为贯通裂缝，损坏按长度计算，检测结果要用影响宽度（1.0m）换算成面积。

2）中等裂缝：边缘有碎裂，裂缝宽度在3~10mm之间，损坏按长度计算，检测结果要用影响宽度（1.0m）换算成面积。

3）严重裂缝：边缘有碎裂并伴有错台出现，缝宽大于10mm，损坏按长度计算，检测结果要用影响宽度（1.0m）换算成面积。

（3）可能的形成原因

1）横向裂缝的产生原因有水泥混凝土失水干缩、冷缩、切缝不及时等。

2）纵向裂缝（图4-2）的产生原因：路基填料土质不均匀、含水率不均匀、施工方法不当等导致路基不均匀沉降，路面板在自重和行车压力作用下产生纵向裂缝。

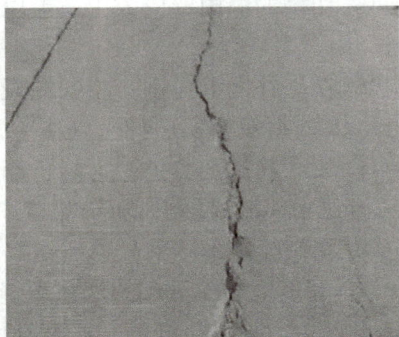

图 4-2　纵向裂缝

3）交叉裂缝的产生原因主要有：①水泥混凝土路面自身强度不足；②路基和路面基层的强度和水稳定性较差；③使用了性能不稳定的水泥，浇筑时产生大面积的龟裂。

（4）维修方法

1）裂缝宽度小于 3mm 的轻微裂缝，可采用扩缝灌浆法进行维修，施工工艺如下：

① 采用扩缝机顺着裂缝开挖 1.0~2.0cm 宽的沟槽，沟槽深度根据裂缝深度确定，最大不超过 2/3 板厚。

② 利用清缝机清除碎屑并吹净灰尘后，填入粒径 0.3~0.6cm 的清洁石屑（含水率<1%）。

③ 根据选用的材料及相应技术要求进行配合比设计，混合均匀后用灌缝机灌入沟槽内。

④ 裂缝修补材料用远红外灯加热增强 2~3h 或灌缝材料固化达到通车强度后，即可开放交通。

2）裂缝宽度大于 3mm 且没有破碎的裂缝，可采用直接灌浆法进行维修，施工工艺如下：

① 先将缝内泥土、杂质清除干净，随后用钢丝刷将缝口刷一遍，并用吸尘器将浮土吸除，确保缝内无水、干燥。

② 缝内及路面先铺一层聚氨酯底胶层，厚度为（0.3±0.1）mm。底胶用量为 $0.15kg/m^2$，底胶铺设采用涂刷方法。

③ 准备好灌浆材料。

④ 将灌浆材料灌入缝内，固化达到通车强度后即可开放交通。

3）贯穿全厚的裂缝宽度大于 3mm 且小于 15mm 的中等裂缝，可采用条带罩面法进行维修，施工工艺如下：

① 平行于裂缝两侧采用切缝机切缝，如图 4-3a 所示。

② 用风镐或液压镐凿除切缝范围内的混凝土，深度以 1/3 板厚（7~10cm）为宜。

③ 沿裂缝两侧 10cm，每隔 30cm 打一对钯钉孔，钯钉孔的大小应略大于钯钉直径 2~4mm，并在两钯钉孔之间打与钯钉孔直径一致的钯钉槽。

④ 钯钉采用 $\phi16$ 螺纹钢筋，使用前应除锈。钯钉长度分别不小于 20cm、30cm，长短交错布置，弯钩长度不小于 7cm。分离式加铺层应将钯钉植入旧路面表面以下不小于 3cm。钯钉插入孔内前须将孔内填满快硬砂浆。

⑤ 切割的缝内壁应人工凿毛以增强新旧混凝土的黏结力，注意要清除碎块及吹净表面尘土。

⑥ 在修补面上先刷一层同混凝土配合比的修补砂浆或环氧水泥砂浆，然后浇筑快硬混凝土，及时振捣密实、抹平（图 4-3b）。

⑦ 喷洒养护剂养护。为防止修补混凝土中水分沿相邻旧混凝土散失，养护剂的喷洒面应延伸到相邻旧混凝土 20cm 以上。

⑧ 在裂缝端部路肩处修盲沟以利于排水。

4）宽度大于 15mm 的严重裂缝，可采用设置传力杆、拉杆的全深度补块的方法进行翻修。设置传力杆、拉杆的全深度补块的施工工艺如下：

① 平设传力杆方式：在修补的面板上平行于裂缝进行保留板块画线，沿画线位置进行全深度切割，如图 4-4 所示。

② 斜设传力杆方式：沿裂缝两侧画间距 30cm 的平行线，沿画线位置与面板呈 60°交角进行全深度切割，如图 4-5 所示。

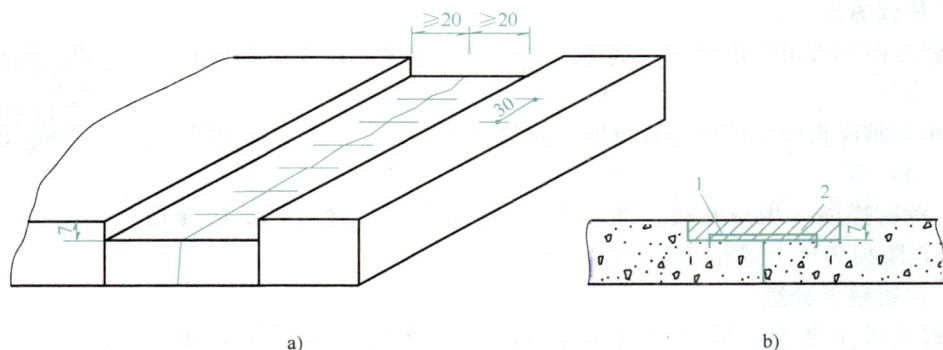

a)　　　　　　　　　　　　　　　b)

图4-3　条带罩面法（单位：cm）

1—钯钉　2—新浇混凝土

图4-4　平设传力杆方式（单位：cm）

1—保留板　2—全深度补块　3—裂缝　4—施工缝

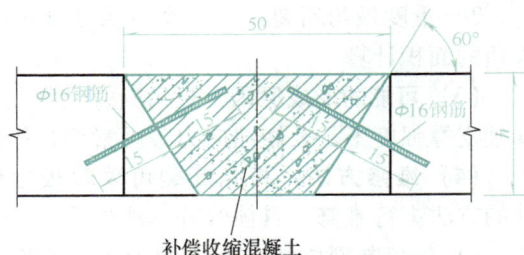

补偿收缩混凝土

图4-5　斜设传力杆方式（单位：cm）

2. 破碎板

（1）病害描述　破碎板（图4-6）一般表现为两条以上的裂缝交叉，使板断裂成3块以上。

（2）病害程度分级

1）轻度破碎板：板块被裂缝分为3块以上，破碎板未发生松动和沉陷，损坏按板块面积计算。

2）重度破碎板：板块被裂缝分为3块以上，破碎板有松动、沉陷和唧泥等现象，损坏按板块面积计算。

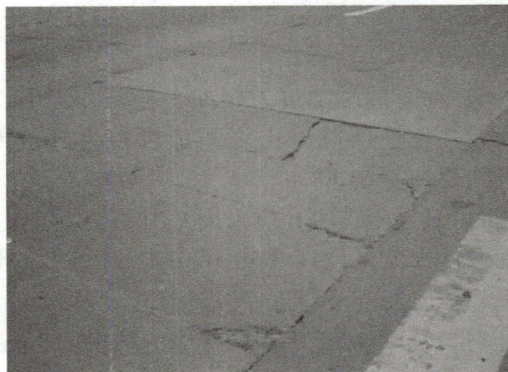

图4-6　破碎板

（3）可能的形成原因　裂缝将一个整的路面板块破裂成两块或两块以上的断板，断板发展严重时，将形成路面板的破碎，形成破碎板。故引起路面板贯穿裂缝的各种单一因素或综合因素，都可能是造成路面板块断裂和破碎的原因。

此外，路面断板的另外一个不可忽略的原因是车辆严重超载造成的板内应力突然集中。

（4）维修方法

1）轻度破碎板可采用封闭裂缝等方法控制其发展，以维持路面正常使用。

2）重度破碎板应立即做整板更换，同时对基层一并进行妥善处理。

3. 板角断裂

（1）病害描述　板角断裂（图4-7）一般表现为裂缝与纵横接缝相交，且交点距板角小于或等于板边长度的一半。

（2）病害程度分级

1）轻度板角断裂：裂缝宽度小于3mm，损坏按断裂板角的面积计算。

2）中度板角断裂：裂缝宽度在3~10mm，损坏按断裂板角的面积计算。

3）重度板角断裂：裂缝宽度大于10mm，断角有松动，损坏按断裂板角的面积计算。

（3）可能的形成原因　板角断裂通常是由于板角处受连续荷载作用、基础支撑强度不足及翘曲应力等因素综合作用产生的。

（4）维修方法　板角断裂可采取板角修补的方法进行维修。具体修补方法如下：

1）板角断裂应按破裂面的大小确定切割范围，且其修复纵向边不能位于轮迹带上。

2）切缝后，凿除破损部分时应凿成规则的垂直面。对原有钢筋不应切断，如不能全部保留，应至少保留20~30cm长的钢筋头，且应长短交错。

3）原有的滑动传力杆如有缺陷，应予以更换，并在新旧混凝土之间加设传力杆，传力杆间距控制在30cm。

水泥混凝土路面
多锤头破碎板

水泥混凝土路面
板角断裂修补

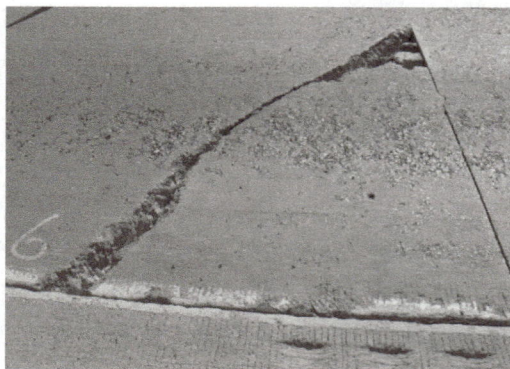

图4-7　板角断裂

4）基层不良时，应采用C20贫混凝土更换基层。贫混凝土基层处理应满足《公路沥青路面设计规范》（JTG D50—2017）中有关刚性基层的规定。

5）与原有路面板的接缝面应涂刷沥青，胀缝处应设置接缝板。

6）新旧混凝土之间的接缝应切出宽3mm深40mm的接缝槽，并灌入填缝材料。

7）待混凝土达到通车强度后方可开放交通。

二、竖向变形类

1. 沉陷

（1）病害描述　沉陷是指路面板块在局部路段范围内的下沉，低于相邻路面板平面或板块正常标高，造成0.5%以上的纵坡突变，或与邻板高差大于20mm。

（2）病害程度分级

1）轻度沉陷：车辆以限速驶过时仅引起轻微跳动。

2）中度沉陷：车辆驶过时产生不舒适感的较大跳动。

3）重度沉陷：车辆驶过时产生过大的跳动，给人严重的不舒适感。

（3）可能的形成原因　水泥混凝土路面沉陷多与路基的不均匀变形有关，如路基填筑材料性能较差，或施工过程中压实度不足，在外部环境作用下路基产生局部或者整体沉陷，从而导致路面结构的整体沉陷，沉陷往往伴随产生路面板的错台现象。

（4）维修方法　水泥混凝土路面沉陷可采用板块顶升法、板底灌浆法或整板翻修等方法进行维修。

1）板块顶升法：先测量板块下沉量，求出升起值；然后在混凝土板上钻孔，孔深略大于板厚；接着采用起重设备顶升板块；最后灌注石灰砂浆水泥砂浆或干砂。

2）板底灌浆法：先在路面板底灌浆，再进行浅层结合式修补调平作业，或采用沥青混凝土罩面进行处理。

3）水泥混凝土路面面板整板沉陷并发生碎裂的，属于重度破碎板病害，应进行整板翻修。

2. 胀起

（1）病害描述　混凝土路面板在局部路段范围内，因路基的冻胀或膨胀土膨胀，使路面板向上隆起，造成路面板 0.5% 以上的纵坡突变，视为胀起病害。

（2）病害程度分级　可参照沉陷的分级方法进行分级。

（3）可能的形成原因　水泥混凝土路面胀起主要是由路基的冻胀或膨胀土膨胀引起。

（4）维修方法　挖开路面，用砂砾换填路基的冻胀土或膨胀土，再重做水泥面层。

三、接缝类

1. 接缝料损坏

（1）病害描述　接缝料损坏一般表现为接缝料长期在外界环境作用下老化脆裂或者由于路面板受热膨胀后挤压接缝，接缝料被挤出，不能正常复原。

（2）病害程度分级

1）轻度接缝料损坏：接缝料虽老化，但尚未剥落脱空，未被砂、石、泥土等填塞，损坏按长度计算，检测结果要用影响宽度（1.0m）换算成面积。

2）重度接缝料损坏：三分之一以上接缝出现空缝或被砂、石、泥土等填塞，损坏按长度计算，检测结果要用影响宽度（1.0m）换算成面积。

（3）可能的形成原因

1）由于接缝料本身质量不合格，提前老化、剥落，接缝内已无接缝料，接缝被砂、石、土等填塞。

2）水泥混凝土板受热膨胀后挤压接缝，接缝料被挤出。

（4）维修方法　接缝料损坏维修应符合下列规定：

1）接缝中的旧接缝料和杂物应予清除，并将缝内灰尘吹净。

2）在维修接缝时，应先用热沥青涂刷缝壁，再将接缝板压入缝内。对接缝板接头及接缝板与传力杆之间的缝隙，必须用沥青或其他接缝料填实抹平。使用嵌缝条的，应及时嵌入嵌缝条。

3）宜用嵌缝机填灌接缝料时，接缝料应与缝壁黏结良好，并要填灌饱满。在气温较低的季节施工时，应先用喷灯将接缝预热。

4）用加热式接缝料进行修补时，必须将接缝料加热至灌入温度；用常温式接缝料修补时无须加热。

5）接缝料的技术要求与施工质量验收标准应满足规范的规定。

2. 纵向接缝张开

（1）病害描述 纵向接缝张开（图4-8）一般表现为纵向接缝缝隙逐渐变宽，两侧板块分离3mm以上。

（2）病害程度分级

1）轻度纵向接缝张开：接缝张开3~10mm。

2）重度纵向接缝张开：接缝张开10mm以上。

（3）可能的形成原因 由于在接缝内未按规定要求设置拉杆，相邻车道板块在温度和横向坡度的影响下出现横向位移，接缝缝隙逐渐变宽。

图4-8 纵向接缝张开

（4）维修方法

1）纵向接缝张开宽度在10mm以下时，采用聚氯乙烯胶泥、焦油类接缝料和橡胶沥青等加热施工式接缝料进行维修。

2）纵向接缝张开宽度在10mm以上、15mm以下时，宜采用聚氨酯类常温施工式接缝料进行维修。

3）纵向接缝张开宽度在15mm以上时，采用改性沥青砂进行填封。

3. 板底脱空

（1）病害描述 板底脱空病害一般表现为水泥混凝土路面板和基层之间出现空隙。

（2）病害程度分级 板底脱空病害不分级。

（3）可能的形成原因 公路路面基层材料一般使用稳定类集料，其模量远小于混凝土面层的模量，路面在重车荷载的反复作用下，板下基层产生累积塑性变形，使混凝土板的局部区域不再与基层保持连续接触，于是水泥混凝土路面板底与基层之间出现微小的空隙，即出现了板下局部脱空；同时，温度、湿度的变化，以及板内温度的非线性分布，引起板向上或向下翘曲，加速了板与基础之间的分离，最终形成板底脱空。板底脱空往往伴随唧泥。

（4）维修方法 板底脱空病害一般采用压力灌浆法进行处理。具体处理方法如下：

1）确定路面板块脱空位置。

2）人工布孔或机械钻孔，用沥青灌注、水泥灌浆和水泥粉煤灰灌浆等方法进行板下封堵。

3）待沥青冷却，水泥灰浆达到抗压强度后方可开放交通。

4. 唧泥

（1）病害描述 唧泥是指板块在车辆驶过后，接缝处有基层泥浆涌出。唧泥往往伴随板底脱空。唧泥逐渐使基础失去支撑能力，在荷载的反复作用下，最终将产生板断裂的现象。损坏按长度计算，检测结果要用影响宽度（1.0m）换算成面积。

（2）病害程度分级　唧泥病害不分级。

（3）可能的形成原因　唧泥产生的主要原因有接缝料损坏、雨水下渗和路面排水不良。

（4）维修方法

1）压浆处理，参照板底脱空。

2）路面裂缝、接缝以及路面与路肩接缝应进行密封。

3）设置纵向积水管和横向出水管，即在水泥混凝土路面外侧边缘挖纵沟，沟底应低于基层以下15cm，每隔30m左右再挖一条与纵沟交角呈45°～90°的横沟，以利于排水和清理管内杂物（积水管可采用多孔塑料管，出水管为无孔塑料管）。

4）按《公路水泥混凝土路面设计规范》（JTG D40—2011）要求在路面外侧设置纵横排水盲沟，沟底在面板10cm以下，横沟在路面接缝处。

5. 错台

（1）病害描述　错台（图4-9）一般表现为在路面接缝处，接缝两边路面的高差大于5mm，形成了台阶。

（2）病害程度分级

1）轻度错台：高差小于10mm，损坏按长度计算，检测结果要用影响宽度（1.0m）换算成面积。

2）严重错台：高差大于10mm，损坏按长度计算，检测结果要用影响宽度（1.0m）换算成面积。

图4-9　错台

（3）可能的形成原因　错台主要是由于局部地基的不均匀下沉或在温度和湿度的作用下，板在接缝处产生翘曲；或传力杆功能不完善或失效，致使相邻水泥混凝土路面板在车辆的反复荷载作用下产生不均匀沉降。

（4）维修方法　错台的维修方法有磨平法和填补法两种，可按错台的轻重程度选定。

1）磨平法：高差≤10mm的错台，可用磨平机磨平。

2）填补法：高差>10mm的严重错台，可采用沥青砂或水泥混凝土进行处治。

6. 边角剥落

（1）病害描述　边角剥落（图4-10）一般表现为沿接缝方向的板边碎裂和脱落，裂缝面和板面呈一定角度，但裂缝未全部贯通板厚。

（2）病害程度分级

1）轻度边角剥落：浅层剥落，损坏按长度计算，检测结果要用影响宽度（1.0m）换算成面积。

2）中等边角剥落：中深层剥落，接缝附近水泥混凝土有开裂，损坏按长度计算，检测结

图4-10　边角剥落

果要用影响宽度（1.0m）换算成面积。

3）严重边角剥落：深层剥落，接缝附近水泥混凝土多处开裂，深度超过接缝槽底部，损坏按长度计算，检测结果要用影响宽度（1.0m）换算成面积。

（3）可能的形成原因 边角剥落是由于接缝施工不当或缝隙内进入不可压缩材料等因素综合作用产生的。

（4）维修方法

1）水泥混凝土路面板轻度边角剥落、中等边角剥落，应将剥落的表面清理干净，用沥青混合料或接缝材料修补平整。

2）水泥混凝土路面板严重边角剥落，可采取扩缝灌浆法进行维修。

3）水泥混凝土路面板全深度破碎时，可采取条带罩面法进行补缝。

7. 拱起

（1）病害描述 拱起一般表现为横缝两侧的板体发生明显抬高，高度大于10mm，损坏按拱起所涉及的板块面积计算。

（2）病害程度分级 拱起病害不分等级。

（3）可能的形成原因 拱起主要是因为横缝被硬物阻塞，或胀缝设置不当，导致混凝土面板在气温升高时膨胀受阻，某一接缝或裂缝两侧的板向上拱起，表现为纵向压曲失稳。

（4）维修方法

1）板端拱起但路面完好时，可将拱起板两侧附近的2~3条横缝切宽，待应力释放后切除拱起端，板复原位后再清缝、灌缝。

2）因胀缝设置不当发生的拱起，应重新设置胀缝。

3）因硬物夹入发生的拱起，应将硬物清除，再清缝、灌缝。

4）板端拱起发生断裂或破损时，根据破损情况采用裂缝修理的方法进行处理。

四、表面类

1. 露骨

（1）病害描述 露骨（图4-11）是指水泥混凝土路面板块表面细集料散失、粗集料暴露或表层疏松剥落。损坏按面积计算。

（2）病害程度分级

1）轻度露骨：路面露骨深度≤3mm。

2）重度露骨：路面露骨深度>3mm。

（3）可能的形成原因 露骨一般由行车荷载反复作用，水泥浆含量不足以及混凝土耐磨性差，水泥混凝土路面板表面水泥砂浆散失等原因引起。

（4）维修方法 路面轻度露骨一般可不予处理，路面重度露骨可进行罩面处理。

图4-11 露骨

2. 表面裂纹

（1）病害描述 表面裂纹一般表现为水泥混凝土路面板表面浅层裂纹。

（2）病害程度分级 表面裂纹不分级。

（3）**可能的形成原因**　表面裂纹由冰冻、活性集料反应，或在施工期间混凝土发生塑性收缩等原因引起。

（4）**维修方法**　表面裂纹一般可不予处理。

3. 坑洞

（1）**病害描述**　坑洞（图4-12）是指板面出现有效直径大于30mm、深度大于10mm的局部凹坑。损坏按坑洞或坑洞群所涉及的面积计算。

（2）**病害程度分级**　坑洞不分级。

（3）**可能的形成原因**　由于砂、石与泥含量过大，与水泥浆体界面的结合较差；或由于冻融或膨胀，粗集料从混凝土中脱落等原因，均可形成坑洞。

（4）**维修方法**

1）对个别坑洞，应清除洞内杂物，用水泥砂浆等材料填充。

2）对坑洞较多且连成一片的情况，应采取薄层修补方法进行修补。

3）对面积较大、深度在30mm以内、成片的坑洞，可用沥青混凝土进行修补。

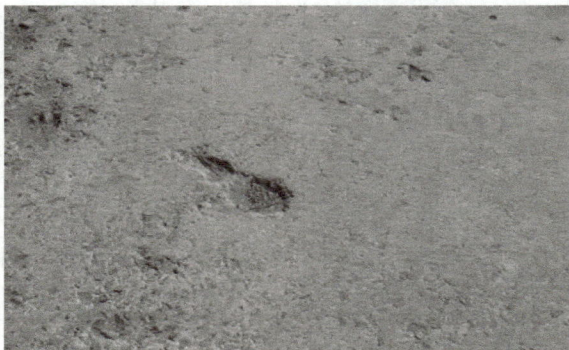

图4-12　坑洞

案例分析

海文高速公路主线 AK22+000～AK31+000 段海文方向路面养护维修案例

一、案例背景资料

1. 工程概况

工程概况参见4.1节案例分析。

2. 海文高速公路路面损坏状况调查

2012年7月开始，对海文高速公路路面损坏状况进行了调查，调查结果显示：海文高速公路主线双向典型病害主要以断裂类病害为主，AK22+000～AK31+000段海文方向以断裂类病害为主，错台较为严重。路面取芯情况表（表4-27）给出了芯样钻取位置，面层、基层的实测厚度及松散状况，芯样的外观描述等内容。

表4-27　路面取芯情况表

板号	水泥板 厚度/cm	水泥稳定基层 厚度/cm	取芯 位置描述	芯样描述
AK22-042	22.5	19.0	弯沉点	板块完好，芯样完整；基层侧壁多孔隙，层间连接完好
AK22-072	21.5	21.0	弯沉点	板块完好，芯样完整，层间连接完好；基层完好，侧壁基本无孔隙
AK22-084	23.2	—	纵向裂缝	跨缝取芯，取芯时水分全部下渗，洞口无水；裂缝延伸到基层，基层全部松散开裂，基层散开无厚度

（续）

板号	水泥板厚度/cm	水泥稳定基层厚度/cm	取芯位置描述	芯样描述
AK23-012	21.5	23.0	弯沉点	芯样完好，层间连接完好；基层完好，底部轻微松散，侧壁孔隙较少
AK24-076	23.0	20.5	轻微错台	面层芯样完好；层间有脱空，基层底部松散
AK26-038	24.8	18.0	破碎板	基层顶面松散、脱空，破碎板未发生松动和沉陷
AK26-041	21.3	21.0	弯沉点	基层松散断裂，基层侧壁底部多孔隙；底基层顶面松散
AK26-116	23.0	—	横向裂缝	面板开裂，裂缝宽度5mm；基层全部松散
AK26-137	23.5	—	弯沉点	面层完好；基层全部松散未取出，基层全部开裂，侧壁多孔松散
AK29-006	23.2	18.5	弯沉点	板块芯样完整；层间连接较好，基层全部松散，侧壁基本无孔隙
AK31-040	24.5	18.5	弯沉点	芯样完整；层间连接较好，基层全部松散，侧壁基本无孔隙

二、案例分析要求

分析案例中 AK22-084 纵向裂缝（图4-13）、AK24-076 轻微错台、AK26-038 破碎板、AK26-116 横向裂缝（图4-14）等病害的发生原因，并给出病害的处理方法。

图 4-13　AK22-084 纵向裂缝处取芯

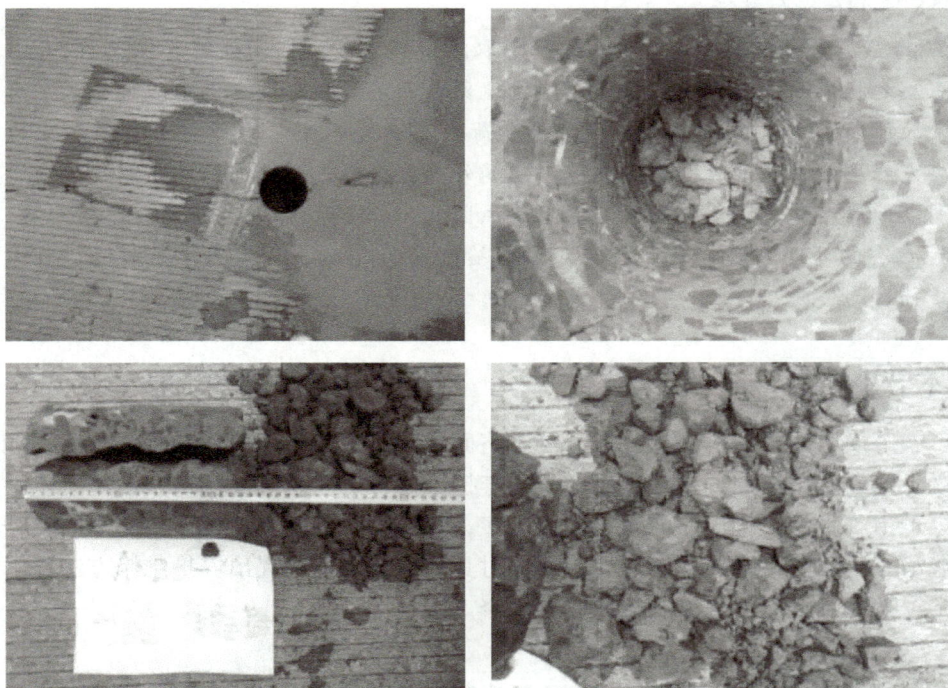

图 4-14　AK26-116 横向裂缝处取芯

三、案例分析过程

1. AK22-084 纵向裂缝

（1）病害发生原因　从现场纵向裂缝取芯的情况可以看出，纵向裂缝贯穿面层、基层，并且基层芯样全部松散开裂。故该处纵向裂缝产生的原因主要是下部基层承载力不足，在长期行车荷载作用下路面出现纵向裂缝。

（2）病害的处理方法　本案例照片显示裂缝较窄、裂缝处未剥落，缝宽小于 3mm，判定为轻微裂缝。但发现水泥稳定基层完全松散，需将基层一并挖除，用 C15 混凝土更换损坏的水泥稳定基层，再铺筑面层。

2. AK24-076 轻微错台

（1）病害发生原因　从现场错台取芯的情况来看，错台前后两块板的基层与面层之间均存在脱空、松散的现象。对错台处下沉板芯样与抬高板芯样的对比发现，下沉板脱空、松散的程度较抬高板严重，从而造成路面错台。

（2）病害的处理方法　AK24-076 处为轻微错台，可采用磨平机磨平。

3. AK26-038 破碎板

（1）病害发生原因　水泥稳定基层设计厚度为 20cm，从现场破碎板取芯的情况来看，水泥稳定基层检测芯样的厚度为 18cm，说明基层厚度不足，基层承载能力不足，造成基层松散、板底脱空，加剧了板块破碎。

（2）病害的处理方法　因破碎板未发生松动和沉陷，故判定为轻度破碎板。基层只存在顶面松散，故可采用封闭裂缝等方法控制其发展，以维持路面正常使用。

4. AK26-116 横向裂缝

（1）病害发生原因　从现场横向裂缝的取芯情况发现：横向裂缝贯穿芯样面层、基层；面层与基层之间黏结较差，出现松散、脱空现象；面层芯样厚度不满足设计要求。分析横向裂缝产生的原因：①基层强度不足，在行车荷载及温度翘曲应力作用下，路面应力发生集中，当应力超过极限强度时，就会在厚度薄弱处产生裂缝；②路面结构层厚度偏薄，芯样厚度未达到设计厚度也是产生横向裂缝的重要原因。

（2）病害的处理方法　AK26-116 横向裂缝宽度为 5mm，判定为中等裂缝，可采用条带罩面法修补。

本节小结

通过本节内容的学习，掌握水泥混凝土路面各种病害发生的原因和维修方法，能够进行水泥混凝土路面病害原因分析，提出合适的养护维修方法。本节案例以水泥混凝土路面病害分析为主，由于水泥混凝土路面病害种类较多，同一种病害存在多种可能的原因，分析时往往容易混淆，所以分析时要有针对性，要针对具体的病害情况提出养护维修方法。本节内容为后续学习如何制订水泥混凝土路面养护维修方案打下基础。

4.3　旧水泥混凝土路面加铺层技术

知识学习

一、旧水泥混凝土路面加铺层的类型

旧水泥混凝土路面加铺层是指为提高原有路面的承载能力，在其上加铺的水泥或沥青混凝土层。旧水泥混凝土路面加铺层包括结合式（或分离式）水泥混凝土加铺层、沥青混凝土加铺层两种。结合式水泥混凝土加铺层是指对旧水泥混凝土板采取一定技术处理后，使加铺层与旧水泥混凝土板完全黏结在一起。分离式水泥混凝土加铺层是指在原有混凝土路面加铺沥青材料或其他材料的隔离层，其上再铺筑新混凝土面层。

二、旧水泥混凝土路面加铺层适用的技术条件

根据使用要求及旧水泥混凝土路面的综合评定结果，可选用结合式（或分离式）水泥混凝土加铺、沥青混凝土加铺方案，经技术经济比较后确定。

当旧水泥混凝土路面的损坏状况和接缝传荷能力评定为优良，面层板的平面尺寸及接缝布置合理，路拱、横坡符合要求时，可采用结合式（或分离式）水泥混凝土加铺方案、沥青混凝土加铺方案。

当旧水泥混凝土路面的损坏状况和接缝传荷能力评定为中等以上时，或者新旧水泥混凝土板的平面尺寸不同、接缝形式或位置不对应，或路拱、横坡不一致时，可采用分离式水泥混凝土加铺方案或沥青混凝土加铺方案。

三、旧水泥混凝土路面的处理

1）选择沥青混凝土或水泥混凝土加铺方案时，必须对旧水泥混凝土路面进行处治，应更换破碎板，修补和填封裂缝，压浆填封板底脱空，磨平错台，清除旧水泥混凝土面层表面的松散碎屑、油迹或轮胎擦痕，剔除接缝中失效的接缝料和杂物，并重新封缝。

2）选择沥青混凝土或水泥混凝土加铺方案时，对于检测有明显板底脱空的路段，应采用压浆材料填封板底脱空，浆体材料应具备流动性好、早期强度高、无离析、无泌水、无收缩等特性。

3）当旧水泥混凝土面层损坏状况严重时，宜选用打裂压稳方案或碎石化方案处治旧水泥混凝土路面，并根据公路等级和交通状况，将处治后的旧路面选择用做改建路面的基层或底基层。

4）选择打裂压稳方案时，打裂后应使 75% 以上的旧水泥混凝土板产生不规则开裂，相邻裂缝形成的块状面积为 $0.4 \sim 0.6 \mathrm{m}^2$；选择碎石化方案时，破碎后应使 75% 以上的旧水泥混凝土板破碎成小于 400mm 的颗粒。

四、结合式水泥混凝土加铺层

1）结合式水泥混凝土加铺层厚度一般不小于 10cm。

2）设置结合式水泥混凝土加铺层的主要目的是改善旧水泥混凝土面层的表面功能，或者提高其承载能力或延长其使用寿命。结合式水泥混凝土加铺层的厚度较薄，旧面层的接缝和发展性裂缝都会反射到加铺层上。所以，只有当旧水泥混凝土路面结构性能良好，其损坏状况和接缝传荷能力均评定为优良时，才能采用结合式水泥混凝土加铺层。

3）结合式水泥混凝土加铺层的厚度较小，加铺层与旧水泥混凝土面层的结合是这种加铺形式成功的关键。因此，一方面需采取措施彻底清理旧水泥混凝土面层表面的污垢和水泥砂浆体，并使表面粗糙；另一方面需在清理后的表面涂以乳胶和环氧树脂等高强度黏结剂，使加铺层与旧水泥混凝土面层黏结为一个整体。

4）因结合式水泥混凝土加铺层较薄，层内不设拉杆和传力杆，所示加铺层的接缝形式和位置必须与旧水泥混凝土面层完全对应，以防加铺层产生反射裂缝或与旧水泥混凝土面层之间出现层间分离。

5）结合式水泥混凝土加铺层与旧水泥混凝土板黏结在一起，围绕一个共享的中和面弯曲，加铺层处于受压状态，旧水泥混凝土板处于受拉状态。因此，旧水泥混凝土板的应力和混凝土弯拉强度在设计中起控制作用。

五、分离式水泥混凝土加铺层

1）分离式水泥混凝土加铺层厚度一般不小于 18cm。

2）分离式水泥混凝土加铺层与旧水泥混凝土面层之间设置有隔离层，可隔断加铺层与旧面层的黏结，使加铺层成为独立的结构受力层。隔离层既可以防止或延缓反射裂缝，需要时也可以起到调平层的作用。因此，分离式水泥混凝土加铺层适用于损坏状况及接缝传荷能力评定为中等以上的旧水泥混凝土路面。分离式水泥混凝土加铺层的接缝形式和位置不必考虑与旧水泥混凝土面层接缝相对应。相反，分离式水泥混凝土加铺层的接缝位置如能与旧面层接缝相互错开 1m 以上，使作用在加铺层板边的荷载能下传到旧面层板的中部，反而可改善加铺层的受荷条件。

3）分离式水泥混凝土加铺层与旧水泥混凝土面层之间必须保证完全隔离，因此，沥青混合料隔离层必须具有足够的厚度；同时，也不能采用松散粒料隔离层。

4）分离式水泥混凝土加铺层与旧水泥混凝土面层之间设有隔离层，上下层板围绕各自的中和面弯曲，分别承担一部分弯矩。因此，加铺层和旧水泥混凝土面层的应力和混凝土弯拉强度在设计中均起控制作用。在设计时，须协调上下层的厚度（影响应力值）和混凝土弯拉强度的比例关系，以获得优化的设计。

六、沥青混凝土加铺层

1）当旧水泥混凝土路面的损坏状况和接缝传荷能力评定为优良或中时，可采用沥青混凝土加铺层。沥青混凝土加铺层铺筑前应更换破碎板，修补和填封裂缝，磨平错台，压浆填封板底脱空，清除旧水泥混凝土面层表面的松散碎屑、油迹或轮胎擦痕，剔除接缝中失效的接缝料和杂物，并重新封缝。

2）沥青混凝土加铺层面层可由单层或双层组成，至少有一层采用密级配沥青混合料，可根据需要设置调平层。沥青混凝土加铺层的下层采用开级配沥青碎石混合料时，必须在路面边缘设置内部排水系统。

3）沥青混凝土加铺层厚度应与混合料的公称最大粒径相匹配，按减缓反射裂缝的要求确定，用于高速公路和一级公路时的最小厚度为 100mm，用于其他等级公路时的最小厚度宜为 70mm。

4）在旧水泥混凝土路面上加铺沥青混凝土加铺层时，宜采用热沥青或改性乳化沥青、改性沥青黏层，以加强层间结合，避免层间滑移。

5）防止和控制反射裂缝是沥青混凝土加铺层设计的重点。反射裂缝是旧水泥混凝土面层在接缝或裂缝附近出现较大的位移，其上方的沥青混凝土加铺层内部出现了应力集中造成的。它包括因温度和湿度变化产生的水平裂缝，以及因交通荷载作用产生的竖向裂缝。接缝传荷能力评定为中等时，应根据气温、荷载、旧水泥混凝土路面承载能力、接缝处弯沉差等情况选用下述减缓反射裂缝的措施：

① 增加沥青混凝土加铺层的厚度。

② 在沥青混凝土加铺层内设置应力吸收层、玻璃纤维布或者土工织物夹层。

应力吸收层的厚度为 20~30mm，其作用为降低旧水泥混凝土面层与沥青混凝土加铺层之间的黏附阻力，从而减少温度下降引起的反射裂缝。

玻璃纤维布是由玻璃纤维和聚酯纤维组成的一种玻纤复合防裂材料，既有较高的拉伸强度，又有一定的变形延展能力，对于温度和荷载引起的反射裂缝都有一定的抑制作用。

土工织物夹层包括聚丙烯或聚酯织物夹层以及聚乙烯、聚酯无纺织物夹层，其作用原理与应力吸收层相同。

③ 沥青混凝土加铺层的下层采用裂缝缓解层。裂缝缓解层包括大粒径开级配沥青碎石和级配碎石。大粒径开级配沥青碎石的厚度一般为 80~120mm，级配碎石的厚度一般为

100~150mm。其作用为削弱拉应力、拉应变的传递能力，并且能消散、吸收由交通荷载及温度变化产生的荷载应力和温度应力。

④ 在沥青混凝土加铺层上，在旧水泥混凝土面层的横缝位置锯切横缝。

6）当沥青混凝土加铺层厚度较小时，加铺层对降低旧水泥混凝土板荷载应力的效果很有限，加铺层下的旧水泥混凝土路面仍起关键的承载作用，因此旧水泥混凝土板的应力和混凝土弯拉强度在设计中起控制作用；当沥青混凝土加铺层厚度较大时，也可按新建沥青路面进行加铺层结构设计。

水泥混凝土路面冲击压裂

七、加铺改建方案选择

对旧水泥混凝土路面进行分路段等级评定，若路面断板率和平均错台量的评定等级不一致时，以指标中较低的评定等级作为该路段的损坏状况评定等级。按路段的综合评定结果，参照表4-28选定采用何种加铺结构或改建方式。

表4-28　旧水泥混凝土路面加铺改建方案

	接缝传荷能力评价等级	优良		中		次	差
	路面损坏状况评价等级	优良	其他	中等以上	其他		
加铺改建方案	结合式水泥混凝土加铺	★					
	分离式水泥混凝土加铺	★	★	☆			
	沥青混凝土加铺	★	★	★	★		
	破裂稳固改建				★	★	
	碎石化改建					★	★
	挖除改建						★

注：★—各等级公路均适宜的加铺改建方案。

☆—二级及以下公路适宜的加铺改建方案。高速、一级公路不宜采用。

案例分析

水泥混凝土路面打裂压稳

318 国道江苏段水泥混凝土路面养护维修案例

一、案例背景资料

1. 工程概况

318 国道的起点为上海，终点为西藏，全长5476km，其江苏段是长江三角洲地区的重要交通通道。318 国道江苏段因为长期的交通荷载作用，路面水泥混凝土板的破坏现象较为严重，路面状况较差，已不能满足日益增长的交通量需求。

2. 路面状况调查与评价

（1）路面损坏调查　旧水泥混凝土路面损坏状况采用路面损坏状况指数（PCI）（表4-29）和断板率（DBL）（表4-30）两项指标进行评定。调查以每百米作为一个评价路段，以最不利评价结果作为该路段的路面损坏状况评价等级，并以此作为路面加铺方案设计的参考指标。

（2）路面厚度与强度 对所取路面完好处的芯样进行劈裂试验，得到芯样的劈裂强度，并由此计算得到路面混凝土材料的弯拉强度和弯拉弹性模量，见表4-31。

表4-29 旧水泥混凝土路面损坏状况指数（PCI）评价表

PCI 评价等级	各路面损坏状况等级里程（km）占调查路面总长度百分比（%）				
	优	良	中	次	差
右幅	40.7	5.4	0.0	0.0	0.0
	88.29%	11.71%	0.0%	0.0%	0.0%
左幅	40.0	7.3	0.0	0.0	0.0
	84.57%	15.43%	0.0%	0.0%	0.0%

表4-30 旧水泥混凝土路面断板率（DBL）评价表

DBL 评价等级	各路面损坏状况等级里程（km）占调查路面总长度百分比（%）				
	优	良	中	次	差
右幅	3.6	1.6	2.8	5.8	32.3
	7.81%	3.47%	6.07%	12.58%	70.07%
左幅	3.5	2.2	1.9	5.6	34.1
	7.40%	4.65%	4.02%	11.84%	72.09%

表4-31 旧水泥混凝土路面结构参数统计表

方向	面板厚度/cm	劈裂强度平均值/MPa	劈裂强度标准差/MPa	劈裂强度标准值/MPa	弯拉强度标准值/MPa	弯拉弹性模量标准值/MPa
左幅	21.5	3.53	1.00	2.49	4.19	31091
右幅	21.0	3.67	0.95	2.68	4.31	31720

根据芯样试验结果，旧水泥混凝土板完好处弯拉强度较高，结构强度较好。

（3）路面弯沉测试与分析 针对水泥混凝土路面的整体状况，在全线范围内选取10个具有代表性的段落，每个段落500m、100块水泥混凝土板，对段落内完好处的每块水泥混凝土板进行板中、板角弯沉检测。

1）板底脱空评价。板角弯沉检测结果显示：路面状况较好路段板角弯沉小于14（0.01mm）的点数占总测点数的60%以上；路面状况中、差路段板角弯沉小于14（0.01mm）的点数占总测点数的30%左右。根据检测结果，水泥板断裂多的路段内水泥混凝土板体脱空严重。

2）接缝传荷能力评价。板角弯沉检测结果显示：水泥混凝土板接缝传荷能力尚好，只有部分路段的接缝传荷能力较差，接缝传荷能力为中、差的水泥混凝土板块数为总测数的12.3%。

二、案例分析要求

现已对318国道江苏段的旧水泥混凝土路面进行了病害处理，要求对318国道江苏段进行加铺层设计，绘制路面结构设计图（包括层间结合层，如黏层、防水层等）。

三、案例分析过程

当旧水泥混凝土路面的损坏状况和接缝传荷能力评定为优良或中时，可采用沥青混凝土加铺层。

1. 沥青混凝土加铺层材料的选择

养护单位对 AC-13C 的设计方法及级配进行了优化，试件空隙率为 4.0%~5.5%，并对《公路沥青路面施工技术规范》（JTG F40—2004）的级配进行了改良，调整部分筛网通过量的范围，研发成功了改进型 AC-13C 上面层技术。

综合考虑经济性、技术水平以及项目实际情况，沥青混凝土加铺层采用改进型 AC-13C 加 AC-20C。

2. 沥青混凝土加铺层厚度设计

在考察了大量的水泥混凝土加铺改造成功经验的基础上，结合本设计路段实际情况，决定在不破碎水泥混凝土板的情况下加铺两层沥青混凝土面层（4cm+8cm）。

3. 中间夹层的选择

国内外的实践表明，设置中间夹层对于防治反射裂缝有一定的效果。夹层的种类有很多，不同种类夹层的模量相差较大，中间夹层材料对比表见表 4-32。

表 4-32　中间夹层材料对比表

夹层种类	常见材料	特点
高模量夹层	土工织物、玻璃纤维	有较高的强度，加筋稳定，有较好的耐高温性能
低模量夹层	SAMI	可以吸收或缓冲裂缝尖端的应力集中，对于抑制反射裂缝的产生和扩散具有一定的效果，且具有一定的防渗效果

通过对经济、技术等多方面的综合比较，设计中采用 SBS 改性沥青 SAMI 中间夹层。

4. 沥青混凝土加铺层结构设计图（图 4-15）

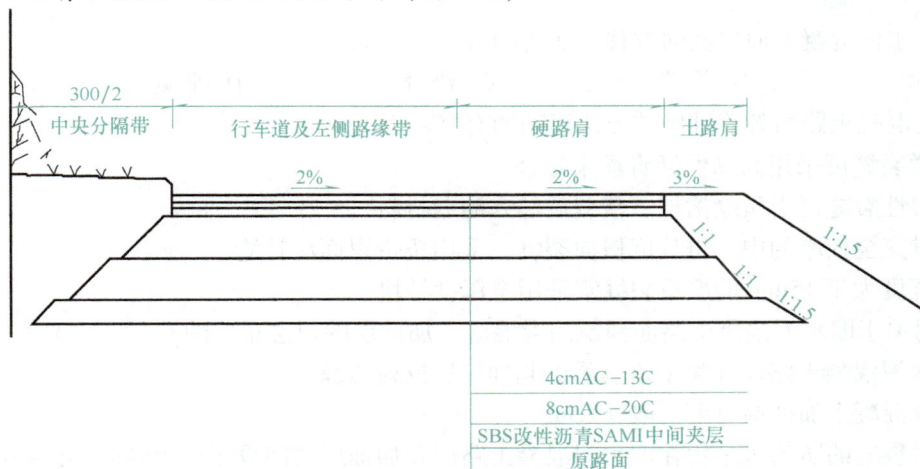

说明:
1.本图尺寸以"cm"计。
2.先将原路面清理干净，再洒布黏层油。
3.沥青混凝土加铺层所采用沥青的各项指标应符合《公路沥青路面施工技术规范》（JTG F40—2004）的要求。

图 4-15　沥青混凝土加铺层结构设计图

本节小结

通过本节内容的学习，掌握旧水泥混凝土路面加铺层的适用范围、材料要求、厚度要求、施工方法，能够进行旧水泥混凝土路面加铺层结构设计。本节案例以旧水泥混凝土路面加铺层设计为主，学习时要弄清各种类型加铺层的特点和适用场合，要针对具体的病害情况提出合适的加铺方案。

本模块总结

目前，我国公路系统中有很多的水泥混凝土路面，水泥混凝土路面的养护与维修是路面养护人员常遇到的问题。在水泥混凝土路面养护工作中，路面养护人员应首先进行水泥混凝土路面的路况调查，计算各项评价指标，然后给出养护维修对策，诊断各路面病害的发生原因，制订养护维修方案。

自我测评

一、单项选择题

1. 属于水泥混凝土面层表层类病害的是（　　　）。

A. 起皮　　　　　　B. 唧泥　　　　　　C. 露骨　　　　　　D. 板角断裂

2. 常与水泥混凝土路面唧泥病害伴随出现的是（　　　）。

A. 胀起　　　　　　B. 纵向接缝张开　　C. 板底脱空　　　　D. 错台

3. 水泥混凝土路面保养的重点是（　　　）。

A. 接缝　　　　　　B. 板面　　　　　　C. 板角　　　　　　D. 板底

二、多项选择题

1. 属于水泥混凝土面层竖向位移类病害的有（　　　）。

A. 拱起　　　　　　B. 沉陷　　　　　　C. 错台　　　　　　D. 胀起

2. 水泥混凝土路面裂缝维修的方法正确的有（　　　）。

A. 轻微裂缝可采用高黏性沥青灌浆修补

B. 扩展性裂缝可沿裂缝凿槽，清缝后注入灌缝材料

C. 对贯穿全板厚的中、重程度横向裂缝，采用条带罩面法补缝

D. 对宽度大于15mm的严重裂缝宜采用全深度补块

3. 下列关于旧水泥混凝土路面铺筑沥青混凝土加铺层的说法正确的有（　　　）。

A. 旧水泥混凝土路面开裂未治理易引起加铺层反射裂缝

B. 沥青混凝土加铺层厚度一般≥7cm

C. 反射裂缝的防治可采用在旧水泥混凝土路面和加铺层之间设置应力吸收层的措施

D. 旧水泥混凝土路面板板底脱空未治理会导致加铺层较快出现开裂、唧泥等病害

4. 采用灌浆稳板工艺治理水泥混凝土路面板板底脱空，下列说法错误的有（　　　）。

A. 灌浆稳板工艺是对板下注入微膨胀水泥砂浆

B. 灌浆稳板工艺不能排除板下积水

C. 灌浆稳板工艺可垫实脱空层

D. 灌浆稳板工艺可填补破损接缝

5. 水泥混凝土路面沥青混凝土加铺层反射裂缝的防治方法有（　　　）。

A. 设置土工织物夹层

B. 破碎旧混凝土板

C. 铺设应力吸收膜和应力吸收层

D. 在旧水泥混凝土路面接缝对应的沥青混凝土加铺层位置锯缝

6. 水泥混凝土路面错台处理的方法有（　　　）。

A. 磨平法　　　　　B. 填补法　　　　　C. 板块顶升法　　　　　D. 灌浆法

三、问答题

1. 什么是水泥混凝土路面唧泥？

2. 什么是水泥混凝土路面拱起？

3. 水泥混凝土路面加铺层有哪些类型？

案例实训

水泥混凝土路面养护与维修实训

一、已知条件

1. 工程概况

107 国道宏远桥至高步路口段旧水泥混凝土路面全长 6.9km，行车道由中央分隔带分离，两侧各宽 15m；非机动车道宽 2~5m。该路段交通量繁重，已基本饱和，且过往货柜车等重车多，致使该路段特别是重车道破坏严重。

2. 路况调查

（1）损坏调查　养护单位对 107 国道宏远桥至高步路口段旧水泥混凝土路面病害进行了全面调查，调查以板为单位进行，由中央分隔带往两侧方向对板进行编号，分别为左 1 板、左 2 板、左 3 板、左 4 板、左 5 板和右 1 板、右 2 板、右 3 板、右 4 板、右 5 板。107 国道宏远桥至高步路口段旧水泥混凝土路面左幅各种病害的分布列于表 4-33~表 4-39。

表 4-33　107 国道 K0+000~K0+999 旧水泥混凝土路面病害类型统计表（左幅）

病害位置桩号	左 5 板	左 4 板	左 3 板	左 2 板	左 1 板
	板宽 3.4m	板宽 2.0m	板宽 3.5m	板宽 3.5m	板宽 2.6m
K0+109				啃边	
K0+133				断板	
K0+138				断板	
K0+143				断板	
K0+148				断板	
K0+158				断板	
K0+170				断板（2 条）	
K0+178				断板	
K0+183				断板	

（续）

病害位置桩号	左5板 板宽3.4m	左4板 板宽2.0m	左3板 板宽3.5m	左2板 板宽3.5m	左1板 板宽2.6m
K0+188				断板	
K0+197~+200				网裂、沉降	
K0+205				断板	
K0+217				断板	
K0+223				断板	
K0+235				纵裂	
K0+260（地道涵）	碎裂、错台	碎裂、错台	碎裂、错台	碎裂、错台	碎裂、错台
K0+275（地道涵）	碎裂、错台	碎裂、错台	碎裂、错台	碎裂、错台	碎裂、错台
K0+660（涵洞边）			宽缝		
K0+670（涵洞边）			宽缝		
K0+882	横裂	纵裂、横裂		横裂	
K0+885				碎裂 $1m^2$	
K0+955				纵裂	纵裂

表4-34　107国道 K1+000~K1+999 旧水泥混凝土路面病害类型统计表（左幅）

病害位置桩号	左5板 板宽3.4m	左4板 板宽2.0m	左3板 板宽3.5m	左2板 板宽3.5m	左1板 板宽2.6m
K1+003				横裂	
K1+010				横裂	
K1+014				横裂	
K1+070				纵裂、横裂	横裂
K1+075				1纵裂、2横裂	
K1+080				碎裂 6m×3.5m	
K1+088				下沉 修补 6m×3.5m	接缝破坏 0.5m宽
K1+100				纵裂、横裂、错台	
K1+060~+110				纵裂、沉降（大）	
K1+152				横裂	
K1+166				横裂	
K1+280					横裂
K1+300				换板 5m×3.5m	
K1+328				3横裂、1纵裂	
K1+345				2横裂	
K1+350				1横裂、1斜裂	
K1+358				1横裂、1纵裂	
K1+365				纵裂	纵裂

（续）

病害位置桩号	左5板	左4板	左3板	左2板	左1板
	板宽3.4m	板宽2.0m	板宽3.5m	板宽3.5m	板宽2.6m
K1+380				横裂	
K1+400				横裂	
K1+406				横裂	
K1+413				横裂	
K1+450		错台1cm			
K1+478				横裂	
K1+530					换板5m×2.6m
K1+545		接缝破坏0.3m×7m		碎裂4m² 沉降>2cm	
K1+550		拱起（切开）		换板5m×3.5m	
K1+633				缝宽4cm	
K1+680		冒水（12m长），压浆		纵裂	
K1+770				纵裂	
K1+885				错台>2cm	
K1+990	换板5m×3.4m				

表 4-35　107 国道 K2+000～K2+999 旧水泥混凝土路面病害类型统计表（左幅）

病害位置桩号	左5板	左4板	左3板	左2板	左1板
	板宽3.4m	板宽2.0m	板宽3.5m	板宽3.5m	板宽2.6m
K2+020	换板5m×3.4m				
K2+055				沉降	
K2+105				错台>1.5cm	
K2+125				错台>1.5cm	
K2+230				沉降	
K2+239				错台	
K2+270				裂缝宽2.5cm	
K2+280				横裂	
K2+310				横裂	
K2+340				横裂	
K2+355				沉降、坑槽	
K2+365				横裂	
K2+420				碎裂3m²	
K2+430				沉降	
K2+450		换板5m×2m			
K2+890				沉降、断角	

（续）

病害位置桩号	左5板 板宽3.4m	左4板 板宽2.0m	左3板 板宽3.5m	左2板 板宽3.5m	左1板 板宽2.6m
K2+895				大沉降、错台	
K2+900				大沉降、错台	
K2+905				大沉降、错台	横裂
K2+910				断角	
K2+923				横裂	
K2+963				沉降>1.5cm	横裂

表4-36　107国道K3+000～K3+999旧水泥混凝土路面病害类型统计表（左幅）

病害位置桩号	左5板 板宽3.4m	左4板 板宽2.0m	左3板 板宽3.5m	左2板 板宽3.5m	左1板 板宽2.6m
K3+008				横裂	
K3+080				断边	
K3+117				断角	
K3+120					纵裂、沉降
K3+158				横裂	纵裂
K3+160					纵向接缝 板边碎裂
K3+165					纵向接缝 板边碎裂
K3+172					纵向接缝 板边碎裂、龟裂
K3+177					纵向接缝 板边碎裂0.3m²
K3+217				纵向接缝 板边碎裂、沉降	
K3+220				断角	
K3+230				错台>1.0cm	
K3+235				碎整板、换整板	
K3+239				碎裂长50m	
K3+269					沉降 错台>1.5cm
K3+279					碎裂1m²
K3+423				横裂	横裂

（续）

病害位置桩号	左5板	左4板	左3板	左2板	左1板
	板宽3.4m	板宽2.0m	板宽3.5m	板宽3.5m	板宽2.6m
K3+436				碎裂0.3m²	
K3+507				碎裂3m²	碎裂2m²
K3+583				横裂	横裂
K3+598					横裂
K3+608				横裂	横裂
K3+615（桥起点）	无搭板、错台5~7cm				
K3+643	桥伸缩缝				
K3+655	桥伸缩缝				
K3+679	桥伸缩缝（破坏）				
K3+681	桥伸缩缝（破坏）				
K3+692	桥伸缩缝（破坏）				
K3+710（桥止点）	错台				
K3+720				横裂	横裂
K3+725（引道）	错台1~3cm、裂缝宽2~5cm				
K3+731				错台	错台、下沉
K3+738				错台、下沉	
K3+752				横裂	横裂
K3+750~+850	有沥青加铺、铣刨				
K3+853			横裂		
K3+864			横裂	横裂	
K3+875				裂缝宽4cm	
K3+882			横裂		
K3+887				横裂	
K3+900			横裂	啃边	裂缝宽2cm
K3+916				横裂	
K3+934				横裂	
K3+965				横裂	
K3+970			断边		
K3+978				横裂	

表 4-37　107 国道 K4+000~K4+999 旧水泥混凝土路面病害类型统计表（左幅）

病害位置桩号	左5板	左4板	左3板	左2板	左1板
	板宽3.4m	板宽2.0m	板宽3.5m	板宽3.5m	板宽2.6m
K4+050					断角0.5m²
K4+065			啃边、龟裂、缝宽2cm		

（续）

病害位置桩号	左5板 板宽3.4m	左4板 板宽2.0m	左3板 板宽3.5m	左2板 板宽3.5m	左1板 板宽2.6m
K4+102				碎裂0.5m²	断板
K4+120				断角、啃边3m²	
K4+154					碎裂5m²
K4+159				断板	
K4+168				断板、沉降	
K4+176				断角	
K4+187				裂缝宽3cm	横裂
K4+193				横裂	横裂
K4+206				横裂	
K4+208				横裂	裂缝宽2cm
K4+213					检查井边碎裂 1.5m²
K4+215				横裂	
K4+226				碎裂1.5m²	
K4+230				裂缝宽3.5cm	
K4+247					横裂
K4+250					啃边
K4+295				裂缝宽2.5cm	
K4+408				碎裂6m²	啃边
K4+416				啃边	啃边
K4+422				断板	
K4+430				断板、沉降	断板、沉降
K4+435				断板、沉降	
K4+464					啃边
K4+566				断角	断角
K4+575					啃边
K4+630				断板	断板
K4+640					断边
K4+673				断板	
K4+688				断板	断板
K4+827				碎裂0.16m²	
K4+840					断边
K4+874				断角	
K4+894				断板、麻面、碎裂	

（续）

病害位置桩号	左5板	左4板	左3板	左2板	左1板
	板宽3.4m	板宽2.0m	板宽3.5m	板宽3.5m	板宽2.6m
K4+895			管线外露		
K4+917				断板	
K4+923				断板	
K4+933				裂缝宽2.5cm	
K4+937				横裂	
K4+956				横裂	
K4+962				断板 裂缝宽2.5cm	

表4-38　107国道 K5+000～K5+999 旧水泥混凝土路面病害类型统计表（左幅）

病害位置桩号	左5板	左4板	左3板	左2板	左1板
	板宽3.4m	板宽2.0m	板宽3.5m	板宽3.5m	板宽2.6m
K5+003				横裂、沉降	
K5+020		换板5m×2m			
K5+037					横裂
K5+043				横裂	横裂
K5+054				横裂	
K5+065			裂缝宽2cm		
K5+095				横裂	横裂
K5+108				横裂	横裂
K5+118				错台	断板、沉降
K5+128					横裂
K5+130			交叉口转盘起点处左幅双坡度		
K5+133				横裂	
K5+139				沉降、啃边 裂缝宽2cm	裂缝宽2cm
K5+150			十字交叉裂缝		
K5+158				断板	断板
K5+170	换板5m×3.4m				
K5+178				裂缝宽2cm	裂缝宽2.5cm
K5+197				裂缝宽2.5cm	裂缝宽2.5cm
K5+215		换板5m×2m			
K5+225		换板5m×2m		换板5m×3.5m	
K5+238				裂缝宽2.5cm	裂缝宽2.5cm
K5+260		换板5m×2m			

（续）

病害位置桩号	左5板 板宽3.4m	左4板 板宽2.0m	左3板 板宽3.5m	左2板 板宽3.5m	左1板 板宽2.6m
K5+263					裂缝宽2.5cm、错台
K5+280		换板5m×2m		断板、沉降、碎裂	
K5+288				断板、沉降	断板、沉降检查井边碎裂4m²
K5+292				纵裂	横裂
K5+297					横裂
K5+303				断板	
K5+320		换板5m×2m			
K5+340				断板、碎边	
K5+370					裂缝宽2.5cm
K5+380				啃边	啃边
K5+390		换板5m×2m			
K5+410				换板5m×3.5m	
K5+430				缝宽3~5cm	
K5+440	换板5m×3.4m				
K5+475			十字交叉裂缝		
K5+499		换板5m×2m		啃边	啃边
K5+506				横裂	横裂
K5+510~+530		绿化带侧石失稳、碎裂			
K5+567			接缝破坏		裂缝宽2cm
K5+577		换板5m×2m		错台、碎裂	断板 错台、碎裂
K5+640	换板5m×3.4m	换板5m×2m			
K5+650					裂缝
K5+680				3cm宽裂缝	
K5+725					鼓缝
K5+737				碎角	碎边
K5+750		换板5m×2m			
K5+830		换板5m×2m			
K5+870	丁字交叉裂缝	换板5m×2m			
K5+882				离缝、严重露骨	裂缝、断角
K5+897				错台	错台

（续）

病害位置桩号	左5板 板宽3.4m	左4板 板宽2.0m	左3板 板宽3.5m	左2板 板宽3.5m	左1板 板宽2.6m
K5+910		换板5m×2m		3cm 宽裂缝	
K5+917				3cm 宽裂缝	断角、错台
K5+930				2~4cm 宽裂缝	
K5+943				啃边、沉降	啃边、沉降
K5+948~+954		换板5m×2m		麻面、露骨	
K5+960~+988				麻面、露骨	
K5+995	2~3cm 宽裂缝			2~3cm 宽裂缝	

表4-39　107国道K6+000~K6+999旧水泥混凝土路面病害类型统计表（左幅）

病害位置桩号	左5板 板宽3.4m	左4板 板宽2.0m	左3板 板宽3.5m	左2板 板宽3.5m	左1板 板宽2.6m
K6+059				2~3cm 宽裂缝	
K6+110				2~3cm 宽裂缝	
K6+117	换板5m×3.4m			错台2~3cm	
K6+120	2~3cm 宽裂缝				
K6+165		换板5m×2m		龟裂	严重麻面、露骨
K6+210				2cm 宽裂缝	
K6+220				2cm 宽裂缝	
K6+262				3cm 宽裂缝	
K6+275				换板	
K6+278				5cm 宽裂缝	
K6+300			2cm 宽裂缝		
K6+340			3cm 宽裂缝	沉降	
K6+378	2cm 宽裂缝			2cm 宽裂缝	
K6+390	错台2.5cm				
K6+435				4cm 宽裂缝	
K6+480		换板5m×2m			
K6+500	2cm 宽裂缝				
K6+528	1~3cm 宽裂缝	换板5m×2m			
K6+540			十字交叉裂缝		
K6+565	换板5m×3.4m			3cm 宽裂缝	
K6+570			拱起破坏		
K6+605	3cm 宽裂缝				
K6+645		换板5m×2m			

（续）

病害位置桩号	左5板 板宽3.4m	左4板 板宽2.0m	左3板 板宽3.5m	左2板 板宽3.5m	左1板 板宽2.6m
K6+726	3cm 宽裂缝	3cm 宽裂缝	换板5m×3.5m	3cm 宽裂缝	换板5m×2.6m
K6+735	换板5m×3.4m				
K6+810		换板5m×2m			
K6+840		换板5m×2m			
K6+860			换板		
K6+900		换板5m×2m			
K6+920		换板5m×2m			

（2）弯沉调查　根据旧路损坏情况，养护单位对107国道宏远桥至高步路口段旧水泥混凝土路面左幅各种病害情况下的弯沉作了全面的调查，见表4-40。

表4-40　107国道旧水泥混凝土路面弯沉调查统计表（左幅）

里程桩号	弯沉测点所在板号	弯沉测点所在板病害类型	弯沉值读数（0.01mm） 左	右
K0+100	2	横裂	24	26
K0+140	2	横裂	26	34
K0+180	2	横裂	20	26
K0+200	2	纵裂、横裂	32	30
K0+240	2	纵裂、角裂	22	24
K0+320	2	纵向错台	12	16
K0+480	2	好板	22	20
K0+670	2	横裂	8	8
K0+710	2	好板	18	18
K0+890	2	横裂、下沉	32	28
K0+960	2	好板	18	28
K1+060	2	好板	28	24
K1+060	2	横裂	28	28
K1+100	2	纵裂、横裂	34	26
K1+180	2	横裂、纵向错台	76	30
K1+190	2、3	板角下沉、纵向错台3cm	22	20
K1+220	2、3	纵向错台	28	24
K1+320	2	纵向错台	22	19
K1+330	2	纵向错台	30	50

（续）

里程桩号	弯沉测点所在板号	弯沉测点所在板病害类型	弯沉值读数（0.01mm）	
			左	右
K1+370	2	纵向错台	34	34
K1+400	2	横裂	42	40
K1+440	2	错台、横裂	20	24
K1+480	2	好板	36	38
K1+540	2	纵裂、板块下沉	8	4
K1+680	2	脱空	26	10
K1+780	1	纵裂	20	24
K1+910	1	错台	16	18
K1+920	1	好板	14	12
K2+100		好板	40	40
K2+320	2	横裂	26	24
K2+500	2	下沉	38	42
K2+680	2	接缝	26	28
K2+715	2	好板	16	22
K2+960	2	角裂	48	44
K2+980	2	纵裂、角裂	38	32
K3+000	2	横裂	44	32
K3+040	2	断裂	40	36
K3+100	2	角裂	46	14
K3+150	2	断裂	34	8
K3+220	2	纵裂	36	32
K3+240	4	接缝	36	54
K3+420	4	角裂	40	52
K3+440	4	好板	40	50
K4+880	5	纵裂、加铺沥青混凝土	84	88
K5+080	2	横裂	16	20
K5+210	4	纵裂、下沉	126	88
K5+300	3、4	纵裂	20	22
K5+330	3	好板	24	28
K5+580	3、4	下沉、碎裂	66	30
K5+620	3、4	接缝	16	18
K5+690	3	断裂	20	18
K5+750	3	断裂	22	40

（续）

里程桩号	弯沉测点所在板号	弯沉测点所在板病害类型	弯沉值读数（0.01mm）	
			左	右
K5+840	4	碎裂、下沉	26	42
K5+870	2	断裂	30	30
K5+920	2	断裂	16	19
K6+020	3	断裂	18	18
K6+100	2	断裂	26	22
K6+120	1	错台	28	40
K6+150	2	断裂	14	12
K6+170	2	好板	10	12
K6+280	1、2	碎裂	44	46
K6+320	4	下沉、碎裂	68	74
K6+360	3	断裂	20	16
K6+400	3	施工缝2cm	20	20
K6+460	2	好板	18	18
K6+620	2	好板	30	19
K6+670	2	好板	72	—
K6+710	3	好板	30	24
K6+740	3	接缝碎裂	30	25
K6+815	4	断裂	—	126
K6+840	3	局部碎裂	—	64
K6+900	3	管线外露	44	38

注：1. 弯沉测定车为双后轴，双后轴重20.18t，上述弯沉值为该荷载下实测值。

2. 测定位置为前进方向左侧。

（3）平整度检测结果　路面平整度检测统计见表4-41。

表4-41　107国道旧水泥混凝土路面平整度检测统计表（左幅）

检测和统计路段	国际平整度指数 IRI 平均值（m/km）
K0+000~K1+000	2.78
K1+000~K2+000	2.73
K2+000~K3+000	2.66
K3+000~K4+000	2.63
K4+000~K5+000	2.88
K5+000~K6+000	2.39

二、任务要求

任务分工

分组	任务
第一小组	K0+000～K1+000
第二小组	K1+000～K2+000
第三小组	K2+000～K3+000
第四小组	K3+000～K4+000
第五小组	K4+000～K5+000
第六小组	K5+000～K6+000

各小组按以上任务分工完成如下内容：

1）结合已知条件对 107 国道宏远桥至高步路口段旧水泥混凝土路面左幅的状况进行评价，并给出相应的养护维修对策。

2）分析 107 国道宏远桥至高步路口段旧水泥混凝土路面各种病害的发生原因，并给出病害的处理方法。

3）对 107 国道宏远桥至高步路口段旧水泥混凝土路面进行加铺层设计，并绘制路面结构设计图。

三、学习参考资料

《公路技术状况评定标准》（JTG 5210—2018）、《公路水泥混凝土路面养护技术规范》（JTJ 073.1—2001）、《公路沥青路面设计规范》（JTG D50—2017）、《公路水泥混凝土路面设计规范》（JTG D40—2011）。

启示园地

水泥混凝土路面养护与维修

1. 同学们说说我们学校周围的水泥混凝土路面有哪些病害？这些病害发生的原因是什么？可以用学到什么养护方法去处理？学习的知识和技能能够在实践中得到应用是很有趣的事情，也是充满自豪感的事情，路面养护技术与人们的生活息息相关，同学们要学以致用，建立职业自豪感。从事一份工作只有喜欢上了才会有投入，有投入才会有收获，有收获才会有自豪感，而收获的这份自豪感最终会成为通往成功的动力。

2. 水泥混凝土路面从早期单一的换板等高成本养护技术发展到如今的裂缝处治技术、错台处治技术、非结构性病害处治技术、脱空板处治技术等多种技术百花齐放的局面，是一代代工程技术人员坚持不懈探索与创新的结果，同学们要富有创新精神，开发出更新、更好的技术，助力祖国科技实力的进一步腾飞。

桥梁上部结构养护与维修

学习目标

通过本模块的学习，掌握桥梁上部结构病害的类型和处治措施，能分析桥梁常见病害的原因，能制订桥梁上部结构的初步养护维修方案。培养学生施工质量意识、技术创新意识，以及执著的探究精神，严谨的科学态度，与人合作的协作精神。

内容概要

我国已建公路桥梁超 100 万座，其中混凝土桥梁占 90% 以上，梁桥和拱桥合计占比约 90%，故路桥专业毕业生将来工作的主要对象为混凝土梁桥和混凝土拱桥。因此，本模块主要介绍混凝土梁桥和混凝土拱桥的养护维修问题。本模块的主要内容包括混凝土桥梁上部结构的常见病害分析、养护维修与加固等。

先导案例

蓝田西河桥上部结构病害分析与维修案例

一、案例背景资料

1. 工程概况

蓝田西河桥上部结构为 14 孔钢筋混凝土 T 形梁桥，1975 年建成通车，宽为 9m，每孔由 4 片 T 形梁组成，设计荷载：汽-15、挂-80，如图 5-1 所示。2001 年荷载检测试验表明，实际承载能力不能满足原设计标准，处于危险状态。

图 5-1　蓝田西河桥

2. 病害情况

主梁跨中区域底板、腹板出现竖向裂缝，主梁靠近两端 1/4 范围至支点部分的腹板出现斜裂缝，裂缝最大宽度为 0.7mm。

二、案例分析要求

分析蓝田西河桥上部结构各种病害的发生原因，并给出病害的处理方法。

三、案例分析要点

本案例考核桥梁病害分析和治理的有关问题，主要涉及桥梁上部结构各种病害的原因及处理措施等问题。要求根据《公路养护技术标准》（JTG 5110—2023）和《公路桥涵养护规范》（JTG 5120—2021）的要求，正确分析本工程桥梁上部结构病害发生的原因并制订针对性的养护维修方案。因此，在进行案例分析时，要根据本案例背景给定的条件，分析每一个病害发生的原因并针对性地提出养护维修对策。

四、案例分析过程

1. 病害情况

（1）主梁跨中区域底板、腹板出现竖向裂缝

1）病害原因：这种裂缝主要是由弯曲拉应力超出混凝土极限抗拉强度引起的弯曲裂缝。裂缝的最大宽度为 0.7mm，超过了规范的限值。

2）病害处理：在主梁跨中部分梁肋底面和梁肋侧面的竖向裂缝处粘贴碳纤维布，如图 5-2 所示。

图 5-2　粘贴碳纤维布

（2）主梁靠近两端 1/4 范围至支点部分的腹板出现斜裂缝

1）病害原因：这是腹剪裂缝，其主要形成原因是在荷载作用下，在靠近支点的部位，剪力大且有一定的弯矩存在，主拉应力超过混凝土抗拉强度，在梁腹板中出现腹剪裂缝。裂缝的最大宽度为 0.7mm，超过了规范的限值。

2）病害处理：在主梁两端 1/4 范围至支点部分的腹板处垂直于斜裂缝 45° 方向粘贴钢板，钢板为 Q345B 钢，厚 6mm。

2. 加固方案

2001 年荷载检测试验表明，实际承载能力不能满足原设计标准，处于危险状态，故要对该桥进行加固，加固除了前面介绍的在裂缝处粘贴碳纤维布和粘贴钢板外，还采取了新增

横隔板的措施,以提高整体受力性能,如图5-3所示。该桥加固后达到了汽-20、挂-120的荷载标准。

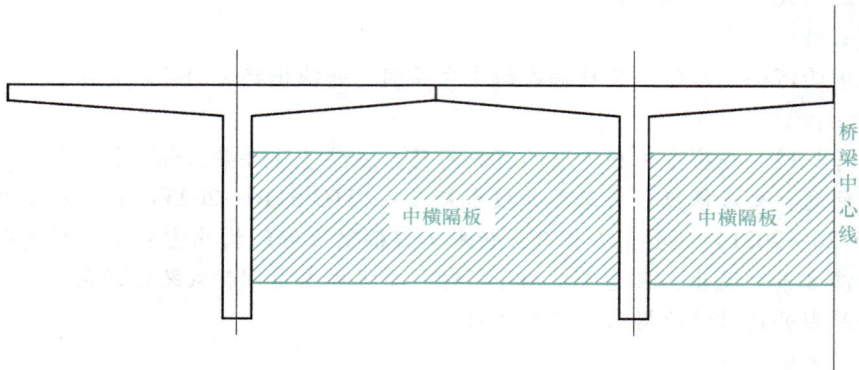

图 5-3 蓝田西河桥新增横隔板示意图

5.1 混凝土梁桥上部结构常见病害原因分析与养护维修

知识学习

混凝土梁桥上部结构常见病害包括钢筋混凝土及预应力混凝土简支板桥病害、钢筋混凝土及预应力混凝土简支梁桥病害、钢筋混凝土及预应力混凝土连续梁桥病害等。

一、钢筋混凝土及预应力混凝土简支板桥上部结构的常见病害分析

简支板桥是小跨径桥梁常用的结构形式,钢筋混凝土简支板桥的跨径常为 5~13m,有空心板和实心板之分,施工方法有整体现浇和预制装配两种形式。预应力混凝土简支板桥的跨径常为 10~20m,一般为空心板,预制装配的较多。

(一)钢筋混凝土整体现浇简支板桥常见病害与原因分析

1. 跨中附近板底由下而上的竖向裂缝

(1) **病害描述** 跨中附近板底由下而上的竖向裂缝一般有多条,如图5-4所示,静态裂缝宽度有可能超过规范限值,有时还伴随着跨中下挠。

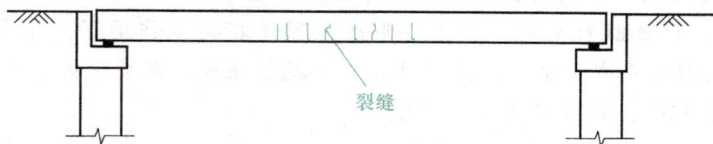

裂缝

图 5-4 整体式简支板桥跨中竖向裂缝示意图

(2) **病害原因** 跨中附近板底由下而上的竖向裂缝主要是由于简支板跨中纵向正弯矩过大而产生的弯曲裂缝,这种裂缝若超过《公路钢筋混凝土及预应力混凝土桥涵设计规范》

（JTG 3362—2018）规定的限值，则表明抗弯能力已不足。

2. 跨中附近板底纵向裂缝

（1）病害描述　跨中附近板底纵向裂缝一般表现为板底顺桥向开裂，可能有多条，有的静态裂缝宽度会超过《公路钢筋混凝土及预应力混凝土桥涵设计规范》（JTG 3362—2018）的要求。图 5-5 为整体式简支板桥跨中段板底纵向裂缝示意图，图 5-6 为整体式简支板桥板底纵向裂缝照片。

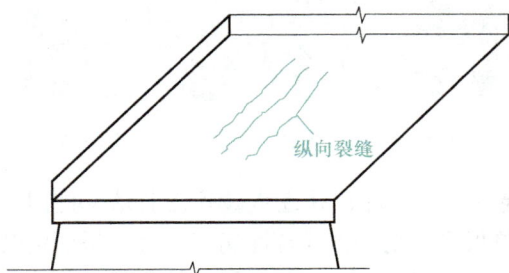

图 5-5　整体式简支板桥跨中段板底纵向裂缝示意图

图 5-6　整体式简支板桥板底纵向裂缝照片

（2）病害原因　跨中附近板底纵向裂缝很可能是设计图采用了预制装配的标准图配筋，施工时却改用现浇，将单向板变成整体式双向板，改变了板的受力方式，导致板底横向配筋严重不足，在横向弯矩作用下，引起板底产生纵向裂缝。

（二）钢筋混凝土及预应力混凝土预制装配简支板桥常见病害与原因分析

1. 装配式简支板板间铰缝混凝土脱落、铰缝处桥面铺装出现纵向裂缝

（1）病害描述　这种病害一般表现为装配式简支板板间铰缝混凝土缺损，某些空心板梁与两侧的空心板之间形成永久性台阶，铰缝对应位置的桥面铺装出现纵向裂缝或形成纵缝破碎带，铰缝渗水等。铰缝混凝土脱落如图 5-7 所示；装配式空心板单板受力导致桥面形成纵缝破碎带，如图 5-8 所示；铰缝渗水伴随混凝土脱落，如图 5-9 所示；铰缝渗水伴随混凝土严重脱落，如图 5-10 所示。

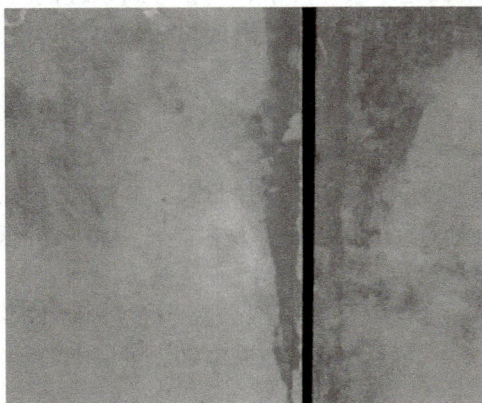

图 5-7　铰缝混凝土脱落

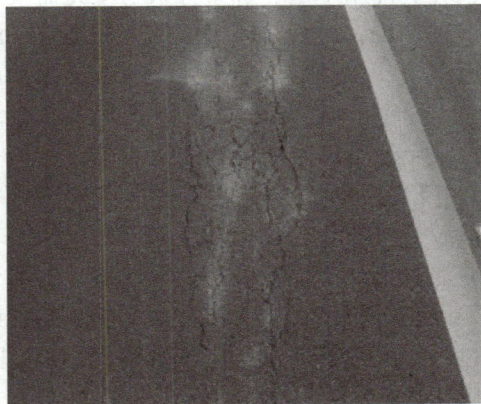

图 5-8　桥面形成纵缝破碎带

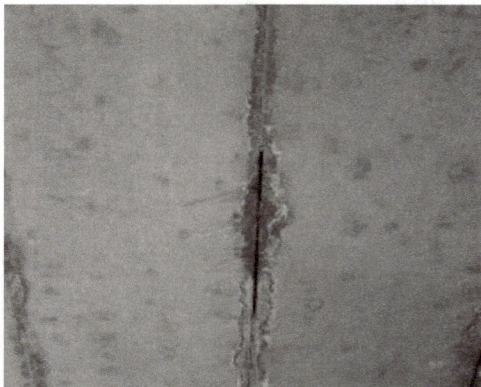

图 5-9 铰缝渗水伴随混凝土脱落

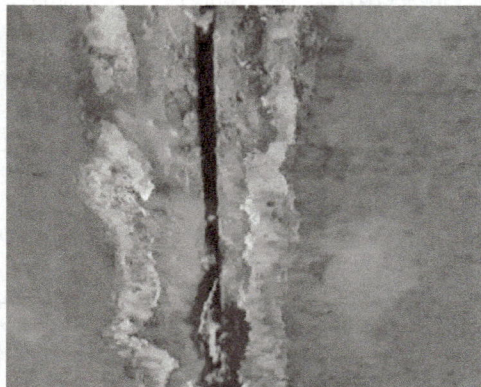

图 5-10 铰缝渗水伴随混凝土严重脱落

（2）病害原因 这种病害主要是因为铰缝混凝土被剪坏，并逐步破碎而脱落。此时，装配式简支板没有了横向连接，形成了单板受力。单板受力是一种综合性病害，会在桥面铺装层上沿铰缝方向产生不规则的纵向裂缝，严重时形成一条破碎带，雨（雪）水常通过破碎后的铰缝渗入板底，留下明显的渗水痕迹。当重型车辆通过单板受力的空心板时，会产生明显的弹性下挠，使其与两侧的空心板上下错位，形成台阶。待重车过后，这种错位消除，又恢复原状。如果长期经受超过设计标准的重型车辆作用，使单板受力病害逐渐加重，一旦进入病害的后期阶段，弹性下挠逐渐变成塑性变形，单板受力的空心板与两侧的空心板之间形成永久性台阶。

造成单板受力的原因有以下几个方面：

1）超载车辆的原因。以前高速公路桥梁的设计标准为汽-超 20、挂-120，其中汽-超 20 的单车总重为 55t，而实际在高速公路上行驶的重车的总重要比设计标准高得多。而且，重载车辆的总重还有所增加，砂重载车辆的总重已经超过 100t。桥梁在超载车辆的长期反复作用下，其铰缝混凝土破坏的速度明显加快。应该说，超载车辆是形成单板受力的主要原因。

2）施工方面的原因。高速公路中小跨径的空心板桥梁施工中，施工队伍对铰缝重视不足，施工中铰缝混凝土振捣不密实，预留钢筋保留不全或没有按设计的要求进行绑扎或焊接，铰缝底部用木条、麻布等杂物填充而没有浇筑铰缝砂浆等因素，均会导致铰缝混凝土的质量严重不足，成为整座桥梁的薄弱环节。施工质量达不到要求是形成单板受力的另一个关键的原因。

3）桥面防水不佳。桥面防水性能不好，雨、雪等渗入铰缝，通过雨、雪的反复作用，铰缝混凝土逐渐碎裂而渐渐脱落。

4）支座的原因。桥梁设计中，空心板两端一般为 4 个支座。由于施工工艺等原因，个别支座脱空，形成"三条腿"现象。当有车辆通过时，"三条腿"现象造成空心板的振动，使铰缝混凝土处于很不利的受力状态，久而久之，铰缝混凝土逐渐破碎脱落。

5）行车轨迹原因。高速公路空心板桥梁单板受力病害较一般公路严重，除超载原因外，行车轨迹太规则也是造成单板受力的原因之一，高速公路空心板桥梁行车道下的预制板应予以加强。

2. 先张法预应力混凝土空心板板底出现纵向裂缝

（1）病害描述 先张法预应力混凝土空心板板底出现纵向裂缝一般是在空心板截面的

两腹板之间的底面出现1~2条沿板跨径方向的纵向裂缝，裂缝长度比较长。裂缝形态为沿预应力钢筋分布的纵向通长或断续通长裂缝。裂缝处往往伴随渗水痕迹或白化现象。图 5-11 为装配式先张法预应力简支空心板板底纵向裂缝示意图，图 5-12 为装配式先张法预应力简支空心板板底纵向裂缝照片。

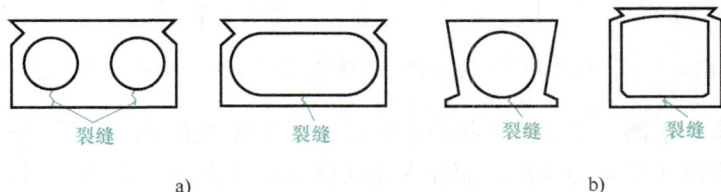

图 5-11 装配式先张法预应力简支空心板板底纵向裂缝示意图

图 5-12 装配式先张法预应力简支空心板板底纵向裂缝照片

（2）病害原因 预应力混凝土装配式简支板桥大多采用先张法施工，如果板底太薄，使得预应力筋周围混凝土局部应力过大，就会造成板底纵向裂缝，这也是产生纵向裂缝的重要原因。先张法预应力混凝土空心板底面纵向裂缝一般是底板的贯穿性裂缝，使空心板由原来的完整闭口截面变成了开口截面，这对抗弯承载力有一定的影响，对截面抗扭性能亦有较大影响。

3. 装配式钢筋混凝土板梁底部出现纵向裂缝

（1）病害描述 装配式钢筋混凝土板梁底部出现顺纵向主筋方向的裂缝，位置为锈蚀纵向主筋所在处。

（2）病害原因 混凝土中的氯盐添加剂或者混凝土碳化造成钢筋混凝土板梁钢筋生锈，钢筋膨胀体积增大导致板底产生沿着主筋的纵向裂缝。

4. 装配式空心板支承端附近斜裂缝

（1）病害描述 装配式空心板腹板厚度不大时，边板的腹板上可发现斜裂缝。

（2）病害原因 一般的空心板在支承端附近不会出现剪切斜裂缝，但近年来有的桥梁采用了单块宽度达 1.5m 甚至更大的大空心板（相当于小箱梁），腹板厚度不大时，主拉应力较计算值偏大，混凝土不能负担而造成边板的腹板上出现斜裂缝。

5. 预应力混凝土板上拱值过大

（1）病害描述 这种现象以先张法预应力混凝土空心板出现较多，表现为在营运多年后，板跨中部位的上拱值（又称反拱）仍较大，甚至在跨间桥面出现上凸，而在支座附近桥面相对下凹，如图 5-13 所示。

图 5-13 预应力混凝土板上拱值过大造成桥面铺装厚度不匀示意图

当先张法预应力混凝土空心板上拱值过大时，为保持桥面设计标高，空心板跨中部位的桥面铺装及现浇混凝土层可能较薄，而在支座区段的板部位则可能很厚，这就导致实际的恒载作用与设计值不一致，同时，板跨中部位的桥面铺装由于达不到设计厚度还会产生铺装病害。另外，在使用阶段，预应力混凝土上拱值仍过大会造成桥面的波浪形状，会引起行车的不舒适感，降低行车速度，影响了桥梁的适用性功能。

（2）病害原因 先张法预应力混凝土空心板的预应力束设置过多，反拱度过大，抵消了结构自重和汽车荷载后仍有富余，造成板梁上拱。

6. 空心板梁封头板收缩裂缝

（1）病害描述 空心板梁封头板混凝土收缩开裂，空心板空腔内聚积大量的水，空心板钢筋锈蚀严重。

（2）病害原因 空心板梁封头板混凝土收缩开裂，桥面雨水从桥头伸缩缝渗入封头板内，使空心板空腔内聚积大量的水，普通钢筋混凝土空心板梁的受力裂缝在受荷时张开，空腔内部水分渗入梁底钢筋，导致钢筋锈蚀严重。

二、钢筋混凝土及预应力混凝土简支梁桥上部结构的常见病害分析

简支梁桥是中小跨径桥梁常用的结构形式，一般采用预制装配式施工，按照横断面形式的不同，简支梁桥主要分为简支 T 形梁桥和简支箱形梁桥。简支梁桥多采用预应力混凝土结构，常用跨径为 20~50m。

（一）钢筋混凝土简支梁桥常见病害与原因分析

1. 弯曲裂缝

（1）病害描述 这类裂缝一般在梁跨中即 $L/4 \sim (3/4)L$ 附近产生。在梁的侧面，这类裂缝往往从梁的受拉区边缘，沿与主筋垂直的方向竖直延伸，通常在两条延伸较长的裂缝之间有数条较短的裂缝，这种裂缝的宽度一般在 0.03~0.2mm。在梁的底面，这类裂缝也会沿着与主筋垂直的方向发生，特别是箱梁，裂缝宽度一般在 0.03~0.25mm。总体来说，这种裂缝在箱梁上主要表现在底面，在 T 梁上主要表现在侧面，如图 5-14 所示。

（2）病害原因 弯曲裂缝主要是弯曲拉应力超出混凝土极限抗拉强度引起的。一般认为，只要这类裂缝在梁侧面延伸不到截面

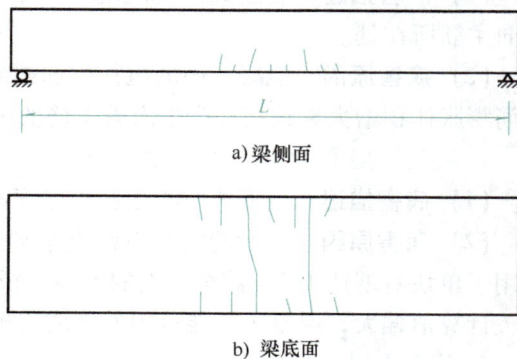

a）梁侧面

b）梁底面

图 5-14 弯曲裂缝示意图

中性轴位置，这类裂缝的宽度在荷载作用下的变化就不大，也就比较稳定。所以，只要最大裂缝宽度不超过限值，即认为此种裂缝对结构当前的承载能力影响不大，但对结构耐久性有影响。

2. 腹剪裂缝

（1）**病害描述**　腹剪裂缝是钢筋混凝土 T 形梁和箱梁常见的斜裂缝形态之一，但在板梁中很少见到。这类裂缝一般在支点附近至 1/4 跨范围内发生。在梁的腹板侧面，裂缝延伸方向与梁的纵向呈 45°~60°夹角。裂缝宽度一般在 0.1~0.3mm。斜裂缝通常有数条，裂缝间距为 0.5~1.0m，如图 5-15 所示。

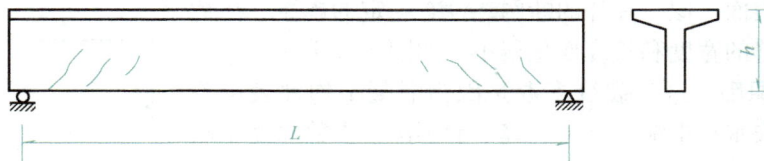

图 5-15　腹剪裂缝示意图

（2）**病害原因**　这类裂缝产生的原因是在荷载作用下，在靠近支点的部位剪力较大且有一定的弯矩存在，主拉应力超过混凝土的抗拉强度，从而在梁腹板中出现腹剪裂缝。在较大的荷载作用下，这类裂缝的宽度会有所增大，但只要在斜裂缝的限定宽度之内，裂缝上下延伸的长度不会有较大变化。

3. 弯剪裂缝

（1）**病害描述**　钢筋混凝土 T 形梁另一类常见的斜裂缝形态是弯剪裂缝。它是在竖向弯曲裂缝的基础上发展的斜裂缝，一般与梁轴线呈 30°~45°夹角。这类裂缝往往只有少数几条，裂缝宽度在 0.2~0.3mm，一般位于 1/4 跨附近，如图 5-16 所示。

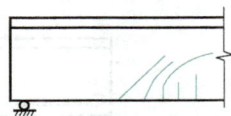

图 5-16　弯剪裂缝示意图

（2）**病害原因**　这类裂缝发生在弯矩和剪力都较大的部位，拉应力超过了混凝土的弯拉强度时出现弯曲裂缝，随着荷载增加，这种向上延伸的裂缝会因受到剪力影响而发生倾斜。

4. 梁腹板 1/2 梁高处的表面裂缝

（1）**病害描述**　这类裂缝多见于高度较大的钢筋混凝土 T 形梁、Π 形梁和箱梁的腹板上。裂缝一般位于梁腹板的 1/2 梁高处，裂缝的下端达不到梁的受拉区边缘。裂缝在梁腹板的半梁高附近宽度较大，一般为 0.2~0.5mm，严重者可达 0.8mm。裂缝中间较宽，上下端的宽度较小，呈枣核形，裂缝的间距无一定规律。这类裂缝在梁跨间的各部位都可能存在。在梁的跨中附近，这类裂缝大致与主筋垂直；而在梁的支点与 1/4 跨之间，裂缝大致与梁轴线呈 60°角，如图 5-17 所示。

（2）**病害原因**　这类裂缝主要是梁体混凝土不均匀收缩产生的。当然，也有荷载因素，如果没有荷载因素，裂缝与梁轴线大体上是垂直的。裂缝下端较细是由于下缘配筋量较大，裂缝上端逐渐延伸到受压区消失。裂缝中间粗有两个原因：一是梁腹板水平钢筋较少；二是在原有裂缝的基础上，混凝土的碳化收缩使得裂缝宽度增加。

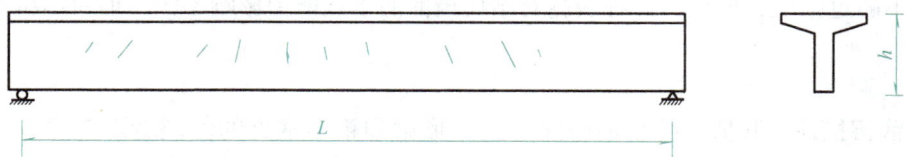

图 5-17 梁腹板 1/2 梁高处的表面裂缝示意图

5. 网状裂缝

（1）病害描述 梁腹板侧面的网状裂缝，这类裂缝的宽度一般很小（0.01~0.05mm），分布于梁腹板表面，似一片片的断网，没有一定的规律。在荷载作用下，裂缝的宽度和长度变化很小，如图 5-18 所示。

（2）病害原因 这类裂缝多数是因为混凝土构件表层养护不当，表层失水、干缩。这类裂缝一般不深，多数深度不超过钢筋保护层厚度，是非荷载作用产生的裂缝。

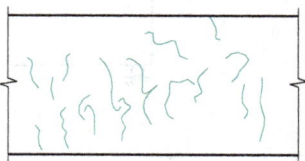

图 5-18 梁腹板侧面网状裂缝示意图

6. 钢筋锈蚀引起的裂缝

（1）病害描述 钢筋锈蚀引起的水平纵向裂缝往往在主筋位置附近并顺着主筋延伸，其延伸长度有长有短，与梁体受雨水侵蚀有关，所以梁体的防水非常重要。由这种因素造成的裂缝往往不仅是纵向裂缝（纵向钢筋方向），还有竖向裂缝（箍筋方向）。图 5-19 为梁在主筋部位的水平纵向裂缝示意图。

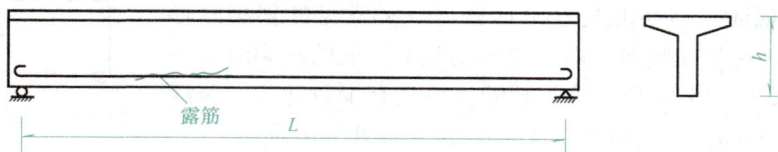

露筋

图 5-19 梁在主筋部位的水平纵向裂缝示意图

（2）病害原因 这类裂缝是混凝土缺陷与钢筋锈蚀共同作用的结果。这种病害多见于桥梁的边梁，这是因为边梁受雨水的影响较内梁的可能性更大。梁体受到雨水侵蚀后，由于混凝土本身的缺陷（如不密实、微裂缝等），雨水作用于钢筋，钢筋锈蚀使自身"变粗"，挤压混凝土使之开裂，开裂的混凝土使钢筋锈蚀进一步加剧。

7. 骨料膨胀引起的裂缝

（1）病害描述

1）如果膨胀骨料在构件浅层，则一般呈网状及放射形裂缝，裂缝交点处为膨胀骨料所在位置。

2）当膨胀骨料在钢筋背后时，则骨料膨胀后，会把钢筋顶弯，此时有可能产生顺钢筋的裂缝，但其长度不长，同时可能出现混凝土被冲剪破裂，其裂缝为周边一圈。

3）混凝土冲剪锥体边缘裂缝的两侧有高差。

4）若内部膨胀骨料为弥漫性分布，则其内部有可能产生层理状千层饼似的裂缝。

5）骨料周围有白色反应环（图 5-20），或裂缝中渗出乳白色、黄褐色、咖啡色甚至黑色的碱硅凝胶，或膨胀源呈白色粉团、姜黄色石子（图 5-21）。

6）这类病害多在桥梁竣工数年后（一般五年后）发生。

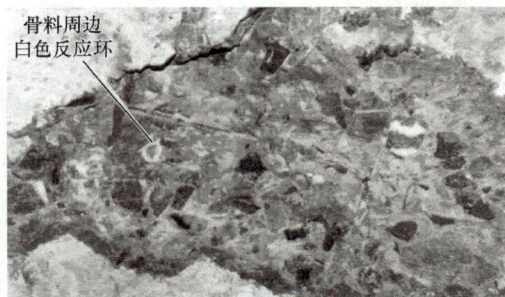

骨料周边
白色反应环

**图 5-20　钢筋混凝土梁碱骨料反应后
骨料周围的白色反应环**

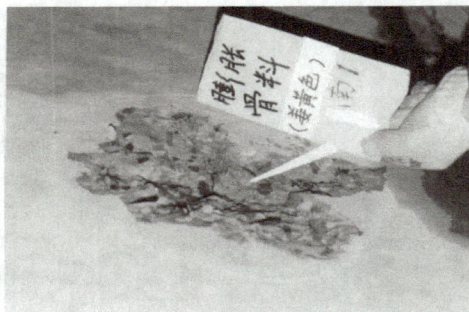

膨胀骨料（姜黄色）反1

**图 5-21　钢筋混凝土梁混凝土体积
安定性不良的姜黄色石子**

（2）病害原因　骨料膨胀病害发生的原因有两类。

1）碱骨料反应引起骨料膨胀，破坏混凝土。发生碱骨料反应的三个条件：第一，混凝土骨料中含有一定量的碱活性二氧化硅，例如白云石、蛋白石、玻璃质二氧化硅，以及结晶不完整的二氧化硅矿物等，当含量大于5%时，对混凝土构件可能会产生损害；第二，混凝土中碱含量超过一定量（一般为 3kg/m³）；第三，水分侵入混凝土中。前两个条件是发生碱骨料反应的必要条件，第三个条件是充分条件。石子周围有白色反应环者，多为碱活性骨料所致。裂缝中渗出乳白色、黄褐色、咖啡色甚至黑色的碱硅凝胶，用湿布不易擦掉，多为碱骨料反应所致。

2）因含有氧化镁骨料、硫酸盐骨料或生石灰缓慢水化膨胀而破坏混凝土。这类病害的进展是由表及里的，这与外界潮气由表面通过毛细孔逐渐渗入有关。骨料膨胀的充分条件也是水，骨料膨胀后体积可达原体积的 2~4 倍，膨胀后的膨胀源呈白色粉团、姜黄色石子（多为含氧化镁的石子及生石灰吸潮膨胀所致）。

8. 梁体在钢支座处的裂缝

（1）病害描述　这类裂缝常见于简支梁钢支座上垫板处的梁体上。裂缝由支座上垫板与混凝土的交界处发生并斜向上发展，裂缝最大宽度可达 2mm。有些无支座或者是简易支座的桥梁也会发生这种病害，如图 5-22 所示。

（2）病害原因　这类裂缝的产生可能是由于桥墩不均匀沉降或歪斜、混凝土局部承压能力不够、支座侧斜或转动不自如等。也就是说，这种病害和局部承压有关，和支座失效后在支座处产生的拉力有关。

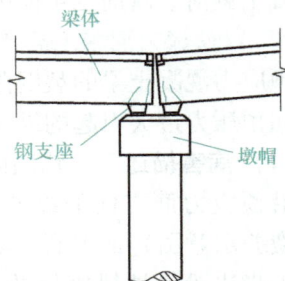

梁体
钢支座
墩帽

**图 5-22　梁体在钢支座
处的裂缝示意图**

9. 混凝土剥落、露筋

（1）病害描述　这种病害表现为混凝土表面的砂、水泥浆脱落，粗骨料外露，钢筋混凝土内的主筋、箍筋等没有被混凝土包裹而外露。这类病害在钢筋混凝土桥梁的任何部位都有可能出现。图 5-23 为 T 梁底混凝土剥落、露筋，图 5-24 为箱梁腹板混凝土剥落、露筋，图 5-25 为箱梁顶板混凝土剥落、露筋，图 5-26 为翼缘板之间连接缝混凝土剥落。

图 5-23　T 梁底混凝土剥落、露筋

图 5-24　箱梁腹板混凝土剥落、露筋

图 5-25　箱梁顶板混凝土剥落、露筋

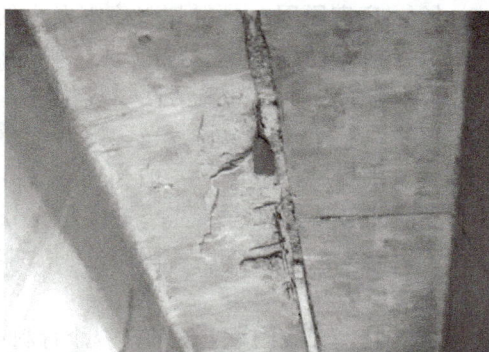

图 5-26　翼缘板之间连接缝混凝土剥落

（2）病害原因　这类病害发生的原因可能为钢筋大面积锈蚀而崩裂混凝土保护层。梁底混凝土剥落、露筋也可能因为桥下净高不足，梁底受到车辆或船只撞击。

（二）预应力混凝土简支梁桥常见病害与原因分析

预应力混凝土梁的裂缝除钢筋混凝土梁可能产生的裂缝外，也有一些自身所独有的裂缝，如预压力过大引起的纵向裂缝。

（1）病害描述　在锚固区内，锚板下的混凝土产生沿预应力筋方向的纵向裂缝（图 5-27 为梁端纵向裂缝示意图）或者裂缝以一定角度散开。

先张法梁梁端锚固处的裂缝，始于张拉端面，宽度约为 0.1mm，长度一般只延伸至扩大部分的变截面处。

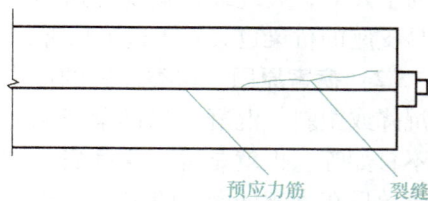

预应力筋　　裂缝

图 5-27　梁端纵向裂缝示意图

后张法梁梁端锚固处的裂缝通常发生在预应力筋齿板锚固处，裂缝比较短小，发生在梁端时多与预应力筋方向一致，发生在锚固处时与梁纵轴多呈 30°~45° 角。该类裂缝在桥梁营运初期有所发展但并不严重，以后会趋于稳定。

在多梁式梁桥中，由于配置预应力筋的需要，常将部分腹板加厚成马蹄形，和锚固区一样，也可能形成纵向裂缝。同时，在马蹄形区域与其他区域的交界处也可能产生纵向裂缝。

有些后张法的箱梁也会出现沿预应力筋方向的纵向裂缝，经过一段时间使用后，这一病害愈加明显，有的甚至纵向贯通。

（2）病害原因　梁端锚固区内由于预加力的作用，锚板下局部应力过大，可能使其下的混凝土产生纵向裂缝，裂缝宽度及数量与预加力有关、与锚板下间接钢筋的配置有关、与混凝土强度有关。

先张法梁梁端锚固处的裂缝主要是压应力过大造成的。

后张法梁梁端锚固处的裂缝主要是端部应力集中，混凝土质量不良所致。

在多梁式梁桥中，将部分腹板加厚成马蹄形的区段截面承受的压应力较大，如果马蹄形区域内的箍筋配置数量不足或构造不当，则可能引起纵向裂缝。在马蹄形区域与腹板的交界处产生的纵向裂缝是由剪力的作用及混凝土收缩徐变导致的。

有些后张法箱梁出现的沿预应力筋方向的纵向裂缝也与压应力过大有关。

三、钢筋混凝土及预应力混凝土连续梁桥上部结构的常见病害分析

钢筋混凝土连续梁桥的横断面多为箱形，如图 5-28 所示。连续箱梁桥常见病害为箱体裂缝、钢筋锈蚀、混凝土剥落等。钢筋锈蚀和混凝土剥落等病害的现象、原因与简支梁桥相同，详见简支梁桥常见病害分析部分。

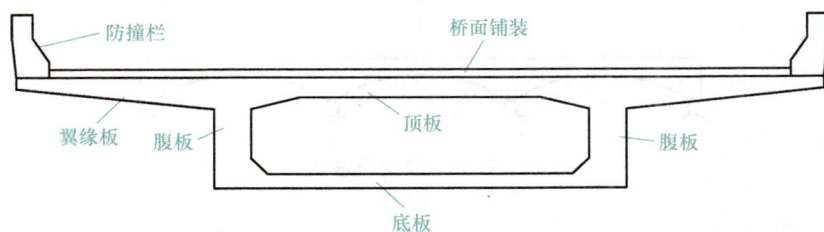

图 5-28　钢筋混凝土连续梁桥横断面示意图

1. 箱梁腹板弯曲裂缝

（1）病害描述　在钢筋混凝土连续箱梁的跨中区段和墩顶区段分别出现由箱梁底边缘向上延伸的和由箱梁顶边缘向下延伸的竖向弯曲裂缝，其中较常见的是在跨中区段出现的由箱梁底边缘向上延伸的弯曲竖向裂缝。节段施工的预应力混凝土箱梁，一般易在箱梁节段的接缝内或接缝附近出现弯曲竖向裂缝。箱梁腹板弯曲裂缝往往还伴随箱梁底板（或顶板）的混凝土横向裂缝，如图 5-29~图 5-31 所示。

（2）病害原因　连续箱梁腹板弯曲裂缝是由跨中正弯矩过大或支点负弯矩过大引起的。钢筋混凝土连续箱梁腹板弯曲裂缝的最大宽度在限制值之内是正常的受力裂缝。预应力混凝土 A 类构件和全预应力混凝土构件的预应力混凝土连续箱梁，不允许出现腹板弯曲裂缝；出现腹板弯曲竖向裂缝后，将引起箱梁的内力重分布。

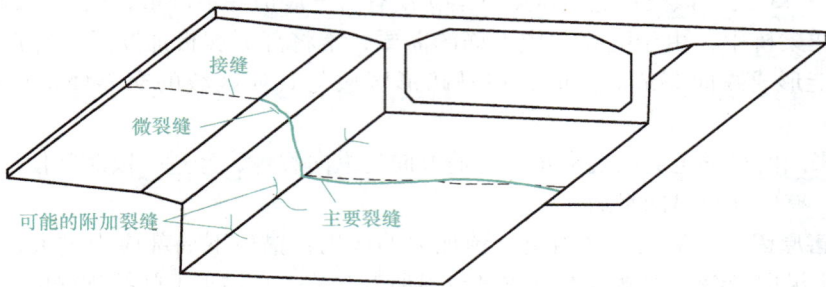

图 5-29　连续箱梁腹板弯曲裂缝示意图

图 5-30　连续箱梁腹板弯曲裂缝

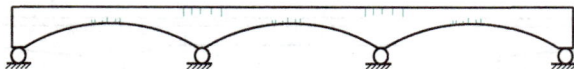

图 5-31　连续箱梁腹板弯曲裂缝沿桥跨分布示意图

2. 箱梁腹板斜裂缝

（1）病害描述　箱梁腹板斜裂缝在越靠近箱梁两侧支点的位置，裂缝上部越向跨中倾斜，腹板斜裂缝在跨间两边往往对称发生，呈"八"字状分布。它是预应力混凝土梁桥中出现最多的一种裂缝，往往首先发生在支座附近，与梁轴线呈 25°～50°角，并随着时间的推移不断向受压区和跨中方向扩展，如图 5-32 所示。

（2）病害原因　箱梁腹板斜裂缝是荷载型裂缝，是主拉应力过大导致的裂缝，故往往首先发生在剪应力最大的位置。

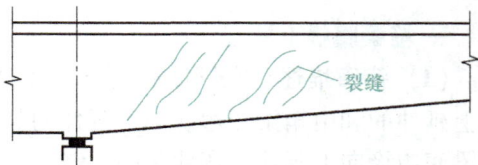

图 5-32　连续箱梁腹板斜裂缝示意图

3. 箱梁腹板竖向裂缝

（1）病害描述　在支架上现浇混凝土施工的钢筋混凝土和预应力混凝土连续箱梁的腹板上常出现垂直于梁轴线方向的竖向裂缝，竖向裂缝沿箱梁跨径方向分布，在箱梁跨中部位往往间距较小，而在其他部位间距较大。

第一类箱梁腹板竖向裂缝是与箱梁底板横向裂缝相连的，即腹板竖向裂缝下端达到箱梁截面下边缘，也就是前面介绍的弯曲裂缝。

第二类箱梁腹板竖向裂缝位于箱梁顶板下梗腋（箱外）和底板之间的腹板半高处，裂缝呈中间宽度较大、两端细小的枣核形。

（2）病害原因　第一类箱梁腹板竖向裂缝发生的原因见弯曲裂缝部分介绍，第二类箱梁腹板竖向裂缝是由箱梁混凝土收缩引起的。

4. 箱梁底板横向裂缝

（1）病害描述

1）第一类箱梁底板的横向裂缝主要发生在钢筋混凝土连续箱梁的跨中区段，常常伴随出现腹板上的竖向弯曲裂缝，如图 5-33 所示。

图 5-33　第一类箱梁底板横向裂缝示意图

2）第二类箱梁底板的横向裂缝主要出现在节段施工的预应力混凝土连续箱梁的相邻节段之间的接缝附近，如图 5-34 所示。

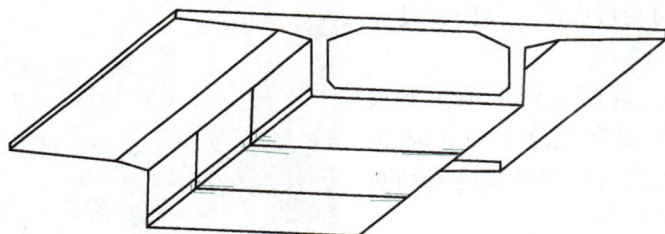

图 5-34　第二类箱梁底板横向裂缝示意图

3）第三类箱梁底板的横向裂缝出现在后张法预应力混凝土连续箱梁底板锚固齿板的后方区域，往往伴随出现腹板的斜裂缝，如图 5-35 所示。

（2）病害原因

1）第一类箱梁底板横向裂缝的出现属于正常的受力裂缝，但若箱梁内有积水且沿裂缝渗出，则对箱梁的耐久性有较大影响。

2）第二类箱梁底板横向裂缝是由波纹管

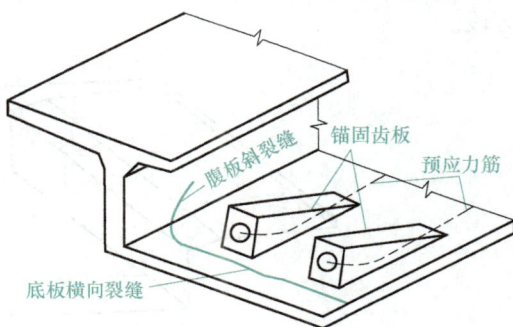

图 5-35　第三类箱梁底板横向裂缝示意图

走形引起的，对箱梁结构的受力影响不大。

3）第三类箱梁底板横向裂缝属于预加力作用产生的受力裂缝，初期发展很快，且裂缝宽度较大，对结构受力有一定影响。

5. 箱梁底板纵向裂缝

（1）病害描述　在混凝土箱梁的底板下表面出现沿梁长方向的纵向裂缝，长短不一，主要分布在纵向预应力钢筋范围内，一般多出现在混凝土箱梁的正弯矩作用区段（合拢区段较常见），也会出现在箱梁底板的锚固齿板附近，如图5-36所示。

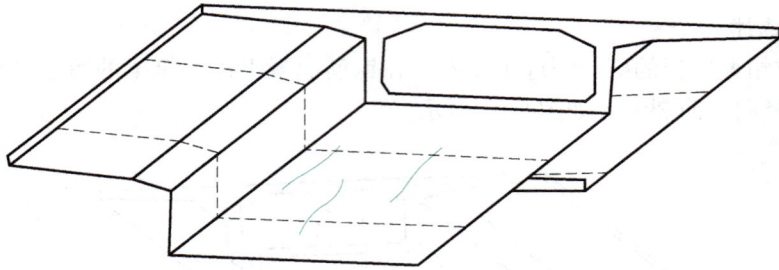

图5-36　连续箱梁底板纵向裂缝示意图

底板底面产生纵向裂缝后，可能伴随有底板沿厚度方向的层离，有的会引起局部起壳，严重者底板下半层会出现混凝土脱落，如图5-37所示。

（2）病害原因　底板曲面在纵向预应力筋作用下会产生径向均布力或集中力，然后在这些力的作用下，底板横截面发生弯曲变形，导致底板横向受弯而产生纵向裂缝。

6. 箱梁顶板纵向裂缝

（1）病害描述　混凝土箱梁顶板下表面沿箱梁跨径方向的纵向裂缝如图5-38所示，可由纵向裂缝处是否有渗水痕迹来判断纵向裂缝是否贯穿顶板全厚度。

1）第一类箱梁顶板纵向裂缝延伸较长，往往在箱梁的跨中区段和接近支座部位的箱梁区段。

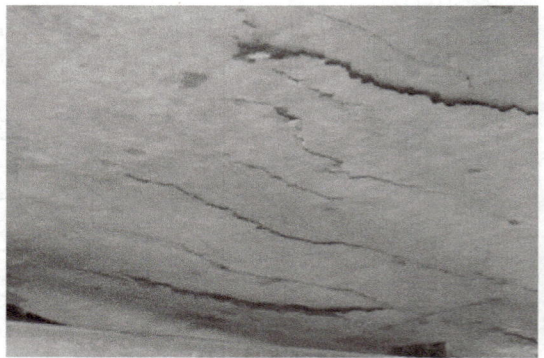

图5-37　连续箱梁底板混凝土脱落

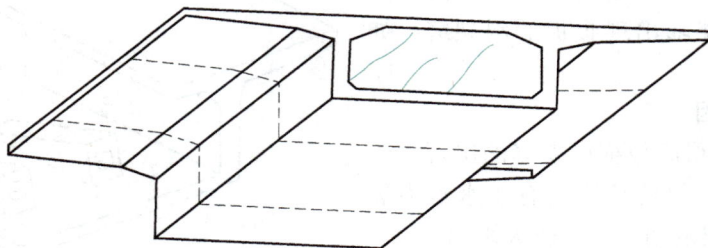

图5-38　连续箱梁顶板纵向裂缝示意图

2）第二类箱梁顶板纵向裂缝出现在节段悬臂浇筑混凝土箱梁的节段接缝之间，纵向裂缝起始于节段接缝处，平行排列有 1~3 条，但纵向裂缝延伸不超过另一节段接缝，如图 5-39 所示。

（2）病害原因 箱梁顶板纵向裂缝主要是由箱梁顶板横向受力产生的，这种裂缝对箱梁的结构使用有较大影响。若纵向裂缝贯穿顶板，则对混凝土箱梁的耐久性有影响。

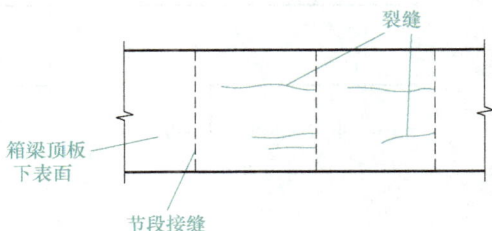

图 5-39 第二类箱梁顶板纵向裂缝示意图

四、混凝土梁桥上部结构的养护维修

1. 结构裂缝的维修

钢筋混凝土及预应力混凝土梁桥均可能存在不同程度的结构裂缝。为了恢复桥梁结构的整体性，保持其强度、刚度、耐久性，使其更加美观，应对裂缝进行针对性的维修。常用的维修方法有表面封闭修补法、表面粘贴修补法和压力灌浆修补法。

（1）表面封闭修补法 结构裂缝的表面封闭修补法又可分为填缝法、表面抹灰法、表面喷浆法、凿槽嵌补法和加箍封闭法等。

1）填缝法。填缝法常用于砖石砌体轻微裂缝的简单修理。填缝前应将缝隙清理干净，清缝应根据裂缝宽度选择相应的勾缝刀、抹子、刮刀等工具。填缝所用水泥砂浆（1:2.5 或 1:3）的强度不得低于原灰浆。

2）表面抹灰法。表面抹灰法的操作步骤是将水泥浆、水泥砂浆、环氧浆液或环氧砂浆等材料涂抹在裂缝部位的砖石砌体或混凝土表面上。

3）表面喷浆法。表面喷浆法的操作步骤是先对需要喷浆的结构表层进行仔细敲击，敲碎并除去剥离的部分，若为钢筋混凝土，还须清除露筋部位钢筋上的铁锈。接着将裂缝表面凿毛（V 形槽），并用水冲洗结构物表面将基层湿润一下。最后喷射一层密实、高强度的水泥砂浆保护层以封闭裂缝。根据裂缝的部位与性质及修理的要求与条件，该方法又可分为无筋素喷法、挂网喷浆法等。

4）凿槽嵌补法。当裂缝宽度小于 0.25mm 时，通常采用凿槽嵌补法进行处理。其操作步骤是先沿混凝土裂缝凿一条深槽，槽的形状根据裂缝位置和填补材料而定（多采用 V 形槽），再将槽两边混凝土修理整平，将槽内清洗干净。随后在槽内嵌补黏结材料。当填补水泥砂浆时，应保持槽内湿润且无积水；当填补沥青或环氧材料时，应保持槽内干燥。

5）加箍封闭法。加箍封闭法主要用于钢筋混凝土梁的主应力裂缝修补。图 5-40 所示为加箍封闭裂缝的修补方法。修补用的直箍或斜箍可由扁钢焊成或用圆钢制成，加箍方向应与裂缝方向垂直。箍与梁上下面的接触处可垫以角钢或钢垫板。

（2）表面粘贴修补法 表面粘贴修补法是用胶粘剂将玻璃布、碳纤维布或钢板等材料粘贴在裂缝部位的混凝土表面。

1）粘贴玻璃布法。粘贴玻璃布法所用的玻璃布由无碱玻璃纤维织成，耐水性好、强度高，它有无捻粗纱布、平纹布、斜纹布、缎纹布、单向布等多种形式，其中无捻粗纱布因强度高、气泡易排除、施工方便而应用较多。

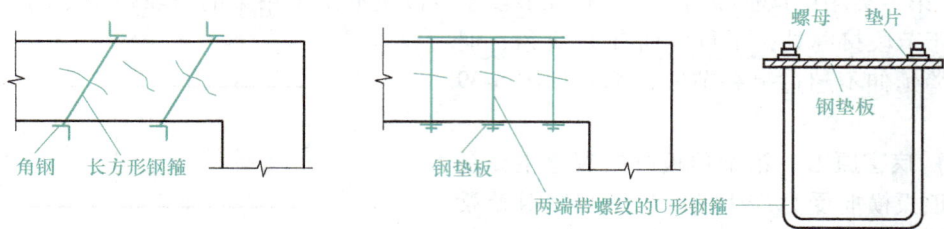

图 5-40 加箍封闭裂缝示意图

玻璃布在使用前必须除去油蜡（玻璃布在制作过程中加入了含油脂和蜡的浸润剂），以提高粘贴效果。玻璃布除油蜡的方法有两种：一是将其在碱水中泡 30～60min，再用清水洗净；二是将其放在烘烤炉上加温到 190～250℃，使油蜡燃烧（燃烧后会产生很多灰尘），烘烤后将玻璃布在浓度为 2%～3% 的碱水中煮沸 30min，取出用清水洗净晾干。后一种方法除油蜡效果较好。

粘贴前先将混凝土面凿毛，并冲洗干净，使表面无油污、灰尘。若表面不平整，可先用环氧砂浆抹平。粘贴时，先在粘贴面上均匀地刷一层环氧基液，接着展开、拉直玻璃布，放置并抹平使之紧贴在混凝土表面，用刷子或其他工具在玻璃布上刷一遍，使环氧基液浸透玻璃布并溢出。随后在玻璃布上刷环氧基液。接着可按同样方法粘贴第二层玻璃布。粘贴时，为了压边，上层玻璃布应比下层宽 10～20mm。

2）粘贴碳纤维布加固法。粘贴碳纤维布加固法是利用胶粘剂将碳纤维布粘贴在混凝土构件表面，如图 5-41 所示。当结构荷载增加时，碳纤维布因与混凝土协调变形而共同受力，从而提高了混凝土构件的承载能力与刚度，对桥梁起到加固作用。

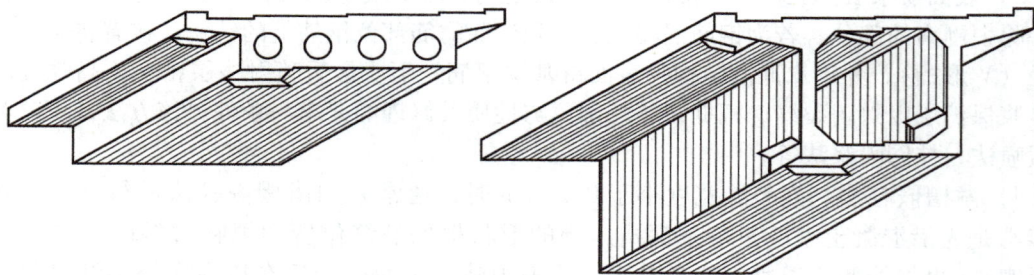

图 5-41 粘贴碳纤维布加固法示意图

粘贴碳纤维布加固法的施工步骤如下：

① 施工前的准备：熟悉施工现场和被加固构件混凝土的实际情况，拟出施工大纲；提前准备好所需的碳纤维布、配套树脂、机具等。

② 混凝土表面的处理：用砂轮机清除和打磨混凝土表面的劣化层，凿除被加固构件表面的剥落、疏松、蜂窝、腐蚀等混凝土，并用修复材料将表面修复平整；在裂缝部分注入环氧树脂浆进行修补；基面的错位与凸出部分要磨平（可在锚固加强区每隔 5cm 刻痕一道，以加强粘贴效果），转角部位要进行倒角处理并打磨成圆弧状，圆弧半径不应小于 2cm；清除工作面的灰尘并保持干燥。

③ 清洗基面：用钢丝刷刷去表面松散浮渣，再用压缩空气除去粉尘；用丙酮或无水酒精擦拭表面，也可用清水冲洗，保证其充分干燥。

④ 配制底层树脂并涂刷：按比例准确配制好底层树脂并搅拌均匀，注意一次调和量应在规定时间内用完（超过时间的绝不可使用，以确保粘接质量）；用毛刷或特制滚筒刷将底层树脂均匀地涂抹在基面上，注意要均匀涂抹、自然风干（冬期施工时树脂的黏度较高，不能涂得太厚）；底层树脂硬化后，若表面有凸起部分，应用砂纸或磨光机磨平；待底层树脂指触干燥后再进入下一道工序。

⑤ 整平：用找平树胶填补粘贴面上的凹陷部位，并消除棱角；用找平材料将转角处修整为光滑的圆弧；待找平树胶指触干燥后再进入下一道工序。

⑥ 粘贴碳纤维布（碳纤维片）：在粘贴面上画出各层位置；按设计尺寸裁剪碳纤维布，根据现场施工经验和作业空间确定下料长度，若需接长时，接头的长度一般不小于 15cm；裁剪好的碳纤维布必须呈卷状妥善摆放，不得展开平铺放置；配制浸渍树脂并均匀涂抹于要粘贴的部位；粘贴碳纤维布时，应依设计位置由上而下、由左至右粘贴，操作时用一次性软毛刷或特制滚筒沿碳纤维布的纤维方向多次涂刷，挤去气泡，并使浸渍树脂充分浸透碳纤维布，涂刷时不得损伤碳纤维布；多层粘贴时应重复上述步骤，待碳纤维布表面指触干燥时即可进行下一层的粘贴；粘贴时要观察贴片是否粘贴密实，若发现有间隙或气泡，应及时处理。

⑦ 罩面防护处理：粘贴完碳纤维布后，立刻在最后一层碳纤维布的表面再均匀涂抹一层浸渍树脂，并使其自然风干；待贴片表面已充分风干结合后，在其表面涂抹罩面胶或采取其他罩面处理措施，以保证防护材料与原碳纤维布之间有可靠的黏结。

3）粘贴钢板法。首先按所需尺寸切好钢板，并用打磨机打磨，使其表面露出金属光泽；然后修凿裂缝附近混凝土表面使其平整，用丙酮或二甲苯擦洗修补部位的混凝土表面及钢板表面，以去除黏结面的油脂和灰尘；在钢板和混凝土粘贴面上均匀地涂刷环氧基液，然后用方木、角钢和螺栓等均匀地压贴钢板。待养护到所需时间后，拆除方木、角钢等，并在钢板表面再涂刷一层养护涂料（如防锈油漆）。

（3）压力灌浆修补法　压力灌浆修补法一般用于裂缝宽度大于 0.25mm，且裂缝多并深入结构内部或结构有空隙的部位。它通过施加一定的压力，将浆液灌入结构内部裂缝中，以封闭裂缝，恢复并提高结构的强度、耐久性和抗震性。该法依据灌入浆液的不同，可分为水泥灌浆法（灌浆材料有纯水泥、水泥砂浆、水泥黏土、石灰、石灰黏土、石灰水泥等）、化学灌浆法（灌浆材料有环氧树脂类浆液、丙烯酸酯类浆液、水玻璃类浆液、丙烯酰胺类浆液、丙烯酸盐类浆液、聚氨酯类浆液等）、沥青灌浆法。沥青灌浆法不常用，这里不进行介绍。

1）水泥灌浆法。水泥灌浆法的工艺流程如图 5-42 所示。

水泥灌浆法的施工要点如下：

① 灌浆前应再仔细检查一遍裂缝，确定修补的数量、范围，以及钻孔的位置及浆液数量。

② 一般不可顺着裂缝方向钻孔。钻孔轴线与裂缝面的交角以大于 30° 为宜。

③ 钻孔完毕后应清孔，可用水由上向下冲洗钻孔。用水冲净后，再用压缩空气将钻孔吹干。孔眼的冲洗、吹除是按由上向下、一横排接一横排的顺序进行的。

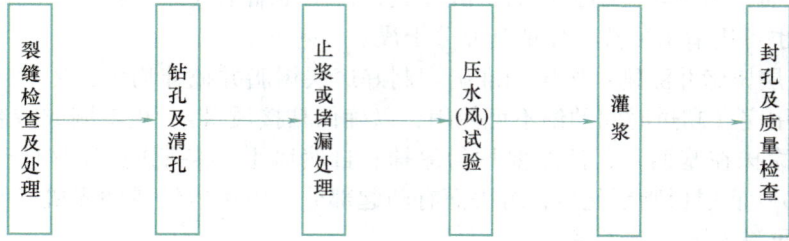

图 5-42　水泥灌浆法的工艺流程

④ 灌浆前应先将结构中转大的裂缝与孔隙堵塞严密，以防灌浆时浆液通过它们流到表面，即止浆、堵漏处理。止浆、堵漏主要有三种方法：用水泥砂浆或环氧砂浆涂抹，用环氧胶泥粘贴，用棉絮、麻布条等嵌塞。

⑤ 灌浆前应做压水或压风试验，以检查孔眼畅通情况及止浆、堵漏效果。

⑥ 通过孔眼将水泥浆液灌入。

⑦ 圬工结构灌浆时，灌浆压力一般为 $0.1 \sim 0.304 MPa$。

⑧ 混凝土、钢筋混凝土结构灌浆时，灌浆压力一般为 $0.405 \sim 0.608 MPa$。

⑨ 当工程量较大时，可采用灌浆机、灌（压）浆泵、风泵等加压设备；当工程量较小时，可采用灌浆注射器施工。

2）化学灌浆法。化学灌浆法的工艺流程如图 5-43 所示。

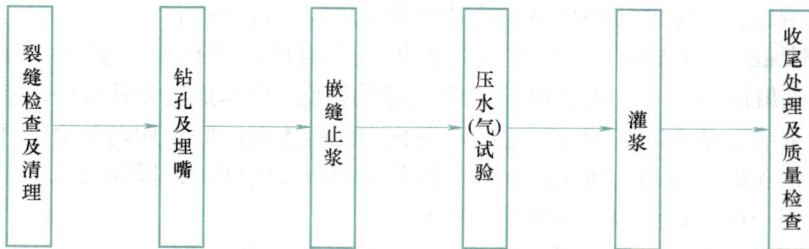

图 5-43　化学灌浆法的工艺流程

化学灌浆法的施工要点如下：

① 灌浆前应先对修补部位的裂缝情况进行详细的检查、记录。做好定量和定性的分析，据此计算和安排有关灌浆材料配量、埋嘴、灌浆注射等工作。

② 在裂缝两侧画线之内用小锤、铲子、钢丝刷等工具将构件表面整平，凿除凸出部分，再用丙酮擦洗，清除裂缝周围的油污，注意不要将裂缝堵塞。

③ 应选择大小合适、自重尽可能轻的灌浆嘴。灌浆嘴的布置原则是：宽缝稀、窄缝密；断缝交错处单独埋嘴；贯通缝的灌浆嘴设在构件的两面交错处。

④ 埋嘴前，先把灌浆嘴底盘用丙酮擦洗干净，然后用灰刀将环氧胶泥抹在底盘周围，然后骑缝埋贴到构件裂缝处，但不要将灌浆嘴和裂缝灌浆通道堵塞。

⑤ 埋嘴后，应封闭其余裂缝，进行嵌缝或堵漏处理，以保证浆液将裂缝填充密实，防止浆液流失。封闭裂缝较小的混凝土构件上的裂缝时，先沿裂缝走向均匀地涂刷一层环氧浆液，宽 $7 \sim 8 cm$，再在其上分段密贴一层玻璃丝布，宽 $5 \sim 7 cm$。注意在灌浆嘴底盘周围 $5 \sim 10 mm$ 的

范围内不贴玻璃丝布，可用灰刀沿其周围先抹上一层环氧胶泥（鱼脊状），再刷一层环氧浆液。封闭裂缝较大的混凝土构件上的裂缝时，先沿裂缝用风镐凿成 V 形槽，宽 5~10cm，深 3~5cm，再清除槽内松动的碎屑、粉尘，最后向槽内填塞水泥砂浆。

⑥ 在前一步骤完成 1d 以后，应进行压水或压气试验，以检查裂缝封闭及孔眼畅通情况。

⑦ 化学灌浆可采用两种工具：灌（压）浆泵在裂缝较大时采用；灌浆注射器在裂缝较小、灌浆量不大时采用。两者灌浆时均应保证泵或注射器的出浆口与灌浆嘴严密连接，不能漏气。前者与灌浆嘴可用聚氯乙烯透明塑料管连接；后者可将气门芯套在出浆口上，再将出浆口插入灌浆嘴内进行灌浆。

⑧ 灌浆时应注意压力的控制。当裂缝较宽，进浆通畅时，压力应小，灌（压）浆泵的泵压控制在 0.1~0.2MPa；当裂缝较小、进浆困难时，压力应大些，灌（压）浆泵的泵压控制在 0.4MPa 左右。用灌浆注射器注射主要靠人手的推力，以能灌进浆液为准。

⑨ 灌注的次序应事先标定，原则是竖向裂缝先下后上，水平裂缝由低端逐渐灌向高端，贯通裂缝在两面一先一后交错灌注。灌注过程中应随时注意排气。每灌完一个灌浆嘴，不要急于转移器械，应稳压几分钟，待所修补裂缝吃浆饱满后再灌下一个灌浆嘴。在每个灌完的灌浆嘴上绑扎一段透明塑料管，以便溢浆时可立即扎紧管子。

⑩ 灌浆完毕待浆液聚合固化后，拆除灌浆嘴，并用环氧胶泥抹平。在每一道裂缝表面再刷一层环氧树脂水泥浆，以确保封闭严实。

另外，施工时应注意安全。施工现场注意通风，以防技术人员中毒；灌浆材料应密封储存；施工人员应正确使用口罩、橡胶手套、防护眼镜等；身体接触到环氧树脂材料时不可用丙酮等溶剂清洗，应先用锯木屑或去污粉擦除，再用热肥皂水清洗；施工器械可用丙酮、甲苯等溶剂或热水清洗；施工现场严禁明火；注意器械与残液的回收，以防污染环境。

2. 表层缺陷的维修

混凝土桥梁表层缺陷的形式多种多样，常见的表层缺陷形式有麻面、蜂窝、空洞、剥落、磨损、露筋等。表层缺陷的维修方法有混凝土修补法、水泥砂浆修补法、混凝土胶粘剂修补法。

（1）混凝土修补法　混凝土修补法主要应用于混凝土桥梁结构中出现的蜂窝、空洞及较大范围破损等缺陷，一般可采用级配良好的混凝土进行修补。修补前，应将构件中的蜂窝或空洞缺陷部分尽可能凿除，还应对混凝土修补部位进行凿毛处理，并使混凝土表面保持湿润、清洁。然后在钢筋和其周围的混凝土上涂抹一层水泥浆液或其他胶粘剂（浆液应仔细地刷进混凝土内并均匀地刷到钢筋上），这样可在钢筋周围造成强碱性环境，以增强新、旧混凝土之间的黏结。在浆液尚未凝固时，立即浇筑新的混凝土。

在新、旧混凝土接缝表面各 15cm 宽的范围内，用钢丝刷除去所有软弱的浮浆，刷净尘土，然后涂抹两层封闭浆液，如环氧树脂浆液，第二层的涂抹方向应与第一层垂直。最后对修补部分进行养护，养护方法与普通混凝土养护相同。

混凝土修补法可分为直接浇筑法、喷射法和压浆法等。对于面积较大的修补工作，在浇筑混凝土前还应立模板，以保证修补的外观质量。混凝土浇筑后应尽可能地捣实。

（2）水泥砂浆修补法　水泥砂浆修补法包括水泥砂浆人工涂抹法和喷浆修补法。

1）水泥砂浆人工涂抹法主要应用于小面积的缺陷，特别是损坏深度较浅的修补，该法修补工艺简单。修补前，应将构件中的缺陷部分尽可能凿除，还应对混凝土修补部位进行凿毛处理，并使混凝土表面保持湿润、清洁。然后在钢筋和其周围的混凝土上涂抹一层水泥浆液或其他胶粘剂（浆液应仔细地刷进混凝土内并均匀地刷到钢筋上）。在浆液未凝固时，将拌和好的砂浆用铁抹子抹到修补部位，反复加强压实，然后按普通混凝土进行养护。修补工作完成后一个月左右，常会发现在新补砂浆四周产生细丝状的收缩裂缝，需视具体情况采取封闭措施。可在新补区域周围再涂抹两层环氧树脂胶液等胶粘剂。

2）喷浆修补法主要应用于混凝土表面大面积缺损的修补及重要混凝土结构物的修补。该方法是将水泥、砂和水的混合料，经高压通过喷嘴喷射到修补部位。该方法的主要特点有：用较小的水灰比，较多的水泥，获得了较高的强度和密实度；喷射的砂浆层与受喷面之间具有较高的黏结强度和耐久性；工艺简单，工效较高；材料消耗较大，当喷浆层较薄或不均匀时，干缩较大，易发生裂缝。修补前，应将构件中的缺陷部分尽可能凿除，还应对混凝土修补部位进行凿毛处理。凿毛表面应有一定深度，但凹凸不宜过大，以免表面在喷浆时因受力不均匀影响到与旧混凝土的黏结。修补前应使混凝土表面保持湿润、清洁。最好在钢筋和其周围的混凝土上涂抹一层水泥浆液或其他胶粘剂。当修补要求挂网时，在施工前还应进行钢筋网的制作、安装、固定。

喷浆修补法一般采用干喷工艺，其工艺流程如图 5-44 所示。

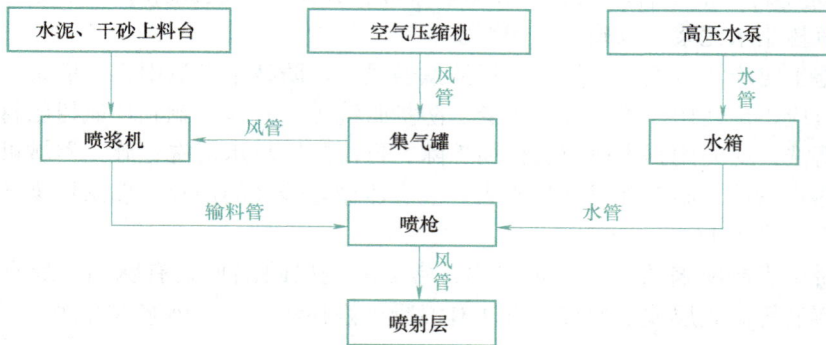

图 5-44　喷浆修补法干喷工艺的工艺流程

喷浆前应准备好足够的砂与水泥，将其均匀拌和后，保存在不受风吹日晒之处。为避免砂中的水分和水泥因水化作用而结成硬块，应及时使用。输料管应采用软管，管长不宜短于15m（一般为 25~70m），升高不宜超过 10m。喷浆的工作压力应在 0.25~0.40MPa，应随管长、升高高度的变化进行调整。喷嘴与受喷面之间应保持一定距离（一般为 800~1200mm），喷射方向以垂直为宜。喷射层厚度有严格的要求，当喷射层较厚时，需分层喷射，每层控制厚度如下：仰喷 20~30mm，侧喷 30~40mm，俯喷 50~60mm。下一层的喷射应在前一层尚未完全凝固时开始，两层间隔时间一般为 2~3h，并应在前一层表面洒水润湿。当前一层已凝固时，应保证在砂浆表面不被破坏的前提下，用钢丝刷轻轻将层间松砂刷除，以使层间结合良好。

喷射后一般需养护 1~2 周。养护期内为了避免产生收缩裂缝，一定要使砂浆喷射层处于通风干燥的环境下。养护期内注意喷射层避免受到阳光直射、雨打浪击、强烈振动等作用。

（3）混凝土胶粘剂修补法　混凝土胶粘剂修补法有人工表面封涂修补法和浇筑涂层修补法。

1）人工表面封涂修补法主要用于混凝土桥梁结构表面的风化、剥落、露筋等小面积的破损维修。封涂时，应按由低向高、由外向内的方向进行，应使封涂缺陷的周围有 20mm 宽的黏附面。封涂层厚度应大于 25mm。人工表面封涂修补法的工序如图 5-45 所示。

2）浇筑涂层修补法主要用于混凝土结构较大且较深的缺损维修。该方法是利用混凝土胶粘剂浇筑涂层对缺损进行修补，其工序如图 5-46 所示。

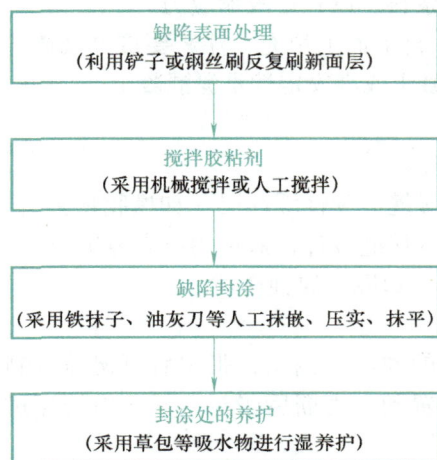

图 5-45　人工表面封涂修补法的工序

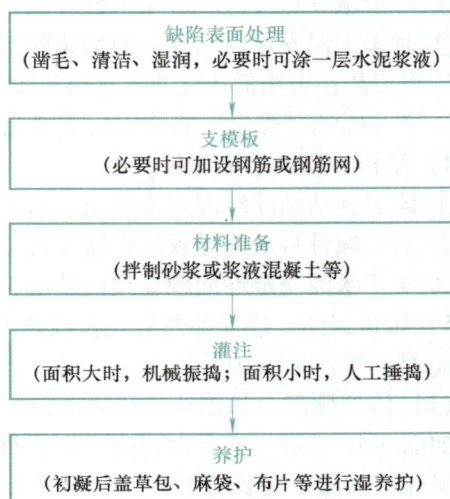

图 5-46　浇筑涂层修补法的工序

3. 内部缺陷的维修

钢筋混凝土桥梁常见的内部缺陷有钢筋锈蚀，骨料膨胀裂缝，混凝土强度不足，混凝土保护层厚度不足，混凝土内部出现空洞、蜂窝等。下面主要讲解钢筋锈蚀及骨料膨胀裂缝的处理。

（1）钢筋锈蚀的维修　钢筋锈蚀的维修可按以下步骤进行：

1）凿除松脱、剥离等已损坏部分的混凝土，使钢筋全部露出。

2）用喷砂枪或钢丝刷等对钢筋作除锈处理，并在除锈后及时清除钢筋及混凝土表面的铁锈与灰尘，必要时在除锈后还应对钢筋进行防锈处理。

3）在清除好的混凝土与钢筋表面涂抹环氧胶液等胶粘剂，以提高新、旧混凝土的黏结力。

4）用新的混凝土或砂浆填补，可采用普通混凝土立模浇筑法、干（湿）式喷浆法等施工方法进行作业，也可用环氧砂浆、环氧混凝土或其他防腐材料进行修补。

5）对新喷涂（浇筑）的混凝土进行表面处理，以防混凝土表面重新碳化。

（2）骨料膨胀裂缝的维修　骨料膨胀裂缝的维修方法如下：

1）成因诊断与材料检测。通过岩相分析和化学试验判定是否为碱骨料反应；若为水泥安定性问题，需通过沸煮法或压蒸法检测游离 CaO/MgO 含量。同时，同步测绘裂缝的分布、深度情况，以及结构损伤程度（如钢筋锈蚀、承载力损失），并明确病害的根源与影响范围。

2）活性抑制与裂缝清理：

① 对于碱骨料反应：喷涂锂基阻锈剂（如硅酸锂溶液），以中和混凝土内的游离碱，阻断反应链；凿除松散区域。

② 对于水泥安定性问题：凿除游离 CaO/MgO 含量过大的劣化混凝土层，直至露出未发生劣化反应的密实基体；清理后，沿裂缝开 V 形槽（槽深 ≥30mm），用高压水枪冲洗并干燥，确保界面洁净。

3）注浆材料选择与注浆工艺：

① 对于碱骨料反应：采用柔性环氧树脂或聚氨酯注浆料，以适应后续的微膨胀。

② 对于水泥安定性问题：使用微膨胀水泥基注浆料，以补偿收缩应力。

注浆工艺：采用低压注浆工艺（0.2~0.5MPa）自下而上填充，注浆要贯穿裂缝。严重劣化区域（如骨料粉化）需凿除后重新浇筑低碱混凝土或高安定性水泥混凝土。

4）结构加固与应力调控：

① 跨裂缝粘贴碳纤维布或钢板，以提升抗拉强度。

② 对于碱骨料反应导致的膨胀应力，可增设诱导缝或弹性缓冲层（如橡胶垫）。

③ 对于水泥安定性问题导致的裂缝，应优化结构接缝设计，避免约束应力集中。

5）防护封闭。表面涂覆硅烷浸渍剂或环氧涂层，以隔绝腐蚀介质。

4. 提高主梁承载力加固法

（1）体外预应力加固法 在梁底锚固多根平行的预应力钢丝，张拉后再覆盖特制混凝土，如图 5-47 所示；或者设转向托架，再折线形布置预应力筋后张拉，预应力筋穿过两端板的斜孔后锚固于铺装层下，如图 5-48 所示。

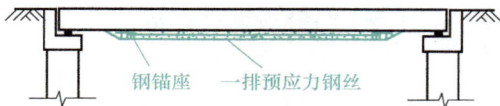

图 5-47 梁底锚固多根预应力钢丝　　图 5-48 折线形布置预应力筋

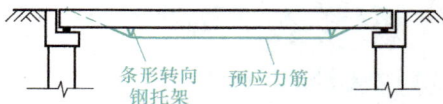

（2）改变结构体系法 改变结构体系法是通过改变桥梁的结构体系以减小其弯矩。改变结构体系法主要有以下三种分类：

1）在梁下增设钢桁架等加劲梁或叠合梁。

2）在简支梁下增设支架或桥墩（改变了简支梁的结构体系，但应注意支点处将产生负弯矩，因此必须认真进行受力计算，必要时应结合桥面改造增设足够的受拉钢筋）。

3）简支变连续（即对简支梁加以连接，变成连续梁结构）。

因为改变结构体系法的各种操作均需在桥下进行，并设置永久设施，从而影响了桥下净空，故在制订加固方案时均须考虑对通航及排洪能力的影响。简支变连续的方法影响最小，所以应用较多，其施工步骤如下：

① 凿除原桥的梁端上缘混凝土及桥面铺装，布置新增的负弯矩钢筋。

② 相邻梁端伸缩缝的间隙用膨胀混凝土填塞密实，以备支点负弯矩区段下缘受压。

③ 按连续梁计算并布置新铺桥面钢筋，特别是墩顶的桥面负弯矩配筋。

④ 浇筑整体桥面混凝土并养护至设计强度。

（3）增大截面加固法 增大截面加固法又称为外包混凝土加固法，通过增大混凝土构件的截面和配筋，提高构件的强度、刚度、稳定性和抗裂能力等。

该法可分为单侧、双侧、三侧或四周外包加固。根据加固目的和要求的不同，既可以是以增大断面为主的加固，也可以是以增配钢筋为主的加固，还可以是两种方法同时采用的加固。

以增大断面为主时，为了保证补加混凝土正常工作，需适当配置构造钢筋。以增配钢筋为主时，为了保证配筋的正常工作，亦需按钢筋的间距和保护层等构造要求适当增大截面尺寸。加固中应将新、旧钢筋焊接，或用锚杆连接补强钢筋和原构件，同时将旧混凝土表面凿毛并清洗干净，以确保新、旧混凝土良好结合。

增大截面加固法可采用如下施工步骤：

1）凿槽、配设补强钢筋。先沿着原构件底部的主筋部位凿槽。槽不宜过宽、过深，以不影响补强钢筋的放置及焊接为准，并尽量减少原主筋周围混凝土的握裹力损失。凿好槽后，剪断原有钢筋，放入补强钢筋。

2）将补强钢筋与原主筋焊接。焊接时一般可采用焊一段空一段的间断焊接方式（焊缝长 6~8cm），以免温度过高影响混凝土质量。剪断的钢箍可焊在补强钢筋上，使其形成较为牢固的钢筋骨架。

3）将板梁底部混凝土表面凿毛、洗净。为保证新、旧混凝土的结合，减少因变形产生的裂缝，在喷涂砂浆或浇筑混凝土前，应用压力水冲除结合部位的余灰，并使其湿润。

4）喷涂或浇筑砂浆或混凝土予以覆盖，以形成新、旧钢筋混凝土结合良好的断面。混凝土或砂浆覆盖层不宜太薄，其厚度应符合钢筋混凝土截面保护层的要求。

5）加强混凝土或砂浆覆盖层的养护工作，避免因过早行车影响工程质量。

6）为避免影响桥下通航、通车，还可采用悬挂式脚手架进行施工。施工时，在桥的两侧钢筋混凝土栏杆上系绕直径 20mm 左右的钢丝绳，并穿过泄水孔兜住桥面，桥下一头的钢丝绳捆扎圆木，上面加方木再满铺 5cm 厚的木板，脚手架顶面距梁底 2m 左右为宜。

（4）增设辅助构件加固法　当桥梁承载能力不能满足要求，但梁体结构基本完好时，为了提高荷载等级，可以考虑增设辅助构件进行加强。增设辅助构件加固法一般增设主梁和横隔梁，如图 5-49 所示。

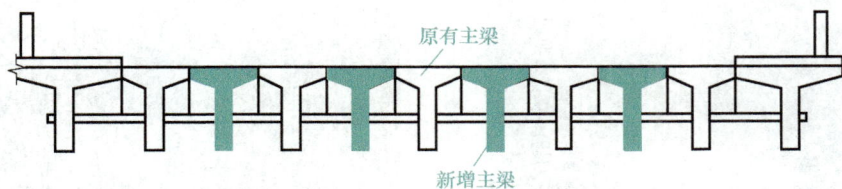

图 5-49　增设辅助构件加固法示意图

1）增设主梁加固法。增设主梁一般有两种方式，其一是在增设主梁的同时对桥面进行拓宽，其二是在不拓宽桥面的情况下增设主梁。增设主梁并拓宽桥面时，新增设的主梁在横桥向的布置方式将直接影响施工的难易程度，并改变新、旧主梁的受力状态。对于不拓宽桥面增设主梁时，新增主梁一般设置在原有主梁两侧，在新增主梁位置上将原桥面凿开，切断原横隔梁，利用原结构设置悬挂模板，然后现场浇筑新增主梁混凝土。对于预应力混凝土桥梁，应考虑到在桥上无法进行预应力张拉，新增预应力梁必须先在预制场张拉后再安装就位。

新增主梁加固法对于少主梁或双主梁整体现浇式桥梁的技术改造尤为有利，这种桥梁的原有上部结构的主梁间距较大，因此新增的主梁容易布置与浇筑，增加主梁后的上部结构承载能力可以得到明显提高，而且增加主梁后也改善了原有桥面板的受力状况。为了使新、旧结构连成整体共同受力，可将原主梁的横隔梁内钢筋与新主梁的横隔梁内钢筋焊接起来，或通过预埋钢板将新、旧横隔梁连接起来。有时，还在横隔梁下部增设贯通全桥宽的连接钢筋，并加大横隔梁下缘混凝土的截面以将此钢筋包裹在混凝土内。与此同时，整体浇筑桥面铺装混凝土，并在其中设置钢筋网，以进一步加强整体性。

2）增设横隔梁加固法。增设横隔梁加固法常用于由横向整体性差导致的承载能力降低的桥梁上部结构，以增加其各主梁之间的横向连接。一般在新增横隔梁部位的主梁梁肋上钻孔，设置贯通全桥宽的横向连接钢筋，此钢筋的两端用螺帽锚固在两侧主梁梁肋的外侧。浇筑新增横隔梁混凝土之前应将与主梁结合处的混凝土表面凿毛、洗净，再悬挂模板浇筑横隔梁混凝土。

案例分析

广绵高速公路磨沙段 K1663+692 主线桥养护维修案例

一、案例背景资料

1. 工程概况

广绵高速公路磨沙段 K1663+692 主线桥分左右幅，跨径布置为 1×7.2m，桥梁总长为8.0m。沥青混凝土桥面铺装，毛勒式伸缩缝；上部结构为现浇板，单幅宽为 12.2m；下部结构为重力式台，八字翼墙，简易油毡支座。

设计荷载：汽-超 20、挂-120。桥梁上部、下部结构照片如图 5-50、图 5-51 所示。桥梁平面布置如图 5-52 所示。

图 5-50　桥梁上部结构

图 5-51　桥梁下部结构

2. 桥梁检查

（1）桥梁检查时发现的主要问题　上部结构检查中主要发现板梁翼板纵向裂缝 4 条，宽度范围为 0.18~0.60mm，长度范围为 2.6~7.2m，总长为 24.2m，其中一条超过限值，长度为 7.2m。

（2）上部结构检查结果　上部结构检查结果见表 5-1。

图 5-52 广绵高速公路磨沙段 K1663+692 主线桥平面布置图

表 5-1 上部结构检查汇总

编号	位置	具体描述	图片
1	左幅现浇板板底距左边 5.7m 处	纵向裂缝，$L=7.2\mathrm{m}$，渗水析白	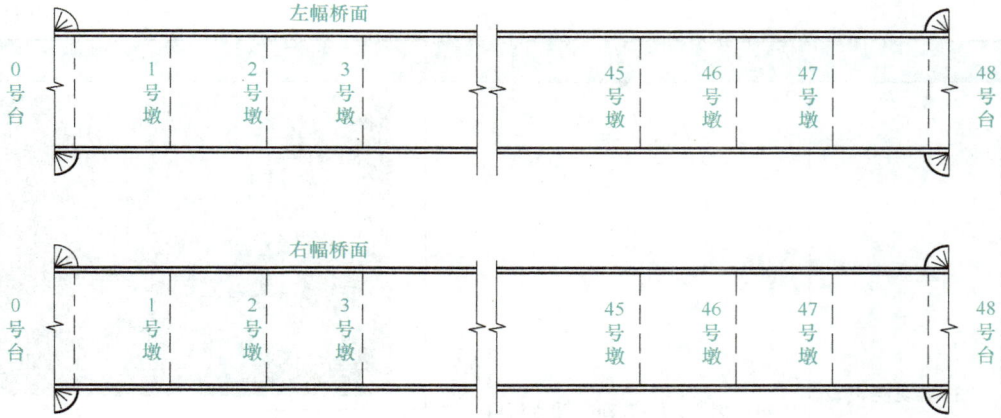
2	左幅现浇板板底距左边 4.3m 处	纵向裂缝，$L=2.6\mathrm{m}$	

（续）

编号	位置	具体描述	图片
3	右幅现浇板板底距左边 6.1m 处	纵向裂缝，$L=7.2$m，渗水析白	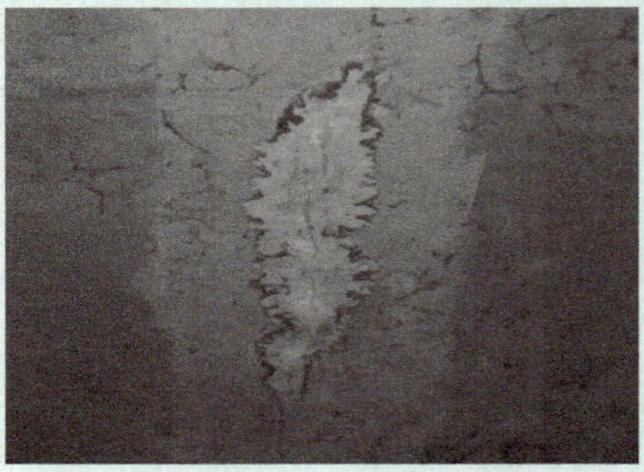 
4	右幅现浇板板底距右边 3.8m 处	纵向裂缝，$L=3.8$m	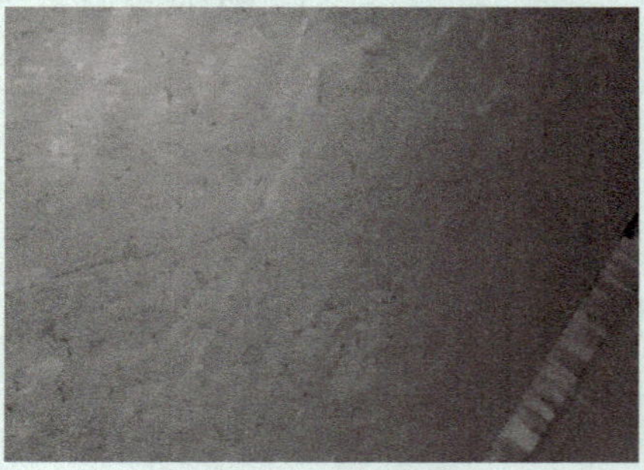

二、案例分析要求

分析广绵高速公路磨沙段 K1663+692 主线桥上部结构各种病害的发生原因，并给出病害的处理方法。

三、案例分析要点

本案例考核梁桥病害分析和治理的有关问题，主要涉及梁桥的病害原因及处理措施等问题。要求根据《公路养护技术标准》（JTG 5110—2023）、《公路桥涵养护规范》（JTG 5120—2021）的要求，正确分析本工程梁桥病害发生的原因并制订针对性的梁桥养护维修方案。因此，在进行案例分析时，要根据本案例背景给定的条件，分析每一个病害发生的原因并针对性地提出养护维修对策。

四、案例分析过程

1. 病害发生原因分析

1）现浇板板底纵向裂缝是由于现浇板较宽，横向弯矩过大，产生了从板底向上发展的荷载型裂缝。

2）渗水析白是泛碱现象，是水泥遇水后发生水化反应，反应产物结晶析出形成析白。

2. 病害处理方法

1）宽度 0.2mm 以内的裂缝，冲洗干净后采用灌封胶填充，然后做好防水处理。

2）宽度超过 0.2mm 的裂缝，先填充裂缝，再采取粘贴钢板或碳纤维布等方法加固，以提高现浇板的承载力。

3）碱迹部位的处理：边梁需要做滴水槽；所有碱迹部位均要进行清除，然后涂防水剂。

本节小结

通过本节内容的学习，掌握混凝土梁桥上部结构病害的分析方法，能够提出混凝土梁桥上部结构的养护维修对策。本节案例以病害分析为主，由于混凝土梁桥上部结构病害类型较多，很多病害比较类似，容易出现混淆，必须弄清不同病害的发生机理，才能找出产生病害的真正原因，确保养护维修对策的合理性。

5.2　混凝土拱桥上部结构常见病害原因分析与养护维修

知识学习

混凝土拱桥上部结构常见病害包括双曲拱桥上部结构病害、桁架拱桥上部结构病害以及刚架拱桥上部结构病害等。

一、双曲拱桥上部结构的常见病害分析

双曲拱桥主拱圈由拱肋、拱波、拱板及横向联系构件组成，如图 5-53 所示。由于其组成构件较多，整体性较差，故其病害较多，其常见病害介绍如下。

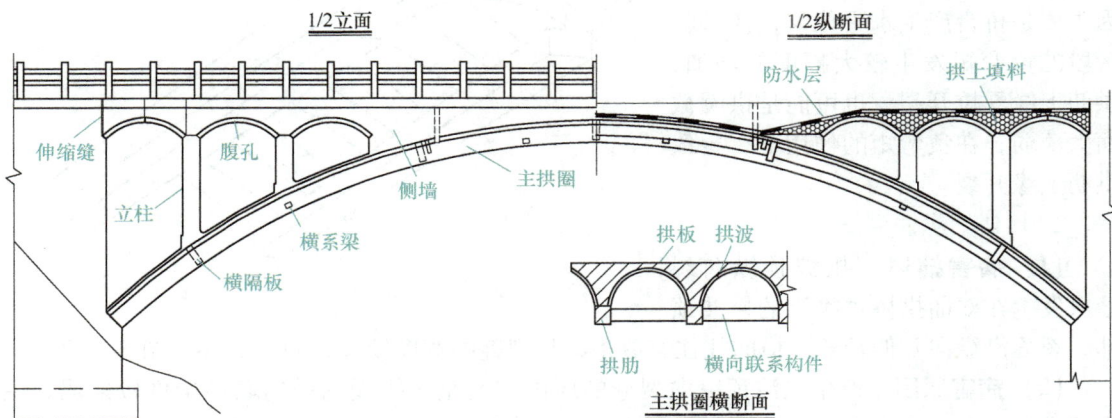

图 5-53　双曲拱桥示意图

1. 拱肋径向裂缝

（1）病害描述 拱肋径向裂缝根据分布位置不同分为拱肋跨中径向裂缝和拱肋拱脚附近径向裂缝。

1）拱肋跨中径向裂缝，一般分布在拱肋跨中部分的 2~5m 范围内，即（1/4~3/4）L 范围内。在拱肋侧面上，裂缝由拱肋下边缘向上延伸，裂缝宽度一般为 0.1~0.3mm，裂缝延伸长度为 0.2~0.3m，如图 5-54、图 5-55 所示。

2）拱肋拱脚附近径向裂缝，一般在拱座与拱脚交接处附近发生 1 条或者数条。在拱肋侧面上，裂缝由拱肋上缘向下延伸，如图 5-54 所示。

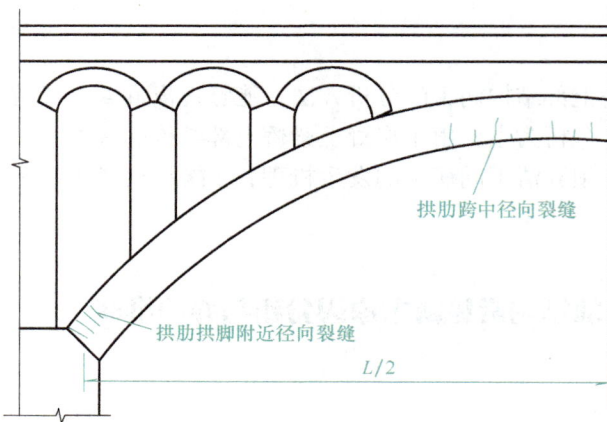

图 5-54 拱肋径向裂缝

图 5-55 拱肋跨中径向裂缝照片

（2）病害原因 出现拱肋跨中径向裂缝的主要原因是桥台产生水平位移，使拱顶区段的正弯矩发生较大幅度的增加，拱顶下缘受拉产生裂缝。如果桥台稳定无明显位移，则可能是拱肋截面太薄弱，在正弯矩的作用下，导致拱肋下缘开裂。

与拱肋跨中径向裂缝产生原因相似，出现拱肋拱脚附近径向裂缝的原因主要是桥台产生水平位移，使拱脚区段的负弯矩发生较大幅度的增加，拱肋上缘受拉开裂。也可能是拱圈截面太薄弱，在负弯矩的作用下，导致拱肋上缘开裂。

2. 拱波顶纵向裂缝

（1）病害描述 拱波顶纵向裂缝只发生在双曲拱桥主拱圈的拱波顶

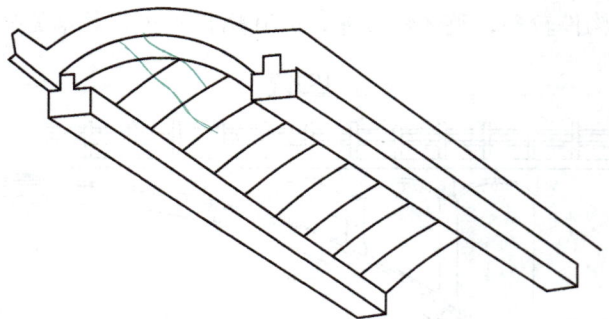

图 5-56 拱波顶纵向裂缝示意图

部，裂缝沿纵向延伸较长，横向往往有数条，且裂缝的宽度较大，如图 5-56、图 5-57 所示。

（2）病害原因 产生拱波顶纵向裂缝的原因主要是主拱圈的横向联系构件较薄弱，主拱圈横向刚度和强度不足。桥越宽，拱波的矢跨比越小以及横向联系构件越薄弱，这类裂缝越容易发生。当然，也和拱板混凝土的收缩有关，加之拱波顶处为主拱圈截面最薄弱的地方，所以在拱波顶出现这类裂缝。另外，桥台基础的横向不均匀沉降也可能造成这一病害，在板拱桥和箱拱桥中表现为板底纵向裂缝，有时甚至纵向贯通；在肋拱桥中，可表现为横系梁的开裂。

3. 拱肋与拱波结合面裂缝

（1）病害描述　拱肋与拱波结合面裂缝即双曲拱桥的拱肋与拱波交界处沿桥跨方向的裂缝。如图 5-58 所示的是拱肋与拱波结合面裂缝。

图 5-57　拱波顶纵向裂缝

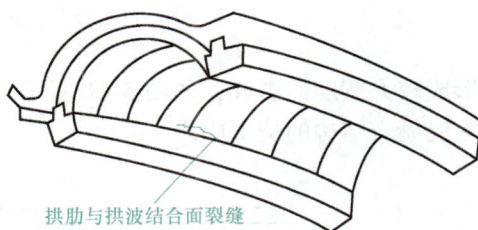

图 5-58　拱肋与拱波结合面裂缝示意图

（2）病害原因　出现拱肋与拱波结合面裂缝的主要原因是拱肋与拱波、拱板联系薄弱，如拱肋与拱板之间未设锚固钢筋，或锚固钢筋过细、间距过大等；拱波坐浆不良也是原因之一。当桥台发生水平位移时，拱肋、拱波结合面的剪力（在拱脚截面附近区段）或拉力（在拱顶截面附近区段）会使这类病害更易发生，如图 5-59 所示。

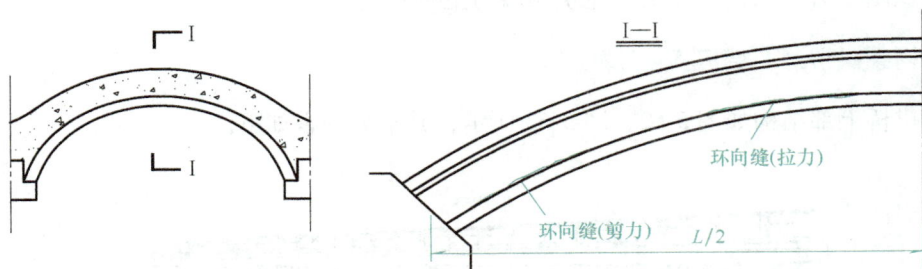

图 5-59　拱肋与拱波结合面裂缝产生原理图

4. 拱上建筑侧墙外鼓

（1）病害描述　拱上建筑侧墙向外鼓胀变形，当拱上建筑采用圬工结构时，往往出现块材间砌筑砂浆裂缝。拱上建筑侧墙外鼓直接造成侧墙本身的破坏并可能牵连桥面系的破坏，降低行车安全性，如图 5-60 所示。

（2）病害原因　双曲拱桥发生拱上建筑侧墙外鼓，一般是由于排水不良，填土内聚积大量水分形成膨胀；也可能由砌筑质量不佳引起。

5. 拱上建筑侧墙与主拱圈脱离

（1）病害描述　拱上建筑侧墙与主拱圈脱离，在主拱圈的跨中区段，拱背与拱上建筑

图 5-60 拱上建筑侧墙外鼓、块材间砌筑砂浆裂缝

之间形成较大宽度的裂缝，如图 5-61 所示。该病害多出现在拱上建筑采用砖和石砌体，而拱肋为混凝土结构的情况中。

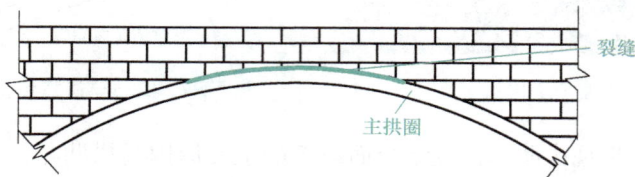

图 5-61 拱上建筑侧墙与主拱圈脱离

（2）病害原因 拱桥上部结构整体性破坏，同时墩台发生较大的水平位移和不均匀沉降造成主拱圈受力不利，导致拱上建筑侧墙与主拱圈脱离。

二、桁架拱桥上部结构的常见病害分析

桁架拱桥上部结构如图 5-62、图 5-63 所示，其常见病害如下。

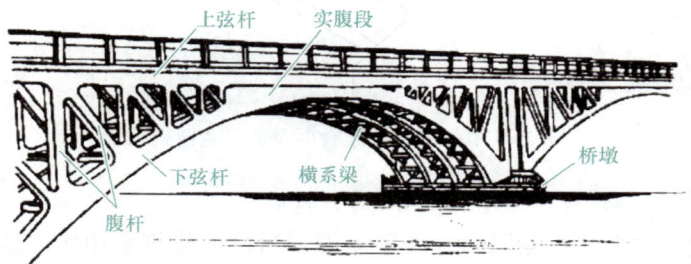

图 5-62 桁架拱桥上部结构示意图

1. 横向联系构件与拱片的连接部位脱离

（1）病害描述 该病害表现为剪刀撑、横系梁等横向联系构件与拱片脱离。

（2）病害原因 横向联系构件与拱片的连接部位脱离的主要原因是横向联系构件的刚

图 5-63　桁架拱桥上部结构

度较弱，桥梁整体受力较差。横向联系构件（如横隔板、横系梁、剪刀撑等）与拱片的连接部位脱离会造成上部结构的整体性降低。当剪刀撑等横向联系构件与拱片的连接部位脱离较多时，无法有效约束拱片的横向移位，会造成拱片上的微弯板或肋腋板开裂，甚至破坏掉落，导致桥上行车事故。

2. 下弦杆拱脚处横向裂缝

（1）病害描述　下弦杆靠近拱脚处出现沿下弦杆横向的裂缝。

（2）病害原因　该病害主要原因是桥台、桥墩基础出现不均匀沉降，使拱脚处出现竖向剪切应力，导致拱脚下弦杆出现裂缝。

3. 弦杆端部节点裂缝

（1）病害描述　该病害往往表现为上弦杆端部节点竖向裂缝。

（2）病害原因　主要原因是桥台、桥墩基础出现不均匀沉降，造成上弦杆端部凸杆与桥台柱、桥墩柱搭接扣死，使该节点出现竖向剪切应力，导致节点出现裂缝。

4. 横系梁、拉杆、横隔板竖向开裂

（1）病害描述　横系梁、拉杆、横隔板出现竖向开裂。

（2）病害原因　该病害主要原因是桁架拱桥设计标准较低，横向联系构件较薄弱，随着交通量的增大特别是超载车辆的增多，造成桁架竖向变形加大，使横向联系构件的梁、杆、板出现竖向裂缝，甚至断裂。

5. 桁架拱桥构件钢筋锈蚀、混凝土剥落

（1）病害描述　该病害表现为桁架拱桥的各种弦杆和横向联系构件出现钢筋锈蚀、露筋、混凝土剥落，图 5-64、图 5-65 所示为桁架竖弦杆和斜弦杆露筋锈蚀。

（2）病害原因　桁架拱桥构件钢筋锈蚀、混凝土剥落的产生原因是混凝土保护层较薄，钢筋锈胀导致混凝土剥落。

6. 沿钢筋方向的混凝土裂缝

（1）病害描述　钢筋混凝土桁架拱桥的杆件表面出现沿钢筋向的混凝土裂缝，严重者会有混凝土剥落，如图 5-66 所示。构件沿箍筋方向的裂缝往往形成环向，而沿纵向钢筋的裂缝延伸较长，在节点上的裂缝也是沿钢筋方向纵横交错。这类裂缝出现在边拱片的情况较多。

图 5-64　桁架竖弦杆露筋锈蚀

图 5-65　桁架斜弦杆露筋锈蚀

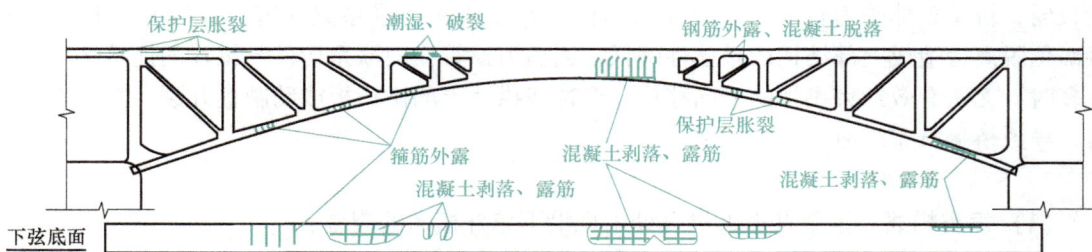

图 5-66　沿钢筋方向的混凝土裂缝示意图

（2）病害原因　该病害主要原因是钢筋锈蚀膨胀引起混凝土保护层开裂、剥落。

7. 微弯板（桥面板）裂缝、破碎

（1）病害描述　如图 5-67 所示，微弯板的裂缝通常发生在板厚最薄弱的部位及接缝处。微弯板在板底中心截面附近厚度较薄，易出现裂缝，尤其当微弯板的跨径很大时会出现通长裂缝。

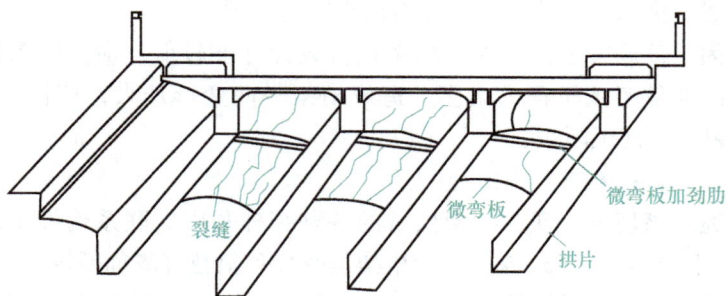

图 5-67　桁架拱桥微弯板裂缝示意图

钢筋混凝土平板和肋腋板是我国桁架拱桥常用的桥面板形式，其中微弯板运用较多，微弯板裂缝与桥面铺装裂缝的相互连通，使桥面水渗入微弯板中，因而微弯板底面裂缝往往伴随游离的石灰痕、水痕，使微弯板的混凝土劣化，裂缝进一步扩展，最终发生微弯板断裂和突然掉板，造成桥面行车不安全。

（2）病害原因　其主要原因是桥面板设计标准较低，微弯板或拱波厚度不足，混凝土强度低，桥面铺装层薄弱，造成桥面刚度不足，随着交通量的大幅增加，特别是超载车辆的破坏作用，使桥面铺装层和微弯板开裂，如不及时维修，部分微弯板发生破碎，形成桥面坑洞而影响行车安全。

8. 拱脚水平位移和拱顶下沉

（1）病害描述　桁架拱桥两拱脚向两侧发生水平位移，导致拱顶下沉，低于拱顶设计高程。

（2）病害原因　拱桥是具有推力的结构，拱桥的墩台因主拱推力过大发生拱脚水平位移是常见的拱桥病害，而拱脚水平位移往往伴随有拱顶下沉现象。拱脚水平位移过大对结构受力、桥梁的耐久性和行车舒适性影响很大。

9. 拱片上弦杆脱空

（1）病害描述　在单孔钢筋混凝土桁架拱桥上部，拱片上弦杆的末端区段应搁置在桥台的台面上，但有些已建成的桥梁，拱片上弦杆的末端区段与桥台台面发生脱离，形成脱空状态，如图 5-68 所示。

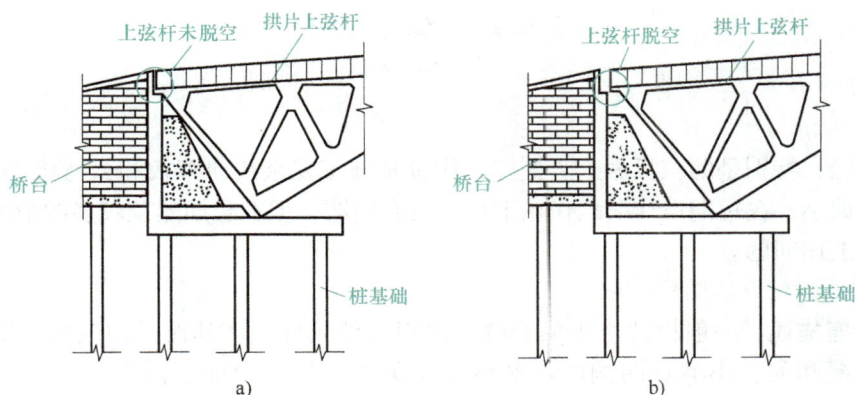

图 5-68　拱片上弦杆脱空情况示意图

（2）病害原因　由于拱桥修建时考虑不周，跨径太小，桥梁建成后不能满足水流断面的需要，在长期水力冲刷作用下，桥台基础外露掏空，在大雨季节，情况严重的，桥台被冲垮，交通中断；情况较轻的，桥台产生沉降并外移，拱片上弦杆就处于悬空或接近悬空的状态。

三、刚架拱桥上部结构的常见病害分析

刚架拱桥一般由刚架拱片与微弯板组成，其组成部分如图 5-69 所示。刚架拱桥的常见病害与桁架拱桥类似。

1. 桥面板病害

（1）病害描述　肋腋板底出现方向不太规则的裂缝，严重的已露筋、漏水。如果是微弯板出现裂缝，则微弯板的加劲肋中部底面会有多条向上延伸的竖向裂缝，有的裂缝可延伸至板顶，造成板顶纵向开裂。

（2）病害原因　刚架拱桥的桥面板常用肋腋板或微弯板，极少采用矩形实心板或空心板，前两种板就是在矩形板的基础上优化得来的。肋腋板与微弯板的钢筋和混凝土用量较

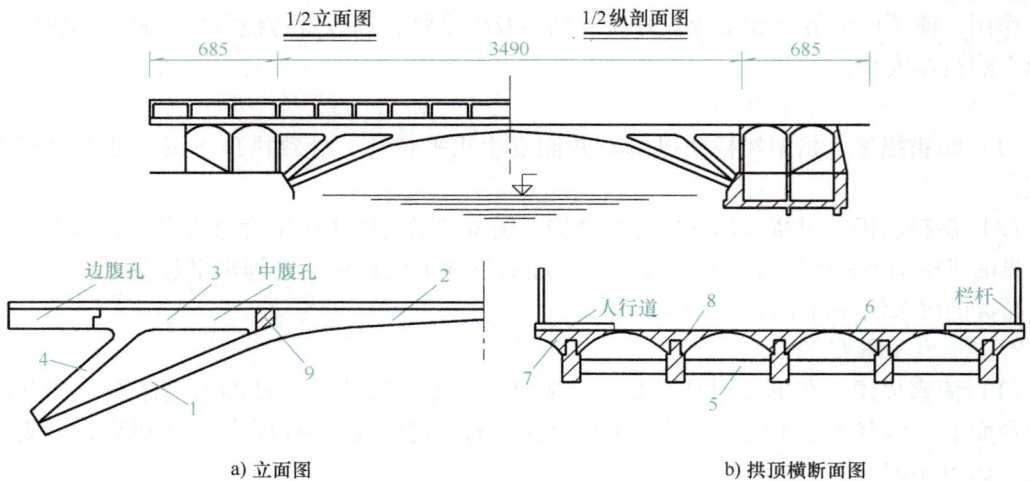

图 5-69　刚架拱桥示意图

1—主拱腿　2—实腹段　3—腹孔段（中腹孔和边腹孔）　4—次拱腿
5—横隔板　6—微弯板　7—悬臂板　8—现浇桥面　9—现浇接头

少，重量较轻，特别是肋腋板做到了挖空，代价是施工复杂。肋腋板和微弯板不仅配筋少，厚度尺寸也偏小，在短期设计荷载作用下肯定没有问题，但在长期超载较多的情况下，桥面板就会出现上述问题。

2. 内、外弦杆及实腹段病害

（1）病害描述　一般拱片产生的裂缝常出现在外弦杆上，其次是内弦杆和实腹段。外弦杆竖向裂缝和大、小节点两侧的斜裂缝是常见的，只是程度不同而已；如果裂缝宽度在允许范围内，也符合设计要求，或者还达不到必须加固的地步，可不处理。但对病害严重的刚架拱桥，外弦杆、内弦杆和实腹段的裂缝较多、较宽，有的横向已贯通，竖向也裂至顶部，特别是节点两侧的斜裂缝较宽，有的已贯穿，则需处理。

（2）病害原因　弦杆及实腹段常采用矩形、工字形、箱形截面，外弦杆为受弯构件，内弦杆及实腹段为压弯（偏心受压）构件，容易产生裂缝。

3. 横向联系构件病害

（1）病害描述　刚架拱桥的横向联系构件，在弦杆及实腹段每3m一道，节点处得到加强；在拱腿及斜撑上，根据跨径不同而有不同的道数，一般情况下都比较完好。但整体性受损的刚架拱桥就大不一样，实腹段及弦杆的横隔板中部大多有上下贯通的竖向裂缝，挖空的横隔板比实心横隔板裂缝严重，特别是实腹段横隔板裂缝较多、较宽，个别的裂缝几乎断裂成只有钢筋相连，拱腿及斜撑上的横向联系构件一般基本完好。而采用重力式墩台的刚架拱桥，横向联系构件很少有病害。

（2）病害原因　刚架拱桥属于轻型拱桥，刚度较低，采用柔性墩时进一步降低了整体刚度，导致横向联系构件出现裂缝。

4. 主拱腿及斜撑病害

（1）病害描述　有的主拱腿和斜撑底部附近有较多的由顶面而下的环形裂缝，有的开裂至截面高度的一半左右。

（2）**病害原因** 主拱腿和斜撑为小偏心受压构件，在恒载及车辆荷载作用下，一般不产生拉应力，其内主要按构造配筋。但在墩台不均匀沉降时，斜撑底部非常敏感，较小的不均匀下沉就会引起较大的拉应力。实桥观察也说明斜撑底部常有裂缝出现，极可能是因为墩台有不均匀沉降。此外，温度下降时也容易产生斜撑底部裂缝。

四、钢筋混凝土拱桥上部结构的养护维修

1. 双曲拱桥的养护维修

（1）**拱脚段拱波顶出现沿桥轴线的纵向裂缝的维修方法** 可在裂缝中注入环氧树脂胶粘剂，并用环氧砂浆勾缝。若填平层也有裂缝，可用较低强度等级的钢筋混凝土加厚该区段。

（2）**拱顶、拱脚横向开裂或局部压碎的维修方法** 因主拱圈为偏心受压构件，如果出现拱顶、拱脚横向开裂或局部压碎，最好采用从拱腹面或拱背面增大截面的方法进行加固，如先凿毛原混凝土表面，植筋或布筋后浇筑混凝土或喷射混凝土；对于拱脚处裂缝，需要在墩台帽中植入钢筋，再增大拱脚段截面，如图 5-70 及图 5-71 所示。也可采用粘贴钢板或纤维复合材料的方法进行加固，但应注意拱腹粘贴材料过长，受弯后产生径向撕裂的问题。在中小跨径拱桥中还可考虑体外预应力加固，但应注意对其他部位的影响。还可采用减轻拱上建筑自重的措施，如更换填料、挖除填料、侧墙改拱式腹孔为全空腹式梁板腹孔等，如图 5-72 所示，但主拱轴的线型会有所变化，应注意验算。如果是墩台位移引起的病害，且还在继续发展，则应先加固墩台，消除病因。

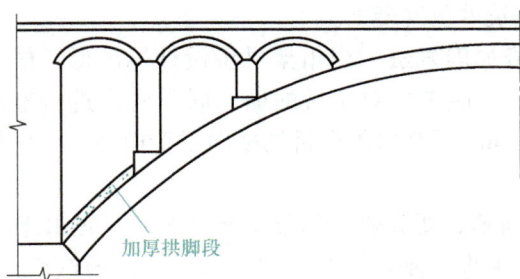

图 5-70 增加拱脚段配筋并增大截面

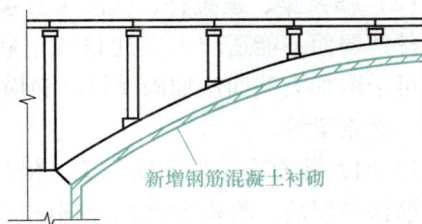

图 5-71 拱腹新增钢筋混凝土衬砌

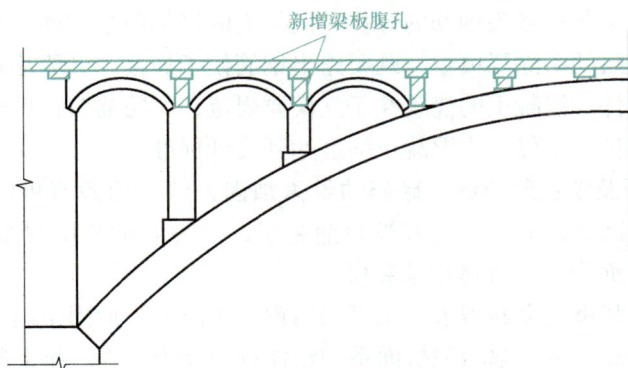

图 5-72 挖除填料、侧墙改拱式腹孔为全空腹式梁板腹孔

（3）**拱顶段拱波顶出现纵向裂缝的维修方法** 该病害在尚未发展到桥面时应加厚拱波；若裂缝深度发展至填平层，须开挖路面后加厚填平层，并加强两肋间横系梁的刚度。如拱波之间灰缝脱落，可用1:2砂浆勾缝。

（4）**拱波与拱肋接触处产生纵向裂缝的维修方法** 可沿缝隙每间隔1~2m嵌入高强度混凝土预制块将拱波与拱肋连接起来，所有缝隙均用砂浆勾缝。

（5）**拱肋局部出现裂缝**（宽度≤0.1mm）**的维修方法** 该病害可先用环氧砂浆进行封闭，如发展情况较为严重，缝宽加大、加密，可在该区段内粘贴钢筋（钢板）或锚固一层U形钢丝网后，覆盖一层2~5cm厚的环氧砂浆。若此肋出现较大范围的裂纹，则将钢筋粘贴于肋底及两侧，使之状如马蹄以扩大肋底断面。所粘贴的钢筋与原有主筋进行电焊连接，并伸入墩台帽内，其后浇筑混凝土将附加筋覆盖。

（6）**桥孔内有3根以上的肋出现较严重的裂缝的维修方法** 该病害除考虑超重车过桥的原因外，还应考虑桥孔跨径的变化。若进行全面整治，应与拆除重建进行经济技术比较。

2. 桁架拱桥的养护维修

（1）**上弦杆端部节点和下弦杆拱脚处裂缝的维修加固方法** 因桥梁墩台不均匀沉降产生的桁架上下弦节点处裂缝已基本稳定，不再发展，可采用环氧树脂灰浆在其两面或三面粘贴钢板的方法进行维修加固。加固时，首先将构件混凝土的表面凿毛，如节点处混凝土剥落严重，应将混凝土保护层凿除后再粘贴钢板，粘贴用钢板要进行除锈处理。然后处理裂缝，对裂缝进行灌浆（环氧灰浆）处理，灌浆完成后再粘贴钢板。最后，由于拱脚处常处于水位以下，为防钢板锈蚀，粘贴钢板后要立模浇筑外包混凝土。

（2）**横系梁、横拉杆、横隔板开裂的维修加固方法** 当桁架拱桥设计标准低，横向联系构件薄弱而不能适应大交通量或重载交通时，应考虑对全桥的横向联系构件进行整体加固。可采取加大截面法加固横拉杆和横系梁，同时适当增加全桥的横向联系构件，如增加剪刀撑、横系梁等。

1）加大截面法。加大横系梁、横拉杆截面前，要先进行钢筋的焊接处理，凿开节点处的钢筋保护层后，将需要增加的钢筋按设计要求焊接到接点处。采用吊模法浇筑混凝土时，混凝土中应适当掺加膨胀剂。

2）剪刀撑、横系梁的施工采用预制安装方法，即挂篮施工、流水作业，其重点是湿接头的施工。湿接头施工包括接头钢筋的焊接和混凝土的浇筑两个方面。接头钢筋焊接主要是桁架节点处钢筋保护层的凿除要慎重，既要露出钢筋便于焊接，又要注意不要凿得太深、范围太大，防止损伤杆件。混凝土的浇筑在于立模要规范，严防漏浆；拆模时要对湿接头混凝土及时进行整修和养护，确保接头混凝土强度达到设计标准。

（3）**桥面微弯板及铺装层裂缝、破碎的维修加固方法** 因微弯板混凝土强度不足产生的桥面铺装层裂缝、破碎，应撤换微弯板和铺装层；因桥面铺装层混凝土强度低（微弯板尚未损坏）产生的桥面裂缝，可撤换铺装层。

为适应大交通量和重载交通需求，也可采用钢纤维混凝土加固桥面系的方法进行维修加固，此方法简易、可靠，可大幅增强桥面系的整体抗裂能力。钢纤维混凝土的施工工序与普通混凝土基本一样，关键是钢纤维混凝土的拌和和摊铺时的振捣。拌和时应先干拌再加水湿拌，以保证钢纤维在混合料中均匀分布；摊铺时应避免钢纤维聚集。

3. 刚架拱桥的养护维修

（1）桥面板病害的养护维修　对底面开裂的肋腋板，可粘贴双向编织纤维布或粘贴钢板，纤维的强度不必太高。

对加劲肋开裂的微弯板，粘贴碳纤维片比粘贴钢板更方便施工；微弯板顶的纵向裂缝视宽度大小，可采用灌缝或封闭处理方式进行维修。

此类病害的养护维修可结合桥面改造，增加现浇层的厚度及强度、加强现浇层内的配筋，以改善桥面板的受力状况。

（2）内外弦杆及实腹段病害的养护维修　对刚架拱桥外弦杆受弯构件的加固，如果弦杆不属于超筋梁，可在底面受拉区粘贴 U 形碳纤维片或粘贴钢板或增大截面高度和配筋；如果弦杆属于超筋梁，最好采用增大截面高度和配筋的方法进行处理，或在底面受拉区粘贴 U 形碳纤维片或粘贴钢板的同时，增加桥面现浇层厚度。

内弦杆为偏心受压构件的，可采用与外弦杆相同的方法加固。

大小节点两侧的斜裂缝，可在裂缝表面粘贴钢板或碳纤维片进行加固，以承受主拉应力。增大弦杆截面高度也能减小主拉应力。

对跨中实腹段的微弧形底面可粘贴 U 形碳纤维片，以承受弯曲拉应力及径向作用力，或采用增大截面高度和增加配筋的方法进行处理。

对弦杆及实腹段其他部位的裂缝，可采用灌缝和封闭裂缝的方式进行处理，如图 5-73 所示。

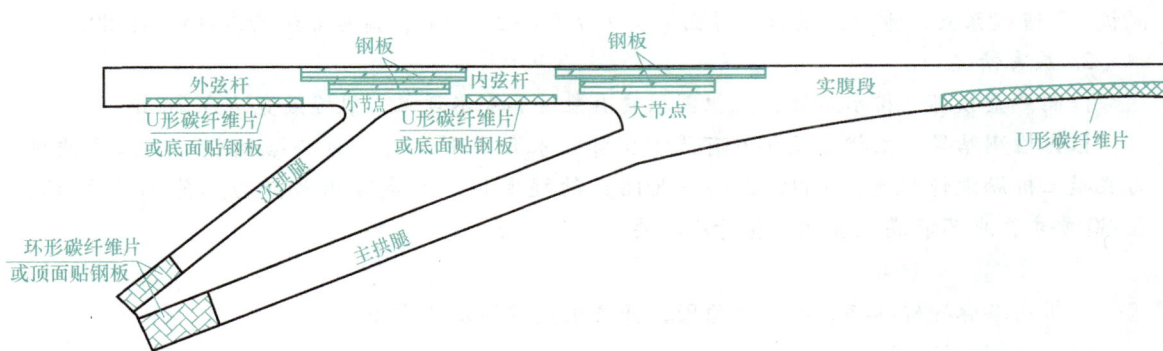

图 5-73　刚架拱片各部位加固示意

（3）横向联系构件病害的养护维修　中断交通施工时，横隔板可采用混凝土加固，即在原横隔板的基础上通过植筋加厚、加高横隔板。

不能中断交通施工时，横隔板可采用钢结构加固，如图 5-74 所示。施工时，在原混凝土横隔板的 4 个角处粘贴并用螺栓固定 4 根角钢，再用两片钢桁架夹住原混凝土横隔板。施工时要做好所有横隔板的加固准备工作，点焊固定位置后临时中断交通，将各钢构件焊接完成后再恢复交通。

（4）主拱腿及斜撑病害的养护维修　对于斜撑根部的裂缝，可采用环形包裹粘贴纤维布的方式进行处理，也可在顶面粘贴钢板或碳纤维条，还可考虑增大截面进行加固。

半横断面

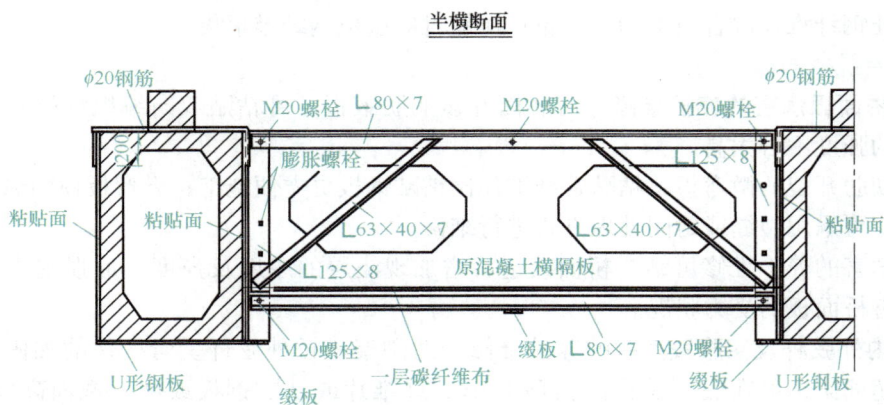

图 5-74 刚架拱桥横隔板加固示意

案例分析

商洛麻坪桥养护维修案例

一、案例背景资料

1. 工程概况

商洛麻坪桥于 1970 年建成，为三孔跨径 25m 双曲拱桥；主拱结构为 7 肋 6 波，2 道横隔板，7 道横系梁，重力式墩台；桥面净宽为 7.0m+2×1.0m，荷载等级为汽-15、挂-80。

2. 病害情况

桥面严重损坏，排水不畅，主拱圈拱波有裂缝和渗水现象，裂缝最宽达 3.2mm。

根据检测结果，主拱圈及拱波有严重损坏，永久变形超过了《公路钢筋混凝土及预应力混凝土桥涵设计规范》（JTG 3362—2018）的规定值，其实际承载能力不能满足汽-15、挂-80 要求，更不能满足实际运营荷载的要求。

二、案例分析要求

分析商洛麻坪桥各病害的发生原因，并给出病害的处理方法。

三、案例分析过程

1. 病害发生原因

1）桥面排水不畅是由于桥面铺装破损、桥面平整度差，影响了桥面排水；此外，桥面清洁不及时导致灰尘和垃圾堵塞泄水管也是桥面排水不畅的原因。

2）其他病害的产生基本是由于主拱圈设计断面偏小，仅 35cm 高、20cm 宽，且钢筋用量很小，横向联系构件偏少，稳定性差，整体承载力低。

2. 病害的处理方法

1）对所有裂缝进行封闭处理。

2）本次加固以每孔上下游的边肋与 4#拱肋（中间一个肋）作为加固对象，采用外包混凝土加大拱肋截面的方法进行处理，每孔增加 5 道横系梁，如图 5-75 和图 5-76 所示。

3）将桥面铺装挖除重铺。

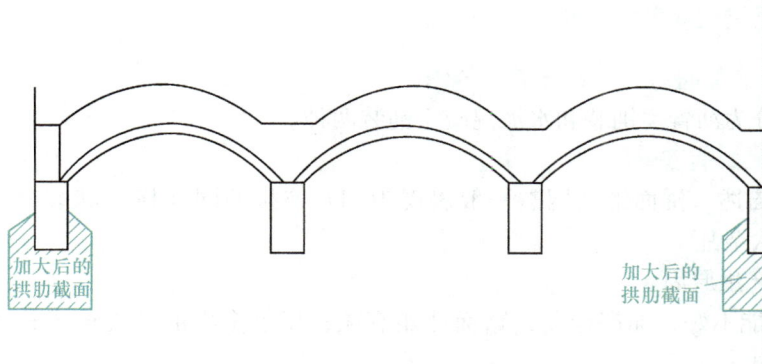

图 5-75　加大拱肋截面示意图

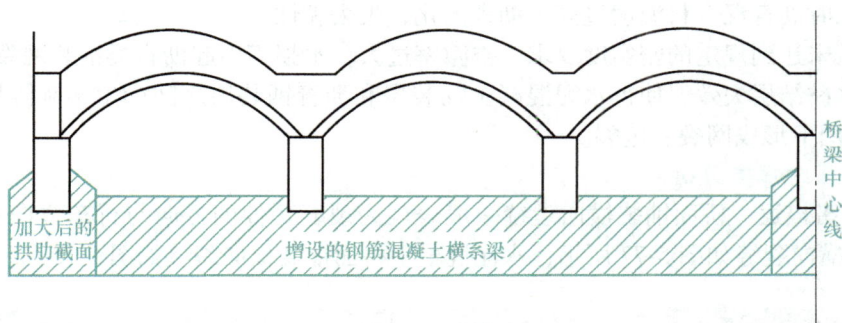

图 5-76　增设钢筋混凝土横系梁示意图

本节小结

通过本节内容的学习，掌握混凝土拱桥上部结构常见病害的分析方法，能够提出混凝土拱桥上部结构的养护维修对策。本节案例以病害分析为主，由于混凝土拱桥结构形式多样，上部结构病害类型较多，要针对不同桥型和不同类型的病害进行具体分析，弄清不同病害的发生机理，才能找出产生病害的真正原因，确保养护维修对策的合理性。

5.3　桥面系及附属设施养护与维修

知识学习

桥面系包括桥面铺装、伸缩缝、排水设施、栏杆等部分，不属于主要受力结构。它提供桥梁使用功能，其病害一般不影响桥梁结构安全，但会影响桥梁正常使用，必须及时进行养护与维修，以保持其使用功能。附属设施主要是支座，是主要传力结构，起承上启下的作用。

一、桥面系常见病害的分析与养护维修

（一）桥面铺装病害的分析与养护维修

桥面铺装分为沥青类铺装和水泥混凝土铺装两种。

1. 网裂、龟裂病害分析

（1）病害描述 桥面铺装网裂一般表现为相互连接的网（格）状裂缝，裂缝有多条，裂缝不长，形状杂乱。

（2）病害产生原因

1）沥青性能不好，油层老化，路面性能衰减；反复多次的微裂形成较大面积的网裂，严重时形成龟裂。

2）水泥混凝土铺装层强度不够，引起严重的龟裂。

3）水泥混凝土铺装层施工养护不当，干燥收缩。

4）施工时沥青混合料温度过高，沥青老化，失去黏性。

5）碾压未达到规定的密实度要求，空隙率过大，水损害引起沥青类铺装网裂。

6）防水黏结层失效，使得水泥混凝土铺装层和沥青铺装层之间产生不利隔层，在车辆荷载长期作用下形成网裂、龟裂。

2. 横向裂缝病害分析

（1）病害描述 桥面铺装横向裂缝一般表现为裂缝延伸的方向与行车方向垂直。沥青类桥面铺装横向裂缝如图 5-77 所示，水泥混凝土桥面铺装横向裂缝如图 5-78 所示。

图 5-77　沥青类桥面铺装横向裂缝　　　　图 5-78　水泥混凝土桥面铺装横向裂缝

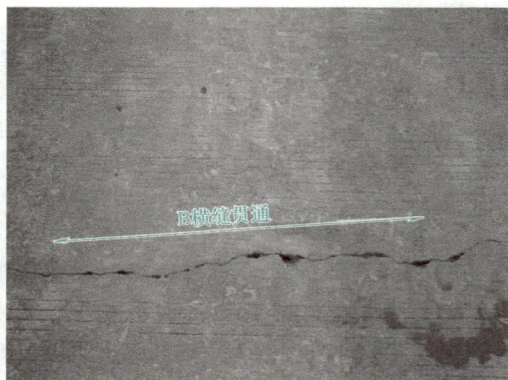

（2）病害产生原因 桥面铺装横向裂缝主要是温度应力裂缝，或是上部结构受力裂缝的反射裂缝。

3. 纵向裂缝病害分析

（1）病害描述 纵向裂缝一般表现为裂缝延伸的方向与行车方向一致。沥青类桥面铺装纵向裂缝如图 5-79 所示，水泥混凝土桥面铺装纵向裂缝如图 5-80 所示。

（2）病害产生原因

1）桥面铺装施工养护不当。

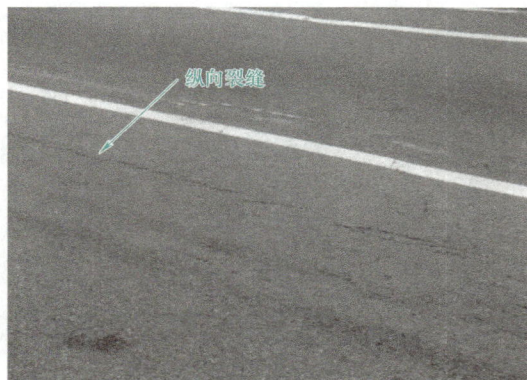

图 5-79 沥青类桥面铺装纵向裂缝

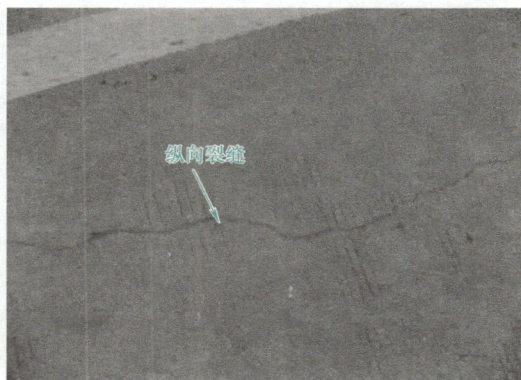

图 5-80 水泥混凝土桥面铺装纵向裂缝

2）装配式简支梁横向接缝连接失效，导致横向整体性差而使桥面产生错动裂缝（纵向裂缝），如图 5-81 所示。

4. 坑槽病害分析

（1）病害描述 坑槽一般表现为铺装层局部存在凹陷。沥青类桥面铺装坑槽如图 5-82 所示，水泥混凝土桥面铺装坑槽如图 5-83 所示。

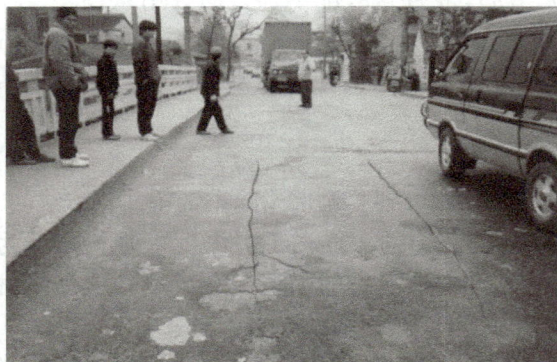

图 5-81 装配式简支梁横向接缝连接
失效导致桥面铺装纵向裂缝

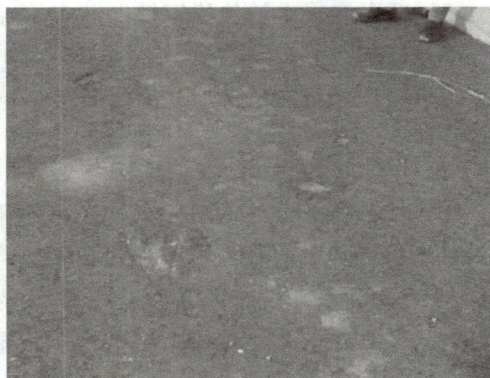

图 5-82 沥青类桥面铺装坑槽

（2）病害产生原因

1）沥青类桥面铺装坑槽主要是由于沥青混凝土中的沥青与骨料的黏结力不够，水损害又进一步引起沥青与骨料剥落，造成坑槽。

2）水泥混凝土铺装层材料分布不均，局部区域混凝土抗剪强度不够。

5. 露筋病害分析

（1）病害描述 露筋一般表现为水泥混凝土铺装层内的钢筋露出铺装层表面。水泥混凝土桥面铺装露筋如图 5-84 所示。

（2）病害产生原因 露筋主要是由铺装层的保护层厚度太薄，车辆轮胎反复磨损桥面导致。

图 5-83 水泥混凝土桥面铺装坑槽

图 5-84 水泥混凝土桥面铺装露筋

6. 车辙病害分析

(1) 病害描述 车辙一般表现为沥青混凝土铺装不平整，沿行车方向存在具有一定长度的凹槽，一般在车轮通过频率较高处出现。

(2) 病害产生原因

1）沥青面层压实度不够，空隙率大，车辆行驶尤其是超重车的行驶造成车辙，在主车道发生较多。

2）沥青混凝土的热稳定性差（软化点低），沥青混合料级配不佳，沥青用量过多，在夏季高温容易形成车辙，车辙深度均不深，一般不大于2cm。

3）沥青混凝土车辙形成后，容易形成积水，积水后形成的动水压水使路面容易发生其他病害。

7. 桥面铺装病害养护维修

1）桥面铺装病害的养护维修可采用凿补、黑色路面改建、全部凿除重铺桥面等方法。

2）桥面铺装有局部病害时，可将水泥混凝土铺装层的表面凿毛，深度以骨料露出为准；然后用清水冲洗干净断面并充分润湿，再涂刷同强度等级的水泥砂浆（或其他黏结材料）；最后在桥梁承载能力允许的范围内铺筑一层4~5cm厚的水泥混凝土铺装层。

3）如果桥面铺装局部损坏，桥面平整度较差而主梁强度有一定富余时，可采用黑色路面对桥面进行改造。改造时可采用沥青表面处理或沥青细砂罩面。采用沥青细砂罩面时，为了与旧面层更好地结合，应先涂刷沥青漆；加铺沥青混凝土时，厚度一般取2~3cm。

4）桥面铺装病害严重时，可考虑全部凿除后重铺。重铺时有两种情况：

① 重新铺装沥青混凝土桥面。重新铺装沥青混凝土前应先凿除已损坏桥面，并对桥面进行检查，旧桥面应平整、粗糙、干燥、整洁；桥面横坡应符合要求，不符合时应予处理。铺筑前应洒布黏层沥青或石油沥青，洒布量为0.3~0.5L/m³；沥青混凝土的配合比设计、铺筑、碾压等，应按《公路沥青路面施工技术规范》（JTG F40—2004）的有关规定进行。

② 重新铺筑水泥混凝土桥面。水泥混凝土桥面铺筑的厚度应符合设计规定；铺筑材料、铺筑层结构、混凝土强度、防水层设置等均应符合设计要求；桥面铺筑工作必须在横向连接钢板焊接完成之后进行，以免后焊的钢板引起桥面水泥混凝土在接缝处产生裂缝；浇筑桥面水泥混凝土前，应使桥面板表面粗糙并清洗干净，并按设计要求铺设纵向接缝钢筋网或桥面钢筋网，然后浇筑水泥混凝土。水泥混凝土桥面铺筑应采取防滑措施，防滑措施施工宜分两

次进行，第二次抹平后，沿横线方向拉毛或采用机械压槽，拉毛和压槽的深度应为 $1\sim2$mm。重新铺筑若设计为防水混凝土，施工时应按有关规定处理。

5）当构件连接处发生不均匀沉陷时，桥面可能会凹凸不平，此时可在桥下以液压千斤顶顶升，调整构件连接处的标高，使顶面平齐。

（二）伸缩缝病害的分析与养护维修

1. 伸缩缝堵塞病害分析

（1）病害描述　伸缩缝堵塞一般表现为垃圾或砂、石等杂物落入伸缩缝凹槽中，堵塞伸缩缝，影响其伸缩性能，如图 5-85 所示。

（2）病害产生原因　伸缩缝堵塞主要是桥面杂物堆积未清除，垃圾或砂、石等杂物落入伸缩缝中。由于砂、石等杂物的聚集，伸缩缝容易丧失自由胀缩的能力，在夏天气温升高时主梁不能自由伸长，容易在相邻主梁之间或主梁与桥台之间产生推力，严重的甚至发生主梁的顶起或桥台背墙的开裂。

2. 橡胶条损坏病害分析

（1）病害描述　橡胶条损坏一般表现为伸缩缝内橡胶条的开裂损害或翘曲。

（2）病害产生原因　伸缩缝内橡胶条损坏是因为橡胶条老化、质量差，或施工安装不当，造成伸缩缝内橡胶条的开裂损害或翘曲。

3. 伸缩缝周边混凝土破损病害分析

（1）病害描述　伸缩缝周边混凝土破损一般表现为伸缩缝周边混凝土碎裂。伸缩缝周边混凝土破损如图 5-86 所示。

图 5-85　伸缩缝堵塞

图 5-86　伸缩缝周边混凝土破损

（2）病害产生原因　伸缩缝安装时两边高差过大；由于桥台沉陷、安装误差、支座垫石碎裂等原因，桥梁一侧比路面一侧偏低，形成桥头跳车；桥头跳车引起较大的冲击荷载直接作用在伸缩缝附近，造成伸缩缝周边混凝土破损。

4. 伸缩缝病害养护维修

1）伸缩缝应注意日常保养，及时清除碎石、泥土等杂物，拧紧螺栓，必要时可加油保护。若有损坏或功能失效需要修理或更换时，应先查明损坏原因，依据缺陷程度确定是进行部分修补、部分更换还是全部更换。

2）当 U 形镀锌薄钢板伸缩缝镀锌薄钢板出现老化、开裂、断裂时，应拆除并更换；当其软性填料老化脱落时，先清除其缝隙泥土，再重新注入新的填料；当其铺装层破坏时，应凿除重新铺筑，凿除破损部位时应画线切割（或竖凿），清除旧料后再浇筑新面层。

3）当钢板伸缩缝出现钢板变形、螺栓脱落，不能正常运行时，应及时拆除并更换；当钢板与角钢焊接破裂时，应消除污垢后重新焊牢；当梳齿板断裂或出现裂缝后，也要采取焊接方法进行修补。

4）橡胶伸缩缝出现橡胶老化、脱落，角钢变形、松动时，应拆除并更换。

5）桥面伸缩缝的维修、更换应在保证质量的基础上尽量缩短工期，减少对交通的影响，可采取的措施有：全天维修并限制车辆通行，半边施工、半边通行车辆；白天不限制交通，在伸缩缝上设置跨缝盖板通行车辆，夜间禁止通车进行施工。

（三）排水设施病害的分析与养护维修

1. 泄水管堵塞病害分析

泄水管堵塞（图5-87）产生的原因为桥面垃圾积累未清除，杂物堆塞泄水管，引起排水不畅或堵死泄水管管口等。

2. 泄水管脱落病害分析

泄水管脱落产生的原因为泄水管管体因接头连接不牢而脱落。

3. 排水管破损病害分析

排水管破损（图5-88）主要是管道老化或接头脱落导致。

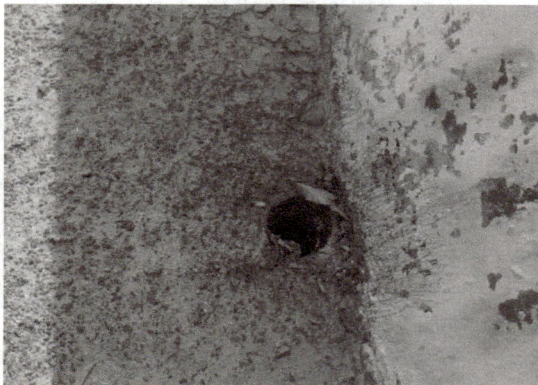

图5-87 泄水管堵塞　　　　　　　　　图5-88 排水管破损

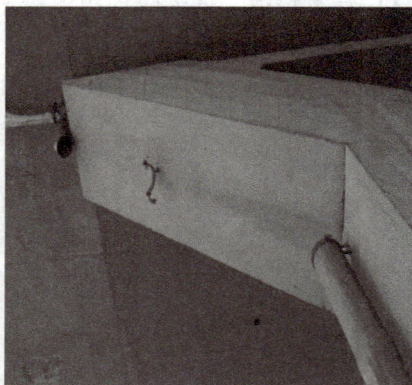

4. 排水设施病害养护维修

1）桥面的排水设施应及时清理、疏通，以养防修。

2）及时固定松动的接头或已脱落的泄水管，损坏严重时更换新管。

3）及时修理已破裂的引水槽，长度不足的要及时接长，必要时重新修筑。

4）城市桥梁、立交桥上设置的封闭式排水系统，应定期检查排水管是否畅通，是否开裂或损坏；系统设施如抽水泵等是否工作正常，应及时疏通、维修或更换。

（四）栏杆、防撞护栏病害的分析与养护维修

1. 钢筋锈蚀病害分析

栏杆、防撞护栏钢筋锈蚀的产生原因为保护层太薄。栏杆钢筋锈蚀如图5-89所示，防撞护栏钢筋锈蚀如图5-90所示。

图 5-89　栏杆钢筋锈蚀

图 5-90　防撞护栏钢筋锈蚀

2. 栏杆损坏病害分析

栏杆损坏包括断裂、脱落等，如图 5-91 所示，其损坏原因如下：

1) 交通事故所致或车辆超宽运输不慎碰撞所致。

2) 施工或安装质量差导致栏杆断裂或脱落。

3) 缺乏养护管理或遭窃造成栏杆缺损。

3. 裂缝病害分析

栏杆和防撞护栏裂缝（图 5-92）产生的主要原因如下：

1) 钢筋混凝土栏杆长期外露，混凝土表面因水分侵入引起钢筋锈胀，使构件产生裂缝。

2) 栏杆混凝土保护层因损坏、剥离、脱落等引起开裂。

3) 施工不当，或断缝设置不合理，或防裂钢筋配筋不足造成防撞护栏开裂。

图 5-91　栏杆断裂、脱落

图 5-92　防撞护栏裂缝

4. 栏杆病害的养护维修

1) 应使桥梁栏杆经常保持完好状态，及时清洁、保养，以养防修。

2) 桥梁栏杆若有缺损，应及时补齐；若已损坏、缺失，应重新安装。

3) 桥梁栏杆柱应竖立正直，若不正、直，应及时纠偏。

4) 伸缩缝处的水平栏杆应能够自由伸缩，若不能自由伸缩应及时维修或更换。

5）钢筋混凝土栏杆若出现裂缝或剥落，可以用环氧树脂黏结材料进行修补。

6）金属栏杆应经常清刷除锈、刷漆养护（一般一年一次），要防止出现油漆麻点、脱皮等病害。

7）桥梁两端导向柱、防撞墙的油漆应始终保持鲜明，不清晰的应重新刷漆。

二、支座常见病害的分析与养护维修

1. 支座脱空病害分析

（1）病害描述 支座脱空一般表现为个别支座表面脱离板底，造成个别支座不受力。支座脱空后，在梁板自重和外荷载作用下，使梁板的受力状态发生较大改变，垂直力与水平力不再是由 4 个支座平均分配，而是由 3 个或两个支座承担，特别是铰缝破坏后的单片梁受力时，支座的压应力将大大提高，以致超过支座的允许压应力。

（2）病害原因

1）墩台顶支座垫石标高控制不当。

2）梁体预制时梁端三角形楔块不平，尤其是斜交板梁较难控制。

3）垫石强度过低，受压后垫石破碎，引起脱空。

4）支座安装温度选择不当，安装时气温过高或过低，后期梁体伸缩过大导致支座出现难以恢复的纵向一侧较明显的半脱空。

2. 支座偏位病害分析

（1）病害描述 支座偏位是支座安装时普遍存在的问题，分为纵向偏位和横向偏位，严重的支座偏位将造成支座不均匀受力、梁体附加内力过大等病害。

（2）病害原因 支座偏位产生的主要原因是支座或垫石放样不准，应该在支座安装时进行校核，如垫石位置有较小偏差，可采用环氧砂浆进行调整；如偏差过大，应重新浇筑垫石。

3. 支座变形过大病害分析

（1）病害描述 支座变形过大是指支座发生压缩变形和剪切变形，变形过大有支座本身质量和安装质量两方面原因。支座本身质量问题是指支座抗压弹性模量或抗剪弹性模量不符合规范要求，这与支座的生产质量有关。抗压弹性模量主要影响支座在各级荷载下的竖向变形，而各种结构对竖向变形的适应能力不同，过大的竖向变形可能对连续梁等上部构造产生极为不利的附加内力。竖向变形与下部构造的竖向位移叠加后的总位移可能超出设计控制范围，导致结构发生破坏。支座安装也会引起支座初始变形过大，从耐久性来说是不好的，剪切变形越大越不好，长时间的过大变形将加速橡胶老化，会降低支座的使用寿命。

（2）病害原因 支座变形过大产生的主要原因有：

1）同一梁体的部分支座完全脱空导致个别支座受力过大，引起初始变形过大。

2）安装温度过高、过低，在环境温度变化，混凝土胀缩、徐变和汽车制动力的作用下，引起过大的剪切变形。

3）桥梁纵坡设计过大导致纵向剪切变形过大。

4. 支座破裂和侧面波纹状凹凸病害分析

（1）病害描述 板式橡胶支座承压后出现橡胶板破裂和侧面波纹状凹凸现象，如图 5-93 所示。这种现象若表现为板式橡胶支座四周侧面的波纹状凹凸的形状和幅度基本一致，则可视为正常现象；若这种波纹状凹凸的形状和幅度不一致，则为异常现象，应视为病害。

（2）病害原因 当板式橡胶支座受到垂直荷载作用的时候，在橡胶层厚度不同的支座上，橡胶层处会出现明显或不明显的弧形外凸、钢板处会出现弧形凹槽，因此形成了板式橡胶支座的侧面波纹状凹凸现象。该现象基本

橡胶
钢板

图 5-93 板式橡胶支座侧面波纹状凹凸

上由两种因素造成：一种是形成了梁体偏压板式橡胶支座，也就是说在梁体的作用下，板式橡胶支座的受力点未在支座中心，轻者表现为同块板式橡胶支座上的波纹状凹凸不一致，重者造成板式橡胶支座单边脱空；另一种是梁底预埋钢板不平，其原因是由焊接钢筋引起的钢板弯曲变形。

5. 四氟滑板支座病害分析

（1）病害描述

1）由标高控制不严引起的支座偏压，进而出现支座局部脱空。

2）支座安装时四氟滑板表面未清洗，在安装时储油槽内未注入硅脂油，表面有砂粒等杂物，更有甚者四氟滑板表面黏结有混凝土残渣，使得四氟滑板的表面滑动系数不符合要求，产生过大的剪切变形，加剧了对支座橡胶层的破坏，降低了支座的使用寿命。此外，还增加了对梁体的约束，对结构受力产生不利影响。

3）接触条件不符合要求。

4）四氟滑板支座倒置，不符合规范要求。

5）设置位置选择不当。

（2）病害原因 该类支座病害由支座本身质量和安装质量两方面原因引起。从调查结果来看，具体病害原因较多，但主要原因有四氟滑板与橡胶层发生脱离，四氟滑板表面不平整。

6. 盆式支座病害分析

（1）病害描述 较为常见的是部件之间的配合公差过大，影响支座的耐久性和使用功能。

（2）病害原因 盆式支座病害往往由支座本身质量引起。

7. 支座病害的养护维修

（1）更换处理 这是一种解决病害较彻底的办法。支座更换通常需要顶梁，工程量较大，有时受施工空间、结构等条件限制，很难实行。更换处理一般有以下几种方法：

1）设置临时承重结构作为平台。

2）利用原有墩台作为基础加设支撑作为平台。

3）利用超薄千斤顶进行作业。

4）利用相邻跨作为支撑。

5）加垫钢板处理。

（2）灌浆处理 对于脱空病害，可灌注环氧砂浆等材料填充密实，以提高支座受力的均匀性。近年来，也有用特殊的高强度专用灌注胶进行脱空支座修补的案例，但耐久性和耐腐蚀性还有待验证。灌浆处理示意图如图 5-94、图 5-95 所示。

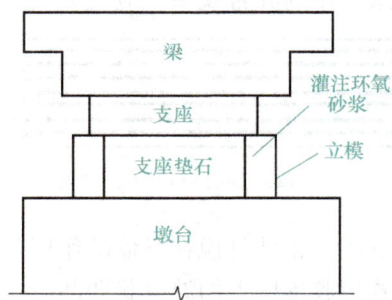

图 5-94　灌浆处理示意图（一）　　　　　图 5-95　灌浆处理示意图（二）

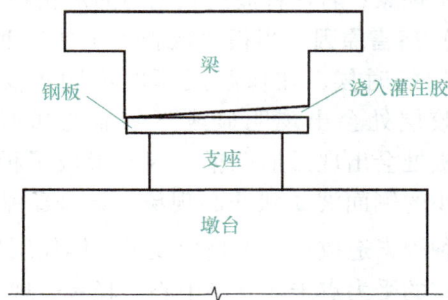

（3）增加支座处理　当桥梁个别支座出现严重质量问题，但又难以更换时，可以考虑在原支座附近增设所需规格的支座，以改善梁体和原支座的受力性能。

案例分析

京津桥桥面系养护维修案例

一、案例背景资料

1. 工程概况

京津桥旧桥建于 1950 年 8 月，桥长 100.2m，跨径为 4×8.4m+3×11m+4×8.4m；宽 12.6m，其中车行道宽 9m，两侧人行道各 1.5m，栏杆每侧 0.3m。旧桥的设计荷载为汽-18，挂-80。旧桥上部结构边孔为带悬臂梁的 3×8.4m 现浇连续 T 梁，中孔为双悬臂的现浇简支 T 梁；下部结构为重力式墩台，基础为群桩，桩长 7~9m。

京津桥新桥建于 1998 年 6 月，旧桥 9m 车行道作为扩建后的新桥的双车道机动车道。新桥分上下行两座，桥宽均为 12.9m：0.2m（护轮带）+3.5m（车行道）+0.45m（分割带）+6m（慢车道）+2.75m（人行道及栏杆）。为了防止新、旧桥的不均匀沉降，新、旧桥之间有 0.05m 宽的缝隙。新桥共 7 跨：2×16.8m+3×11m+2×16.8m，新桥总长为 101.1m。其中，11m 跨采用普通混凝土空心板，16.8m 跨采用先张预应力混凝土空心板。新桥全桥共计预应力空心板梁 88 块，普通空心板梁 66 块。新桥设计荷载为汽-20、挂-100。经验算，旧桥符合新桥的设计荷载。新、旧桥的平面图如图 5-96 所示、新、旧桥的半立面图如图 5-97 所示、新、旧桥的半断面图如图 5-98 所示。

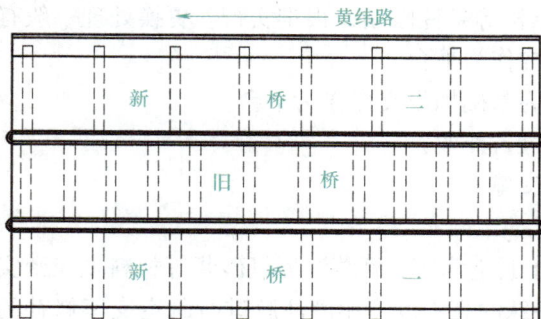

图 5-96　新、旧桥的平面图

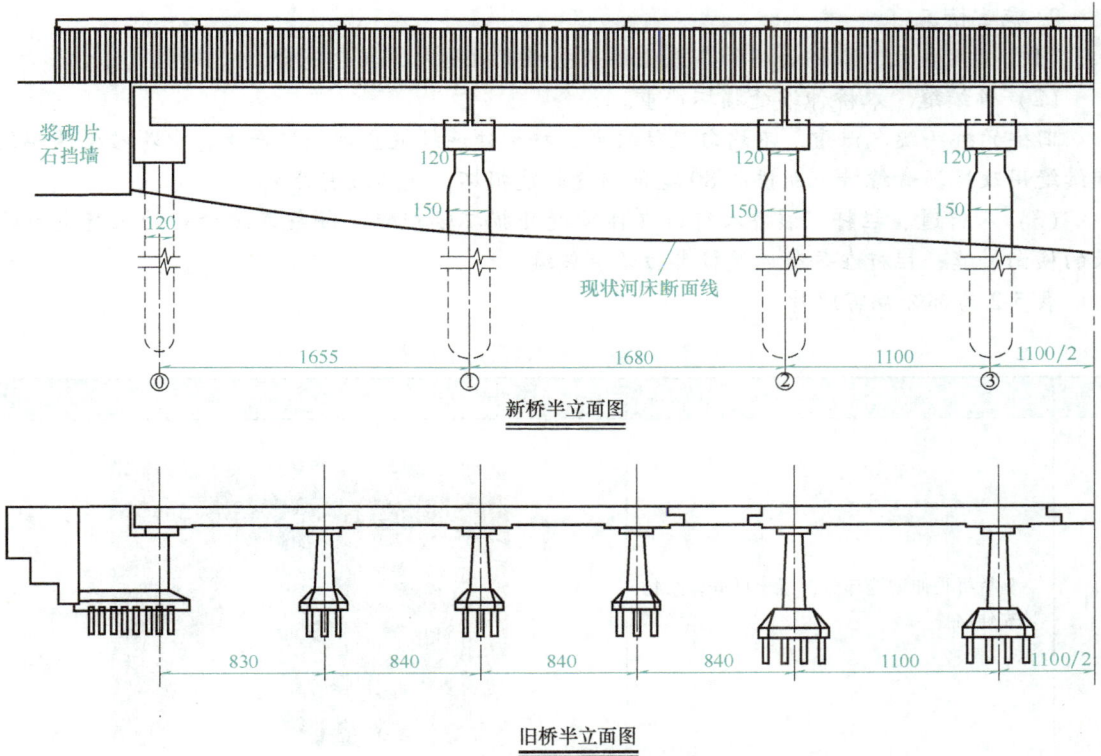

新桥半立面图

旧桥半立面图

图 5-97 新、旧桥的半立面图（尺寸单位：cm）

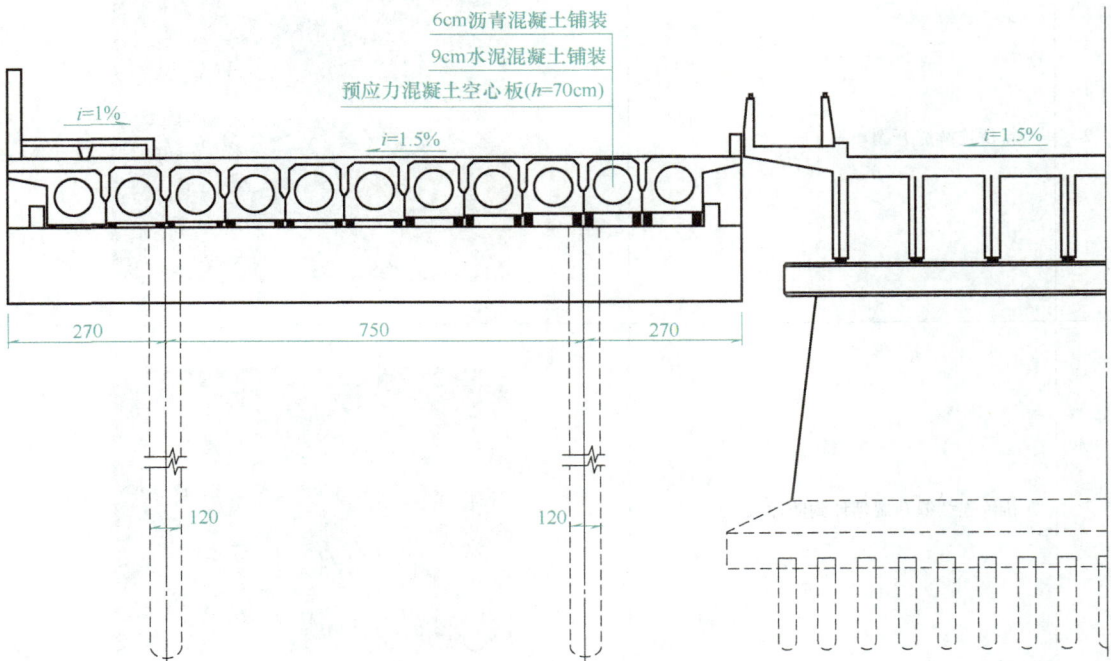

图 5-98 新、旧桥的半断面图（尺寸单位：cm）

2. 病害情况

（1）桥面铺装 本桥的桥面铺装除桥头搭板有裂缝外，其余完好。

（2）伸缩缝 本桥伸缩缝损坏严重。

旧桥的桥头跳车严重，不均匀沉降较大，挂梁处连续缝全部损坏严重，中跨挂梁两端的连续缝用改性沥青维持。新桥的80型伸缩缝轻度损坏，连续缝有开裂。

（3）人行道、栏杆 该桥人行道在伸缩缝处损坏较严重；每条连续缝处的人行道有通长的横向裂缝；栏杆在每条连续缝部位均有裂缝。

表5-2为部分病害照片。

表 5-2 桥面系病害照片汇总表

编号	具体描述	图片
1	新桥桥头伸缩缝部分混凝土破碎，杂物填充伸缩缝	
2	新桥连续缝开裂	
3	新桥连续缝开裂延伸到防撞墙	

（续）

编号	具体描述	图片
4	旧桥桥头跳车严重	
5	旧桥挂梁两端连续缝开裂，用改性沥青维持	
6	人行道在连续缝处产生裂缝	
7	栏杆在连续缝处产生裂缝	

（续）

编号	具体描述	图片
8	新桥第二跨距左端 2m 处地袱混凝土脱落	

二、案例分析要求

分析该桥桥面系病害的发生原因，并给出病害的处理方法。

三、案例分析过程

1. 病害发生原因

1）新桥桥头伸缩缝部分混凝土破碎主要是桥头跳车车辆反复作用导致的伸缩缝部分混凝土破碎。

2）新桥连续缝开裂，开裂延伸到防撞墙、栏杆、人行道，在连续缝处产生裂缝。

新桥连续缝开裂，主要原因是桥面连续措施设置不当，连续缝处配筋不足，梁伸缩变形导致连续缝开裂；桥面连续措施对应的防撞墙、人行道和人行道位置未设置伸缩缝，在负弯矩及重车作用下，桥面因振动过大造成连续缝开裂。

3）旧桥桥头跳车严重。由于桥头未设置搭板，桥梁和桥头路基沉降不一致，从而产生桥头跳车。

4）旧桥挂梁两端连续缝开裂，用改性沥青维持，开裂原因与新桥连续缝开裂的原因相同。

5）新桥第二跨距左端 2m 处地袱混凝土脱落。混凝土脱落可能是因为模板没有清洁干净，没有涂脱模剂，这只是表观问题，进行表面粉刷即可；也可能是拆模太早，混凝土强度不足导致的，这就必须凿除后重新浇筑。

2. 病害的处理方法

（1）旧桥连续缝维修改造　对旧桥进行连续缝改造，挂梁处改为 TS-80 带引水槽伸缩缝。

（2）伸缩缝改造　新桥桥面的连续缝钢筋采用《公路钢筋混凝土及预应力混凝土桥涵设计规范》（JTG 3362—2018）规定的钢筋，且采用高强度等级的钢纤维混凝土。伸缩缝采用 TS-80 带引水槽伸缩缝。

（3）对混凝土破碎、裂缝部分进行处理　混凝土破碎部分凿除后重新浇筑，所有裂缝均用灌缝胶灌封。

本节小结

通过本节内容的学习，掌握桥面系及附属设施病害的发生原因，能够给出桥面系及附属设施的养护维修对策。本节案例以桥面系及附属设施病害分析为主，由于桥面系附属设施较多，各设施的功能和受力特点不同，要针对每种设施的特点具体分析，给出合理的养护方案。

本模块总结

本模块主要学习了梁桥和拱桥上部结构、桥面系及附属设施各种病害的表象、发生原因和养护维修方法。桥梁上部结构形式多样，每种桥型的结构组成和受力特点各不相同，要能正确分析病害，就必须熟悉各种桥型的特点和常见病害的发生原因。此外，同一种桥型的病害种类较多，需要根据病害机理加以区分。

自我测评

一、单项选择题

1. 桥面补强加固法是指在原有混凝土或钢筋混凝土桥面板表面加铺混凝土或钢筋混凝土补强层，以加高原有梁板的有效高度，提高梁板的（　　）能力。

A. 抗压　　　　　　　B. 抗弯　　　　　　　C. 抗拉　　　　　　　D. 抗剪

2. 伸缩缝周边混凝土碎裂的原因是（　　）。

A. 车辆冲击荷载作用　　　　　　　B. 车辆静荷载作用

C. 混凝土干缩　　　　　　　　　　D. 混凝土水化热开裂

二、多项选择题

1. 以下（　　）可引起行车跳动、颠簸。

A. 桥梁或路面衔接处沉降不均

B. 交接段引道纵坡与桥面纵坡不一、衔接不顺

C. 桥梁端与桥台之间的伸缩缝不平整

D. 车辆的自身故障

2. 桥梁上部结构非荷载型裂缝包括（　　）。

A. 收缩裂缝　　　　　B. 沉落裂缝　　　　　C. 钢筋锈蚀裂缝　　　D. 骨料膨胀裂缝

3. 下列属于桥梁收缩裂缝的有（　　）。

A. 温度收缩裂缝　　　B. 干燥收缩裂缝　　　C. 化学收缩裂缝　　　D. 碳化收缩裂缝

4. 下列（　　）属于桥梁骨料膨胀裂缝的原因。

A. 混凝土碱骨料反应　　　　　　　B. 水泥体积安定性不良

C. 骨料吸水膨胀　　　　　　　　　D. 混凝土内外温度不均

5. 下列（　　）属于桥梁骨料膨胀裂缝的现象。

A. 石子周围有白色反应环　　　　　B. 姜黄色石子

C. 白色粉末石子　　　　　　　　　D. 黑色石子

6. 桥梁混凝土裂缝手摸表面不平，可能是因为（　　）。

A. 钢筋锈蚀裂缝　　　B. 干缩裂缝　　　　　C. 骨料膨胀裂缝　　　D. 弯曲裂缝

三、问答题

装配式先张预应力混凝土简支空心板桥，沿桥纵向的桥面铺装出现等距开裂现象，且铺装在修复后一段时间内病害再次出现，试分析病害的产生原因和处置对策。

案例实训

桥梁上部结构养护与维修实训

一、已知条件

1. 工程概况

武汉—黄石高速公路是一条双向四车道的高速公路，自武汉市关山大道南环铁路桥至黄石市黄石长江大桥，全长 70.3km，沿线大桥 2 座，中桥 4 座，小桥 42 座，分别占桥梁总数的 4.17%、8.33%、87.50%，全线桥梁多以实心板梁、空心板梁以及 T 梁结构居多。经过多年运营，80% 以上已经出现不同程度的病害。

2. 桥梁结构形式及主要病害

武汉—黄石高速公路桥梁结构形式及主要病害见表 5-3。

表 5-3　武汉—黄石高速公路桥梁结构形式及主要病害

桥梁桩号	跨径	上部结构	下部结构	病害描述	备注
K9+295	1×10m	10m 现浇简支 RC 斜空心板梁（桥宽 12m）	重力式桥台扩大基础	1. 桥面铺装破碎 2. 跨中板底横向裂缝发育 3. 板底纵向裂缝发育，裂缝宽度 0.3mm 以上	结构承载力、结构刚度基本能满足目前的运营要求，但安全储备有限。车辆超速行驶较多，台后填土沉降，桥面不平整
K10+826	1×13m	13m 预制装配式简支 RC 空心板梁	重力式桥台扩大基础	1. 桥面铺装破碎，有坑槽，每幅均有两条纵向通长裂缝 2. 伸缩缝橡胶条全部脱落，渗水严重 3. 板间无湿接缝，有些板挠度过大	结构承载力、结构刚度能满足设计要求，但安全储备有限。车辆超速行驶较多，桥面横坡不当，铰缝混凝土破碎失效，抗震锚栓锈蚀
K12+923	2×16m	16m 预制装配式简支 RC 空心板梁	重力式墩台扩大基础	1. 桥台伸缩缝附近主梁底板主筋锈蚀外露 2. 主梁底板蜂窝严重 3. 边梁挠度过大，下挠 7～8cm	结构承载力及结构刚度能满足目前的运营要求，但安全储备不足。板间湿接缝灌注不实，主梁封头板损坏；桥台基础不均匀沉降，桥台附近伸缩缝损坏；抗震锚栓锈蚀
K13+033	1×16m	预制装配式简支 RCT 梁桥（横隔梁连接均采用钢板焊接）	重力式桥台扩大基础	1. 主梁跨中区域的梁底横向裂缝及腹板竖向裂缝，裂缝宽度约 0.4mm 2. 支座附近的腹板斜裂缝，裂缝宽度约 0.1mm 3. 桥面铺装纵向裂缝较多 4. 腹板中部有中间宽两端尖的裂缝，裂缝宽度约 0.1mm	结构承载力、结构刚度以及动刚度基本能满足目前的运营要求，但安全储备不足。大部分钢板已锈蚀甚至脱落，桥台附近伸缩缝损坏

（续）

桥梁桩号	跨径	上部结构	下部结构	病害描述	备注
K14+628	3×40m	现浇 RC 连续箱梁桥	钻孔灌注桩基础双柱式桥墩，U 形重力式桥台扩大基础	1. 箱梁底纵向主筋附近沿着主筋延伸方向，出现水平纵向裂缝，裂缝宽度约 1mm 2. 梁底出现以一点为中心的放射状裂缝，凿开混凝土保护层，集料周围有白色反应环 3. 墩顶箱梁顶板水平横向裂缝及腹板竖向裂缝，裂缝宽度约 0.5mm	结构承载力及结构刚度能满足目前的运营要求，但安全储备不足。桥面排水的泄水管太短，未能伸出梁底
K15+858	3×30m	预制装配式 PC 简支箱梁桥	钻孔灌注桩基础双柱式桥墩	1. 箱梁腹板侧面沿着箍筋延伸方向出现竖向裂缝，裂缝宽度约 2mm 2. 轻敲箱梁底有空洞声，凿开混凝土保护层，多处骨料呈姜黄色	结构承载力及结构刚度能满足目前的运营要求。墩帽在支座垫石下布置的钢筋较少

二、任务要求

任务分工

分组	任务
第一小组	K9+295 处 1 跨 10m 现浇简支 RC 斜空心板梁
第二小组	K10+826 处 1 跨 13m 预制装配式简支 RC 空心板梁
第三小组	K12+923 处 2 跨 16m 预制装配式简支 RC 空心板梁
第四小组	K13+033 处 1 跨 16m 预制装配式简支 RC T 梁桥
第五小组	K14+628 处 3 跨 40m 现浇 RC 连续箱梁桥
第六小组	K15+858 处 3 跨 30m 预制装配式 PC 简支箱梁桥

各小组按以上任务分工完成以下内容：

1）诊断所遇病害的发生原因，并给出病害的处理方法。

2）若有桥梁承载力不足的情况，针对其特点给出初步加固方案。

三、学习参考资料

《公路桥涵养护规范》（JTG 5120—2021）、《城市桥梁养护技术标准》（CJJ 99—2017）。

启示园地

桥梁上部结构养护与维修

1. 混凝土梁桥上部结构的养护核心在于定期检查与预防性维护。裂缝是常见病害，需根据其宽度和深度采取封闭、注浆或碳纤维片加固等措施。对于钢筋锈蚀问题，应清除锈蚀区域并涂刷防腐涂层或进行阴极保护处理。老化或变形的支座需及时更换，避免梁体受力不均。日常养护中需重点关注桥面排水系统，防止积水渗透加剧混凝土碳化。此外，荷载试验和长期的监测数据可为维修决策提供依据。实践中，采用高性能混凝土修补材料或体外预应力加固技术能有效延长结构寿命。养护需坚持"早发现、早处理"原则，避免小病害发展为结构性损伤。

2. 拱桥上部结构的养护需重点关注主拱圈、拱肋及横向联系构件的稳定性。主拱圈裂缝若超过限值，需采用压力灌浆或外包混凝土等措施进行加固；局部压溃区域可增设钢套管或粘贴钢板进行补强。拱脚作为关键受力部位，需定期检查是否出现沉降或开裂，必要时通过注浆加固基础。对于腹拱或立柱的裂缝，需分析是否因推力失衡引起，并采取调整支座或增设拉杆等措施。此外，材料老化（如砌体拱桥的风化）可通过表面憎水处理或喷射混凝土进行维修。养护中应结合动（静）载试验评估整体刚度，维修方案需兼顾结构美学与受力性能，避免盲目加固改变原有受力体系。

桥梁下部结构养护与维修

🔍 学习目标

通过本模块的学习，掌握桥梁下部结构病害的类型和处治措施。能分析桥梁下部结构常见病害的原因，能制订桥梁下部结构的初步养护维修方案。培养学生施工质量意识、技术创新意识，以及执着的探究精神，严谨的科学态度，与人合作的协作精神。

👓 内容概要

本模块主要介绍混凝土桥墩、桥台和基础的养护维修问题。本模块的主要内容包括混凝土桥梁墩台和基础的常见病害分析、养护维修与加固等。

🔧 先导案例

蓝田西河桥下部结构病害分析与维修案例

一、案例背景资料

1. 工程概况

蓝田西河桥为14孔钢筋混凝土T形梁桥，1975年建成通车，宽为9m，每孔由4片T形梁组成，下部为独柱式桥墩，设计荷载：汽-15、挂-80。2001年荷载检测试验表明，实际承载能力不能满足原设计标准要求，处于危险状态。

2. 病害情况

盖梁悬臂端根部附近出现两边对称的竖向裂缝。

二、案例分析要求

分析蓝田西河桥桥墩病害的发生原因，并给出病害的处理方法。

三、案例分析要点

本案例考核桥梁病害分析和治理的有关问题，主要涉及桥梁下部结构的各种病害原因及处理措施等问题。要求根据《公路养护技术标准》（JTG 5110—2023）和《公路桥涵养护规范》（JTG 5120—2021）的要求，正确分析本工程桥梁下部结构病害发生的原因并制订针对性的养护维修方案。因此，在进行案例分析时，要根据本案例背景给定的条件，分析病害发生的原因，并针对性地提出养护维修对策。

四、案例分析过程

病害原因：这种竖向裂缝主要是独柱墩盖梁悬臂跨度较大，悬臂根部负弯矩过大，导致产生由上至下的竖向裂缝。

病害处理：盖梁设置水平横向体外预应力钢筋，以提高悬臂抗弯能力，如图6-1所示。

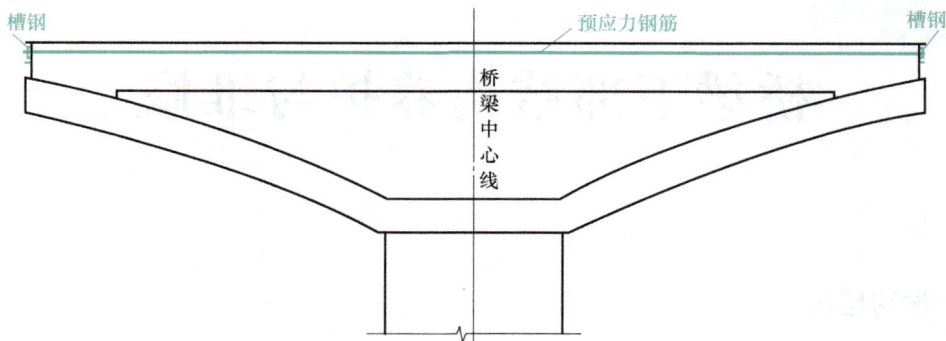

图 6-1　蓝田西河桥盖梁加固示意图

6.1　桥梁墩台常见病害原因分析与养护维修

知识学习

一、桥梁墩台病害分析

桥墩的检查要点包括：盖梁是否存在裂缝、露筋，以及挡块是否被损坏；立柱是否存在龟裂、竖向裂缝、横向裂缝、露筋；立柱是否被船只撞击。

桥台的检查要点包括：台帽是否存在裂缝、混凝土脱落；台身是否存在纵、横向裂缝，露筋；侧墙是否存在裂缝或开裂；挡块是否损坏。

1. 桥墩盖梁裂缝

（1）**病害描述**　桥墩盖梁裂缝一般位于立柱顶端，裂缝从上向下延伸；也可能位于跨中，裂缝从下向上延伸，如图6-2所示。

（2）**病害原因**　该类裂缝为荷载型裂缝。立柱顶端盖梁裂缝的主要原因是荷载作用引起盖梁悬臂根部负弯矩过大，从而产生开裂。盖梁跨中裂缝的主要原因是荷载作用引起盖梁跨中正弯矩过大，从而产生开裂。

2. 桥墩盖梁露筋锈蚀

（1）**病害描述**　桥墩盖梁钢筋裸露锈蚀，如图6-3、图6-4所示。

（2）**病害原因**　其产生原因为混凝土保护层偏薄。

图 6-2　桥墩盖梁裂缝

图 6-3　桥墩盖梁钢筋裸露锈蚀（一）

图 6-4　桥墩盖梁钢筋裸露锈蚀（二）

3. 桥墩立柱龟裂

（1）**病害描述**　桥墩立柱表面出现龟裂，一般位于立柱水面以上部分的向阳面，如图 6-5所示。

（2）**病害原因**　其主要原因是施工养护时洒水不足或太阳长时间照射。

4. 桥墩立柱竖向裂缝

（1）**病害描述**　桥墩立柱表面竖向裂缝，如图 6-6 所示。

图 6-5　桥墩立柱龟裂

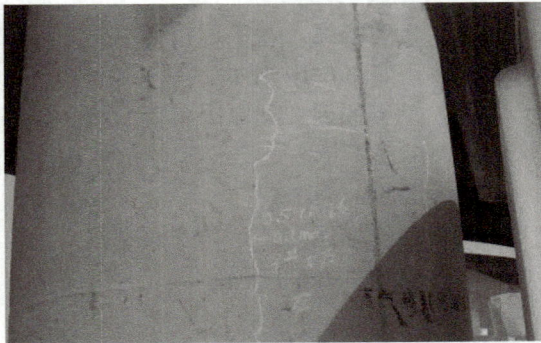

图 6-6　桥墩立柱竖向裂缝

（2）**病害原因**　其原因是混凝土收缩过大，或箍筋配箍率不足。

5. 桥墩立柱露筋

（1）**病害描述**　桥墩立柱钢筋裸露，如图 6-7 所示。

（2）**病害原因**　其原因是混凝土保护层偏薄，内部钢筋锈胀。

6. 桥墩立柱被船擦伤

（1）**病害描述**　桥墩立柱表面水泥浆被船碰擦剥落，如图 6-8 所示。

（2）**病害原因**　其原因是桥梁通航净宽不足。

7. 桥台台身竖向裂缝

（1）**病害描述**　桥台肋板、前墙或侧墙出现竖向裂缝。

（2）**病害原因**　其原因一般是混凝土收缩引发的。

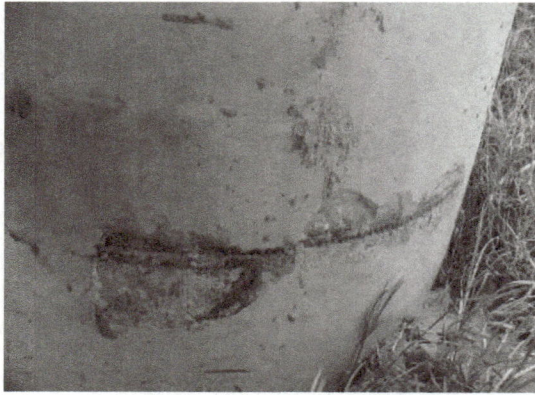

图 6-7　桥墩立柱露筋

图 6-8　桥墩立柱被船擦伤

8. 桥台台身露筋

（1）**病害描述**　桥台肋板、前墙或侧墙钢筋裸露，如图 6-9 所示。

（2）**病害原因**　其原因是混凝土保护层偏薄。

9. 桥台翼墙开裂

（1）**病害描述**　八字形桥台两侧翼墙开裂，如图 6-10 所示。

（2）**病害原因**　其原因是台后沉降或翼墙配筋不足。

10. 桥台台帽挡块开裂

（1）**病害描述**　桥台台帽两端挡块根部开裂，如图 6-11 所示。

图 6-9　桥台台身露筋

图 6-10　桥台翼墙开裂

图 6-11　桥台台帽挡块开裂

（2）**病害原因**　其原因是温度作用或抗震锚栓损坏导致梁体横移。

11. 桥台翼墙与前墙之间断裂

（1）病害描述 八字形桥台两侧翼墙与前墙的连接处断裂。

（2）病害原因 其原因是墙间填土不良、冻胀或地基承载力不足，引起不均匀下沉或外倾。

12. 墩台身的水平裂缝

（1）病害描述 墩台身水平方向裂缝。

（2）病害原因 此种裂缝多为混凝土浇筑接缝不良所致。

13. 支撑垫石裂缝

（1）病害描述 由支撑垫石从下向上发展的裂缝。

（2）病害原因 其原因是墩台帽处在支撑垫石下未布置钢筋。

14. 墩台帽顶面水平裂缝

（1）病害描述 此裂缝发生在墩台帽顶面，顺桥轴线横贯墩台帽顶面或沿支撑垫石呈放射状。

（2）病害原因 其原因是局部裂缝所致。

15. 从基础向上发展至墩台身的裂缝

（1）病害描述 裂缝从基础开始向上发展至墩台身，严重者贯穿整个墩台身。

（2）病害原因 其原因是基础土层松软或沉陷不均。

二、桥梁墩台的养护维修与加固

1. 桥梁墩台的养护维修

1）保持墩台表面整洁，及时清除墩台表面的青苔、杂草、灌木和污秽。

2）对发生灰缝脱落的圬工砌体，应清除缝内杂物，重新用水泥砂浆勾缝。

3）墩台身圬工砌体表面风化剥落或损坏时，损坏深度在 3cm 以内的，可用水泥砂浆抹面修补，砂浆强度等级一般不应低于 M5；当损坏面积较大且深度超过 3cm 时，不得用砂浆修补，而须采用挂网喷浆或浇筑混凝土的方法加固。

4）圬工砌体镶面部分严重风化和损坏时，应用石料或混凝土预制块补砌、更换，新、旧部分要结合牢同，色泽、质地应与原砌体基本一致。

5）墩台身圬工砌体的砌块如出现裂缝，应拆除后重新砌筑。

6）墩台表面发生侵蚀剥落、蜂窝麻面、裂缝、露筋等病害时，应采用水泥砂浆修补。因受行车振动影响，不易用水泥砂浆补牢的，应考虑采用环氧树脂或其他聚合物混凝土进行修补。

7）对设置的防撞、导航、警示等用途的附属设施，应经常检查、维护，要保持良好状态。

2. 桥梁墩台的加固

1）由于活动支座失灵造成的墩台拉裂，应修复或更换支座，并按上述方法修补裂缝。

2）墩台身发生纵向贯通裂缝时，可采用钢筋混凝土围带、粘贴钢板箍或加大墩台截面的方法进行加固。

3）因基础不均匀下沉引起墩台自下而上的裂缝时，应先加固基础，再采用灌缝或加箍的方法进行加固。

4）U 形桥台的翼墙外倾时，可在横向钻孔加设钢拉杆固定在翼墙外壁或钢筋混凝土梁、柱上。

5）当墩台损坏严重，如出现大面积开裂、破损、风化、剥落时，一般用钢筋混凝土套箍加固。对结构基本完好，但承载能力不足的圆柱形墩柱，可用包裹碳纤维片材的方法加固。

6）钢筋混凝土墩台出现缺损，而墩台身处于常水位以下时，可根据不同情况采用围堰抽水或水下作业的方法进行修补。

3. 桥台滑移、倾斜的加固

桥台发生滑移和倾斜时，应分析原因，根据不同情况采用下列加固方法。

1）梁桥或陡拱因台背土压力过大，桥台向桥孔方向位移，可采取下列方法进行加固：

① 挖除台背填土，改用轻质材料回填以减轻台后土压力，使桥台稳定。拱桥在换填材料时，应维持拱推力的平衡，如在桥孔设临时拉杆或在台后设临时支撑。

② 挖去台背填土，加厚台身。

③ 对于单跨的小跨径梁桥，可在两桥台基础之间增设钢筋混凝土支撑梁或浆砌片石支撑板，支撑顶面应不高于河床；埋置式桥台可采用挡墙、支撑杆或挡块等进行加固。

2）当拱桥桥台产生向台后方向的位移时，可根据不同情况采用下列加固方法。

① 在 U 形桥台两侧加厚翼墙，使其与原桥台牢固结合；并可增大桥台断面和自重，以抵抗水平位移。若为一字形桥台，可增设翼墙变为 U 形桥台。

② 当桥台的位移尚未稳定时，可在台后增设小跨引桥和摩擦板，以阻止桥台继续位移。

③ 当桥下净空许可时，可在墩台之间设置拉杆来承受推力，以限制水平位移。对于多孔拱桥，要注意各孔之间的推力平衡。

3）拱桥在加固墩台时，必须保持推力平衡。

案例分析

樟坑大桥桥台养护维修案例

一、案例背景资料

1. 工程概况

樟坑大桥的上部构造为标准跨径 20m 的预应力混凝土空心板，全桥共十跨，每五孔一联，设三道伸缩缝；半幅下部构造为双柱式墩、肋式桥台。该肋式桥台半幅构造如图 6-12 所示，均为钻孔灌注桩基础。

2. 病害情况

樟坑大桥在通车后进行了缺陷调查，发现南昌岸右幅桥台左肋有轻微裂缝，在次年雨季后再次调查发现该裂缝已发展，并且在南昌岸左幅桥台两肋及樟树岸左幅桥台两肋均发现肉眼能观察到的裂缝。但接下来的数月跟踪观察，裂缝未见新的发展。

现场观察与测量的结果显示，桥台各肋的裂缝均为垂直于斜面且上宽下窄的斜向裂缝，裂缝在斜表面处最宽，向下逐渐变窄。各裂缝宽度如下。

1）南昌岸桥台：左幅边肋 0.6mm、中肋 0.5mm，右幅中肋 3.5mm。

2）樟树岸桥台：左幅边肋、中肋均为 0.2mm。

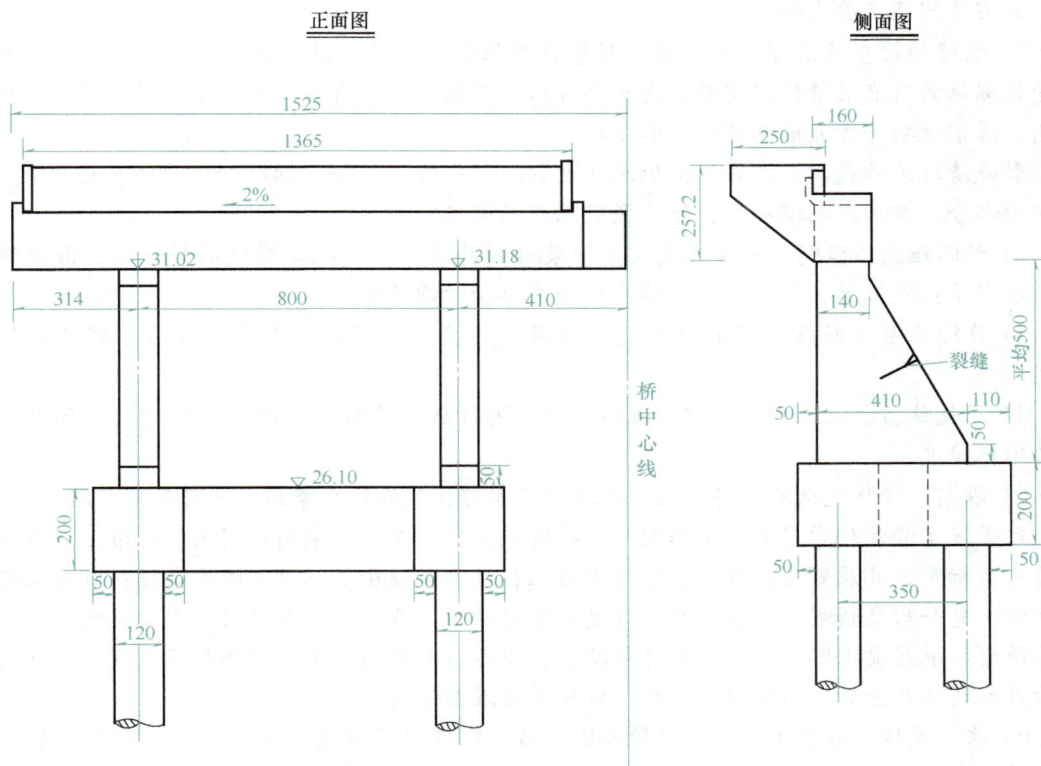

图6-12　樟坑大桥肋式桥台半幅构造图（尺寸单位：标高为"m"，其余为"cm"）

二、案例分析要求

分析樟坑大桥桥台病害的发生原因，并给出病害的处理方法。

三、案例分析过程

1. 病害发生原因

根据现场观察和基桩施工记录及其检测报告，基本排除了由于基桩下沉产生裂缝的可能。将南昌岸左、右幅桥台伸缩缝凿开后，观察结果也排除了空心板梁顶死台背产生裂缝的可能。经反复研究分析，认为产生裂缝的主要原因是：

1）雨季的雨量较大、降雨时间较长，雨水渗入台后填土内引起填土下沉，从而对桥台肋有一个向下的作用力。

2）桥台搭板的下沉作用对桥台肋产生向后的拉力。

在上述两个力的综合作用下，桥台肋产生垂直于斜面且上宽下窄的斜向裂缝。

2. 病害的处理方法

鉴于樟树岸桥台边肋、中肋的裂缝宽度仅为0.2mm，且已稳定不发展，故不作处理。对南昌岸桥台的台肋裂缝采用以下措施进行综合处理：

1）采用化学黏合剂对各裂缝进行灌缝黏合处理。

2）桥台锥护坡按设计图重新砌筑，锥护坡内填土分层夯实。

3）在台后的搭板长度范围内将路基边坡用浆砌片石防护到顶。

病害处理施工要点如下：

1）裂缝的检查及清理。修补前，对修补部位的裂缝情况进行详细的检查、记录，对结构受损部位的所有裂缝做好定量和定性的分析，并据此进行有关化学灌浆材料配量、埋设灌浆嘴、灌浆注射等方面的具体计算和安排。

裂缝清理工作是指：在裂缝两侧画线之内，用小锤、铲子、钢丝刷把构件表面整平，凿除突出部分，然后用丙酮擦洗，清除裂缝周围的油垢。

2）钻眼埋设灌浆嘴。灌浆嘴是化学灌浆材料的注入口，也是裂缝的排气口，灌浆嘴布置的原则是：宽缝稀，窄缝密。断缝交错处应单独设灌浆嘴。

3）嵌缝止浆。嵌缝止浆的目的是防止浆液流失，确保浆液在灌浆压力下将裂缝填充密实。

4）压气试验。上述封闭工作完成后，即可进行压气试验，以便检查裂缝的封闭及灌浆嘴的通畅情况。

5）灌浆。经压气试验检查，认为嵌缝质量良好，无渗漏现象后，即可配制浆液。

往裂缝里灌注化学浆液，根据裂缝的病害状况及施工条件采用注射器进行灌注。灌注顺序应先行标定，其原则是：竖向裂缝先下后上；水平裂缝由低端逐渐灌向高端；贯通裂缝宜在两面一先一后交错灌注。在整个灌注过程中应随时注意排气。当灌好一个灌浆嘴后，必须在已灌好的灌浆嘴上绑扎一段透明塑料软管，以备该灌浆嘴溢浆时弯绑扎死。灌浆或注射结束后最好稳压几分钟，不要急于转移，以使裂缝灌浆饱满。

6）收尾处理。灌浆完毕待浆液聚合固化后，即可将灌浆嘴全部拆除，并用环氧胶泥抹平。最后在每一道裂缝表面再刷一层环氧树脂水泥浆，确保封闭严实，并使其颜色与混凝土结构尽量保持一致。

本节小结

通过本节内容的学习，掌握桥梁墩台常见病害发生的原因和维修方法，能够进行桥梁墩台病害原因分析，提出合适的养护维修或加固方法。本节案例以桥梁墩台病害分析为主。由于桥梁墩台病害种类较多，同一种病害存在多种可能的原因，分析时往往容易混淆，因此在分析时要有针对性，要针对具体的病害情况提出养护维修方法。

6.2 桥梁基础常见病害原因分析与养护维修

知识学习

一、桥梁基础病害分析

1. 基础沉降

（1）**病害描述** 桥梁基础下沉。

（2）**病害原因** 由地基的压密下沉引起的基础沉降，这对任何一座桥梁都是难以避免的，在一定范围内是正常现象，而超出一定的范围将对桥梁产生有害的影响。施工时桩底淤泥处理不彻底，也会引起桩基础下沉。

2. 基础埋置土层被掏空

（1）病害描述 在水流作用下，基础周围埋置土层被冲刷掏空。

（2）病害原因 浅基础设计时水流冲刷考虑不够，导致埋置深度较浅，易受冲刷而掏空。

3. 基础的滑移和倾斜

（1）病害描述 该病害严重时会导致桥梁结构被破坏，其破坏形式有：

1）支座和墩台支撑面被破坏以及梁从支撑面上滑落下来。

2）桥面伸缩缝装置被破坏或使伸缩缝宽度减小，其功能受损。

3）当滑移量过大时，梁端与前墙紧贴，严重时导致前墙被破坏或梁局部被压碎、压屈。

（2）病害原因 由于河床冲刷、桥台台背回填不当，基础上下受力不均匀，导致浅基础出现滑移和倾斜。

4. 基础混凝土空洞、剥落、钢筋外露锈蚀

（1）病害描述 基础呈层状或出现空洞、剥落、疏松，并有钢筋锈蚀。

（2）病害原因 该病害主要原因是施工质量不好或受水冲刷、侵蚀。

5. 桩身部分脱空

（1）病害描述 灌注桩局部混凝土缺失致桩身脱空。

（2）病害原因 灌注混凝土过程中发生塌孔而未做处理导致桩身部分脱空。

二、桥梁基础养护维修与加固

1. 重力式基础的加固

在刚性实体基础周围浇筑混凝土扩大基础时，一般应修筑围堰，抽干水后开挖基坑，再浇筑混凝土，新、旧基础（承台）之间可埋置连接钢筋（图 6-13），并将旧基础表面刷洗干净、凿毛，使新、旧混凝土连成整体。

当梁桥的桥台基础承载力不足时，可在台前增加桩基础及柱并浇筑新盖梁、增设支座，这时梁的支点发生变化，应根据结构受力变化对主梁进行验算及加固。

对于拱桥基础，可在桥台两侧加设钢筋混凝土实体耳墙并与原桥台用钢销连接，以增大桥台基础面积，提高桥台承载力。

当桥下净空允许时，可在台前加建新的扩大基础及台身，将主拱改建为变截面拱支撑到新基础及台身上，新、旧基础之间用钢筋或钢销进行连接，有条件时可在台前新基础下增加短桩，以提高承载力。

2. 桩基础的加固

可用钻孔桩或打入桩来增设桩基础，并扩大原承台，如图 6-14 所示。

对单排架桩式桥墩采用加桩加固时，如原有桩距较大（4~5 倍桩径），可在桩间插桩；如原有桩距较小，但通航净空有富余，可在原排架两侧增加新桩，变为三排式墩桩。

对钻孔灌注桩桩身损坏、露筋、缩颈等病害，可采用灌（压）浆或扩大桩径的方法进行维修加固。

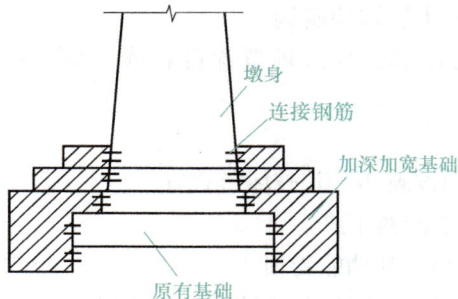

图 6-13　重力式基础加固

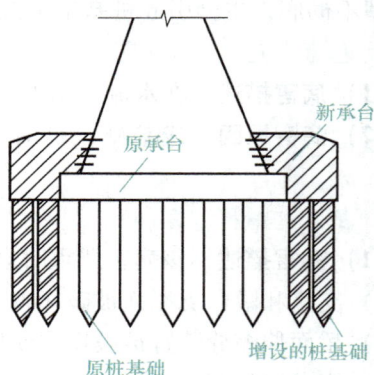

图 6-14　增设桩基础

3. 人工地基加固

对墩台基础以下的地层，可采用旋喷注浆或深层搅拌等方法，将各种浆液及加固剂注入或搅拌于土层中，通过浆液凝固使原来松散的土固结，成为具有足够强度和防渗性能的整体，所采用的材料应通过试验确定。

4. 基础防护加固

墩台基础局部被掏空时，可分情况采取下列加固措施：

1）水深 3m 以下的，可筑围堰将水抽干，以砌石或浇筑混凝土填补掏空部分，并修整或加筑护坡。

2）水深 3m 以上的，可在基础四周打板桩或做其他围堰，然后灌注水下混凝土。也可用编织袋装干硬性混凝土，通过潜水作业将袋装混凝土分层填塞掏空部分，填塞范围比基础边缘宽 0.4m 以上。

3）当基础置于风化岩层上，基础外缘已被掏空时，应先清除岩层严重风化部分，再用混凝土填补，对基础周围的风化岩层还应用水泥砂浆进行封闭。

4）当河床不稳定，基础埋置较浅，冲刷范围较大时，可采用平面防护措施进行加固，范围要覆盖全部的冲刷坑。可采用的平面防护措施如下：

① 打梅花桩，桩间用块石、片石砌平卡紧。

② 用块石、片石进行防护或用水泥混凝土板、水泥混凝土预制块进行防护。

③ 用钢丝笼、竹笼等柔性结构进行防护。

5）墩台周围河床冲刷严重，危及基础安全时，除采用上述方法进行防护加固外，应在洪水期过后采取必要的调治构造物防护措施或对河床采取防冲刷处理，以防被再次冲坏。

案例分析

北江大桥基础养护维修案例

一、案例背景资料

1. 工程概况

北江大桥建于 1978 年，跨越北江，是一座十一跨钢筋混凝土箱板拱桥。它全长 490m，桥面总宽 20m，双向 4 车道，桥面净宽 15.8m，两侧人行道各 2.1m。

2. 病害情况

第九跨 9 号墩拱脚出现拱背与拱腹贯通的横向裂缝，9 号墩出现横向开裂。

二、案例分析要求

分析北江大桥桥墩基础病害的发生原因，并给出病害的处理方法。

三、案例分析过程

1. 病害发生原因

据了解，9 号墩基础附近大厦曾进行过地下室施工，分析后认为应该是该地下室施工引起水土流失，导致 9 号墩基础附近土体被扰动、不稳定，进而引起桥墩的不均匀沉降、滑动或转动，引发结构开裂。

2. 病害的处理方法

对 9 号墩基础的处理方法为：在距离 9 号墩基础外缘约 550cm 范围内采用多层钻孔注浆的方法对墩身基础土体进行加固。通过上述处理方法可以稳定墩身基础土体，提高土体承载力，防止桥墩继续发生不均匀沉降或转动。

钻孔注浆采用花管注浆，具体施工要点如下：

1）钻孔直径为 91mm，花管直径为 51mm，壁厚为 2.5mm。

2）采用 42.5 级早强型普通硅酸盐水泥，灌浆料水灰比为 0.7～1.1，每米灌浆水泥用量为 270～300kg。

3）初始灌浆压力范围为 0.2～0.5MPa，终止灌浆压力范围为 0.3～0.8MPa，稳压时间为 10 分钟。

钻孔注浆施工步骤：

1）灌浆孔定位：按设计图纸上的灌浆孔位结合施工现场将灌浆孔的孔位做好标记。

2）钻孔：钻机采用直径为 91mm 的钻头开孔，孔深为 0.8m。

3）打入花管：将花管伸入已钻好的灌浆孔中，采用钻机或吊锤将花管继续往下打入至设计深度。

4）灌浆：将灌浆管下至孔底，开动高压灌浆泵，将水泥浆液压至孔底，直至孔口返出水泥浆液为止。然后将高压管一头与高压灌浆泵相连，另一头与花管孔口相连，开动高压灌浆泵，向花管孔口内压入水泥浆液，灌浆至地表有冒浆或灌浆压力大于 0.8MPa 时，停止灌浆，稳压 10～20min。

5）封孔冲洗：每孔灌浆结束后，若卸管后孔内仍冒浆，需将孔口封住。然后迅速将高压管以及灌浆泵仔细清洗干净，防止水泥浆固结堵塞。

本节小结

通过本节内容的学习，掌握桥梁基础常见病害发生的原因和维修方法，能够进行桥梁基础病害原因分析，提出合适的养护维修或加固方法。现代桥梁基础病害一般较少，一旦发生，往往会导致整座桥处于危险的状态，一般采取加固的方法进行处置。本节案例以桥梁基础病害分析为主，由于桥梁基础类型多样，分析时要有针对性，要针对具体的病害情况提出养护维修或加固方法。

本模块总结

桥梁下部结构病害一般出现较少，但下部结构是桥梁工程的重要结构，一旦出现病害，往往会危及桥梁安全。在桥梁下部结构的养护维修工作中，桥梁下部结构养护人员应根据桥梁下部结构的形式、材料和受力特点，诊断病害的发生原因，给出养护维修对策，制订养护维修方案。

自我测评

一、单项选择题

1. 桥墩立柱向阳表面出现龟裂的原因主要是（　　）。
 A. 荷载过大　　　　　　　　　B. 基础不均匀沉降
 C. 水泥水化反应收缩　　　　　D. 施工养护时洒水不足

2. 当（　　）时，可采用钢筋混凝土围带，粘贴钢板箍或加大墩台截面的方法进行加固。
 A. 墩台身发生纵向贯通裂缝　　B. 因基础不均匀下沉引起墩台自下而上的裂缝
 C. 墩台出现大面积开裂、破损　D. 墩台出现大面积风化、剥落

3. 桥台台身表面竖向裂缝的原因主要是（　　）。
 A. 荷载过大　　　　　　　　　B. 基础不均匀沉降
 C. 混凝土收缩　　　　　　　　D. 台后土压力过大

4. 桥台肋板露筋的原因主要是（　　）。
 A. 混凝土保护层偏薄　　　　　B. 施工养护时洒水不足
 C. 混凝土收缩　　　　　　　　D. 上部结构荷载过大

二、多项选择题

1. 八字形桥台两侧翼墙开裂的主要原因有（　　）。
 A. 台后沉降　　　　　　　　　B. 上部结构荷载较大
 C. 混凝土保护层偏薄　　　　　D. 翼墙配筋不足

2. 桥台台帽挡块根部开裂的主要原因有（　　）。
 A. 上部结构较重压裂挡块　　　B. 混凝土收缩
 C. 温度作用导致梁体横移　　　D. 抗震锚栓损坏导致梁体横移

3. 八字形桥台两侧翼墙与前墙的连接处断裂的主要原因有（　　）。
 A. 墙间填土不良　　　　　　　B. 墙间填土冻胀
 C. 地基承载力不足　　　　　　D. 上部结构推力过大

4. 桥墩盖梁荷载裂缝可能的位置有（　　）。
 A. 立柱顶端　　　　　　　　　B. 盖梁跨中
 C. 1/4 跨径处　　　　　　　　D. 1/8 跨径处

三、问答题

桥梁墩台基础局部被掏空时，可采取哪些加固措施？

案例实训

桥梁下部结构养护与维修实训

一、已知条件

1. 工程概况

武汉—黄石高速公路是一条双向四车道的高速公路，自武汉市关山大道南环铁路桥至黄石市黄石长江大桥，全长 70.3km，沿线大桥 2 座，中桥 4 座，小桥 42 座，分别占桥梁总数的 4.17%、8.33%、87.50%，全线桥梁多以实心板梁、空心板梁以及 T 梁结构居多。经过多年运营，80% 以上已经出现不同程度的病害。

2. 桥梁结构形式及下部结构主要病害

武汉—黄石高速公路桥梁结构形式及主要病害见表 6-1。

表 6-1　武汉—黄石高速公路桥梁结构形式及主要病害

桥梁桩号	跨径	上部结构	下部结构	病害描述	备注
K9+295	1×10m	10m 现浇简支 RC 斜空心板梁（桥宽 12m）	重力式桥台扩大基础	1. 桥台后路面横向开裂并错台，附近伸缩缝损坏 2. 桥台八字墙有移动现象	结构承载力、结构刚度基本能满足目前的运营要求，但安全储备有限。车辆超速行驶较多，台后填土沉降，桥面不平整
K10+826	1×13m	13m 预制装配式简支 RC 空心板梁	重力式桥台扩大基础	1. 桥头跳车，桥台台帽钢筋锈蚀，表面混凝土大面积剥落 2. 抗震挡块根部开裂	结构承载力、结构刚度能满足设计要求，但安全储备有限。车辆超速行驶较多，桥面横坡不当，铰缝混凝土破碎失效，抗震锚栓锈蚀
K12+923	2×16m	16m 预制装配式简支 RC 空心板梁	重力式墩台扩大基础	1. 桥台台帽露筋严重，抗震挡块严重破损 2. 桥台侧墙、前墙均开裂，最大裂缝宽度达 2cm	结构承载力及结构刚度能满足目前的运营要求，但安全储备不足。板间湿接缝灌注不实，主梁封头板损坏；桥台基础不均匀沉降，桥台附近伸缩缝损坏；抗震锚栓锈蚀
K13+033	1×16m	预制装配式简支 RCT 梁桥（横隔梁连接均采用钢板焊接）	重力式桥台扩大基础	台身侧墙和前墙外鼓	结构承载力、结构刚度以及动刚度基本能满足目前的运营要求，但安全储备不足。大部分钢板已锈蚀甚至脱落，桥台附近伸缩缝损坏
K14+628	3×40m	现浇 RC 连续箱梁桥	钻孔灌注桩基础双柱式桥墩，U 形重力式桥台扩大基础	1. 盖梁悬臂根部的上方出现竖向裂缝，裂缝宽度约 0.25mm 2. 桥台侧墙出现沿底部向上发展的裂缝，裂缝宽度呈下头大上头逐渐变小的趋势	结构承载力及结构刚度能满足目前的运营要求，但安全储备不足。桥面排水的泄水管太短，未能伸出梁底

（续）

桥梁桩号	跨径	上部结构	下部结构	病害描述	备注
K15+858	3×30m	预制装配式 PC 简支箱梁桥	钻孔灌注桩基础双柱式桥墩	1. 桥墩盖梁上从支座垫石开始，有从上向下发展的裂缝 2. 桥墩墩柱常水位以上向阳面网状裂缝，裂缝宽度约 0.5mm 3. 桥桩横系梁竖向裂缝，裂缝宽度约 2mm	结构承载力及结构刚度能满足目前的运营要求。墩帽在支座垫石下布置的钢筋较少

二、任务要求

任务分工

分组	任务
第一小组	K9+295 处 1 跨 10m 现浇简支 RC 斜空心板梁
第二小组	K10+826 处 1 跨 13m 预制装配式简支 RC 空心板梁
第三小组	K12+923 处 2 跨 16m 预制装配式简支 RC 空心板梁
第四小组	K13+033 处 1 跨 16m 预制装配式简支 RCT 梁桥
第五小组	K14+628 处 3 跨 40m 现浇 RC 连续箱梁桥
第六小组	K15+858 处 3 跨 30m 预制装配式 PC 简支箱梁桥

各小组按以上任务分工完成以下内容：

1）诊断所遇病害的发生原因，并给出病害的处理方法。

2）若有桥梁承载力不足的情况，针对其特点给出初步加固方案。

三、学习参考资料

《公路桥涵养护规范》（JTG 5120—2021）、《城市桥梁养护技术标准》（CJJ 99—2017）。

启示园地

桥梁下部结构养护与维修

桥梁一般由上部结构和下部结构组成，人们欣赏的往往是上部结构，感叹于力与美的完美结合，而往往忽视桥梁下部结构等隐蔽工程。这就好比一名高水平的桥梁养护工程师，他所掌握的桥梁工程养护知识和技能就相当于桥梁的上部结构，很直观、很宏伟，让人仰慕；桥梁养护工程师的隐性技能就好比桥梁的下部结构，这些隐性技能就是以勤奋、勤劳、团结、肯钻研、一丝不苟为代表的优良品质，往往是下部结构决定了整座桥的寿命，隐性技能决定着桥梁养护工程师的整体成就。

参 考 文 献

［1］中国公路工程咨询集团有限公司. 公路养护技术标准：JTG 5110—2023 ［S］. 北京：人民交通出版社，2023.

［2］交通运输部公路科学研究院. 公路技术状况评定标准：JTG 5210—2018 ［S］. 北京：人民交通出版社，2019.

［3］中交第二公路勘察设计研究院有限公司. 公路路基设计规范：JTG D30—2015 ［S］. 北京：人民交通出版社，2015.

［4］交通运输部公路科学研究院. 公路沥青路面养护技术规范：JTG 5142—2019 ［S］. 北京：人民交通出版社，2019.

［5］中交路桥技术有限公司. 公路沥青路面设计规范：JTG D50—2017 ［S］. 北京：人民交通出版社，2017.

［6］交通运输部公路科学研究院. 公路沥青路面再生技术规范：JTG/T 5521—2019 ［S］. 北京：人民交通出版社，2019.

［7］江苏省交通厅公路局，水泥混凝土路面技术委员会. 公路水泥混凝土路面养护技术规范：JTJ 073.1—2001 ［S］. 北京：人民交通出版社，2001.

［8］中交公路规划设计院有限公司. 公路水泥混凝土路面设计规范：JTG D40—2011 ［S］. 北京：人民交通出版社，2011.

［9］中交第一公路勘察设计研究院有限公司. 公路桥涵养护规范：JTG 5120—2021 ［S］. 北京：人民交通出版社，2021.

［10］中交公路规划设计院有限公司. 公路钢筋混凝土及预应力混凝土桥涵设计规范：JTG 3362—2018 ［S］. 北京：人民交通出版社，2018.

参 考 文 献